国家自然科学基金委创新研究群体(71421002)、国家自然科学基金重点项目(70533030)和中国博士后科学基金特别资助项目(2015T80165)研究专著
本书由上海交通大学安泰经济与管理学院出版基金资助

G2B 信息共享机理及其促进策略

宋　媚　张朋柱　著

上海交通大学出版社

内容提要

本书主要关注跨界共享环境下的信息共享机理，并提出了相应的提升策略。本书分析了跨组织信息共享中的信任形成、信任转移与信息加工应用等重要话题。具体内容包括：G2B 信息对于中小企业贷款决策支持的理论分析；G2B 共享信息对于中小企业贷款决策支持的影响因素分析；基于征信系统的信任形成研究；基于征信系统的信任转移研究；面向中小企业贷款决策的共享信息加工研究等，并对我国征信系统建设中的 G2B 信息共享提出建议。

图书在版编目(CIP)数据

G2B 信息共享机理及其促进策略/宋媚，张朋柱著.—上海：上海交通大学出版社，2016

ISBN 978-7-313-14318-1

Ⅰ.①G… Ⅱ.①宋…②张… Ⅲ.①电子政务—作用—中小企业—贷款管理—研究—中国 Ⅳ.①F832.42

中国版本图书馆 CIP 数据核字(2015)第 311913 号

G2B 信息共享机理及其促进策略

著　　者：宋　媚　张朋柱
出版发行：上海交通大学出版社　　地　　址：上海市番禺路 951 号
邮政编码：200030　　电　　话：021-64071208
出 版 人：韩建民
印　　制：上海译文印刷厂　　经　　销：全国新华书店
开　　本：787mm×960mm　1/16　　印　　张：14.75
字　　数：259 千字
版　　次：2016 年 3 月第 1 版　　印　　次：2016 年 3 月第 1 次印刷
书　　号：ISBN 978-7-313-14318-1/F
定　　价：45.00 元

前言

本书是国家自然科学基金委创新研究群体(71421002)、国家自然科学基金重点项目(70533030)和中国博士后科学基金特别资助项目(2015T80165)的研究专著。其主要内容源自作者长期从事的跨组织信息共享和征信服务的交叉研究，主要关注中小企业贷款决策支持信息跨界共享环境下的信息共享机理，并提出了相应的提升策略。本书主要面向跨组织信息共享的研究人员以及从事征信增值产品研发的工作人员和相关管理人员。

本书依托中国人民银行的企业信用信息基础数据库，就G2B跨组织信息共享活动的一系列问题展开研究，主要基于以下基本思路：基于G2B信息共享的中小企业贷款决策支持理论分析——G2B共享信息对于银行中小企业贷款决策支持的影响因素分析——基于征信系统的信任形成研究——基于征信系统的信任转移研究——面向中小企业贷款决策支持的G2B共享信息加工研究。

本书主要开展了如下四个方面的创新工作：

(1) 提出了应对中小企业"信息不对称"问题的新思路。本书从一个全新的视角，提出通过G2B(Government to Business，此处表现为政府对银行)信息共享来应对信息不对称。通过整合现有理论和文献，首次提出了基于政府信息和银行信息多源信息融合的中小企业贷款决策支持原理及主要指标体系、决策支持方式。

(2) 发现共享价值观和共享语言能够有效促进信任形成，从而获得更为客观的信息质量评价。本书将认知资本细分为共享语言和共享价值观，构建了基于征信系统的综合信任形成模型，研究发现了共享语言的负向调节作用和共享价值观的正向调节作用。可见，在强制采集、强制使用、非互惠的跨组织信息共享环境下，为了建设互通互联的信息共享平台，关键在于培育共享价值观，发展共享语言。

(3) 发现了信息中介在信任转移中的桥梁作用。本书从信息中介(征信平台)的信任转移角度提出了二者间的依存关系。另外，研究还发现作为一种制度结构环境，信息中介在信任转移中的桥梁作用。可见，若是能够通过高新技术手段和有效的机制设计保证信息中介平台有较好的制度结构环境，那么信息源信用对于信息质量的转移作用就能够得到更充分的体现，从而减轻信贷决策人员对其他部门信息的不信任。

(4) 提出了跨组织共享环境下的新要素——追踪可控性，并验证了其减弱直觉推理的作用。本书提出了存有信息传输和理解障碍共享环境下的“机会”要素(O)——追踪可控性。这是前人所未发现的新要素，因为追踪可控性是基于多部门跨组织信息共享环境下多来源信息的相互稽核和印证关系提出的，是信息融合系统特有的。研究发现追踪可控性作为推理可能的“机会”因素，可负向调节启发式系统的作用强度，减弱直觉推理(外围路径)作用。可见，由于信息传输和理解障碍，信息中介平台能否提供更多线索特征以供使用者进行加工(追踪可能性更大的情况)，是跨组织共享信息被采纳应用的关键。

需要说明的是，G2B信息共享机理与提升策略研究日新月异，新思路、新方法层出不穷。本书所涉内容非常有限。尽管如此，作者仍希望本书给对多重中介效应分析、有中介的调节效应分析等感兴趣的读者以帮助和启发。

在本书编著的过程中，得到了中国人民银行征信中心、上海市相关政府部门、工农中建交以及其他全国性商业银行的支持和配合，以及上海交通大学出版社相关编辑的大力协助，在此表示感谢。同时，还要感谢我的家人在本书的校稿、排版过程中给予的支持和协助。本书研究开展过程中，参考了一些专家学者的经典理论与方法，在此一并表示诚挚的谢意。

尽管设法力求完美，但本书肯定还有种种错误或不妥之处，请广大读者予以批评指正。

宋　媚　张朋柱

2015年11月于上海

目　录

第 1 章

绪 论

1.1 研究背景

1.1.1 现实背景

作为 G2B 共享系统的典型，征信系统由中国人民银行（简称央行）1997 年立项。经过了十多年的发展，目前的征信系统分为个人信用信息基础数据库、企业信用信息基础数据库。早期立项时，企业信用信息基础数据库被称为银行信贷登记咨询系统，作为银行间的信息共享平台，其目的是整合集成银行的企业信用信息（包括本外币贷款、银行承兑汇票、信用证、保函、担保，以及企业基本概况、财务状况和欠息、逃废债、经济纠纷等情况），并为银行业搭建信息共享平台，扩展企业信用信息集。同时，央行也要求银行类金融机构将其客户发生信贷业务时的基本信息及时上传到央行数据库，并持续更新。2006 年 7 月底，银行信贷登记咨询系统升级成为全国集中统一的企业信用信息基础数据库系统，即企业征信系统。

目前的企业征信系统中，除了银行提交的信用信息之外，还包括政府来源信用信息、公共事业部门来源信息、其他金融机构来源信息。其中，政府来源信用信息及其列示方式如下：概况信息（工商、税务、质检、海关基本登记和年审信息、企业联系方式）、高管人员信息（法定代表人的性别、年龄、学历和工作经历）、企业资本构成（注册资金、出资方名称）、社保信息、公积金信息、法院信息、税务信息（纳税基本信息、纳税明细信息、处罚信息、表彰奖励信息）、奖励信息、行政处罚信息、许可信息、资质信息、认证信息、质检通关和企业进出口监管信息（出入境检验检疫绿色通道信息、进出口商品免验信息、进出口商品检验分类监管信息）。截至 2001 年，征信系统中的政府政务信用信息（Administrative Informationfrom Government in

Credit Reporting System，简称为 AIGCRS)共 34 大项，主要按照信息来源的各个政府部门的顺序列示(具体可见附录 1 企业基本信用信息报告范本)。因此，企业征信系统成为连接税务、海关、环保、质检、税务、外汇局、公安、法院、检察院等政府部门与银行机构进行企业信用信息跨组织共享的正式渠道，是政府部门面向银行机构提供 G2B(政府面向金融企业)信息服务的主要中介平台。

我国政府大力发展征信系统中的政府类信用信息数据采集工作，以加速政府与银行之间的信息共享，推进社会信用体系的建设，特别是在中小企业的信用信息采集和处理上。本书以探求 G2B 共享机理和促进策略为切入点。首先要解决的是，有效了解并充分考虑用户(银行)需求特点来进行 AIGCRS 共享，发挥 AIGCRS 的决策支持效果。否则，作为信息接收方的银行在实际操作中仍不会积极使用，AIGCRS 在中小企业贷款决策支持上的作用也就不能得到充分发挥。因此，目前 G2B 信息共享基础上的中小企业贷款决策支持的关键在于，如何使得用户积极使用 AIGCRS，有效辅助中小企业贷款决策。

1.1.2 理论背景

G2B 共享信息要有效辅助中小企业贷款决策，必须先了解中小企业贷款决策的特征，以及在现实中的瓶颈，结合其特征采取适合的贷款决策辅助措施，解决瓶颈问题。

我国中小企业和银行之间的信息不对称较为严重。信息不对称，包括事前的信息不对称和事后的信息不对称，由此产生了严重的逆向选择(adverse selection)和道德风险(moral hazard)问题(Berger & Udell, 2002)。由于信息不对称，在贷款过程中，银行将价格点(利率)定在低于瓦尔拉(Walrasian)均衡价格的位置，致使贷款供不应求，这样银行可以根据对需求方的相关判断有选择性地贷款。由于中小企业的信息不透明程度更高，在中小企业的贷款决策中，信息不对称问题表现得尤为明显(Jaffee & Russell, 1976)。利用现有的信息集，银行难以形成对于中小企业的准确判断。最终，即使中小企业愿意支付比大企业更高的利率，中小企业也难以获取足够的资金支持(Stiglitz & Weiss, 1981)。大企业的商业信息可以比较容易地进行低成本或无成本量化、分类、处理和传递(Stein, 2002)，因此其数据多以“硬”信息的方式存在，如财务报表。而中小企业的信息更多地呈现出结构性不强，渠道不固定，难以量化、分类、处理和传递等特征，以“软”信息的形式存在。

对于软信息与硬信息的讨论延续了近二三十年，但是由于其内涵多角度以及外延多样性的特点，对于二者的概念表征一直都没有很好的定义。Mintzberg

(1973)在针对管理工作的特性进行研究时,提出软信息是在面向公司和面对面交换的过程中主动提供的、特有的信息,其渠道主要是道听途说、小道流传与猜测。Hurst(1984)将硬信息与软信息归结为"事实"与"感知"。Häckner(1988)通过研究信息在战略发展的应用,提出硬信息是对象实体,包括数字会计信息;而软信息是一种思维方式,包括图片、观点、想法和认知系统。Jönsson 和 Grönlund (1988)从会计学的角度提出,硬数据是远离操作层的管理人员用于成本和计算的事实和数字,可以说明目前的局势和今后可能的结果;软数据是靠近操作层的管理人员的因果知识、经验、技能、完美行动的预测和对于目前局势的认识。Constant et al. (1994)第一次从信息系统研究的角度提出硬信息与软信息的区分类似于有形信息与无形信息,并提出有形信息的共享取决于重视规则的态度和组织形式的规范,经验等无形信息的共享主要取决于自我表达的需要。针对 MIS 中的硬信息与软信息,其表征主要体现在四个方面:内容——硬信息是事实、理论,较为客观,而软信息是知觉、经验,较为主观;传播渠道——硬信息是有形的、可书面化的,通过正式传播渠道可搜集,而软信息是无形的、难以量化的,通过非正式渠道和网络传播;结构——硬信息多是表格等,结构化比较强,而软信息是自由文本等,结构化不强;传输方式——硬信息以数字方式为主,软信息以自然语言方式为主(Schultze et al., 1997;王锁柱,李怀祖,2004)。由于这些特征的不同,致使了中小企业贷款决策过程和技术与大企业之间存在巨大的差别。

国外学者 Goddard et al. (1999)的研究表明,软信息和硬信息的搜集、处理、传播和数据解释往往是硬和软方法的混合,硬方法有时可以弥补软信息的不足。而 Petersen 和 Rajan(2002)通过实证研究表明,通过信贷员获取准确及时的"硬"信息可以在一定程度上弥补中小企业贷款"软"信息的不足,有效降低中小企业信息不对称。我国的信用信息共享建设旨在为银行业提供更多的可供用于决策的信息,也是希望达到"硬方法弥补软信息不足"的目的。所不同的是,Petersen 和 Rajan (2002)研究中,信息是信贷员自身取得的,其使用和信任是有机蕴含其中的。而征信系统是政府提供的第三方平台,其提供的信息需要被信贷员认可并使用才能发挥其功效,因此其信任和信息接收要素的问题就更为凸显。

1.2 研究问题

用于中小企业贷款决策支持的信用信息共享建设是项长期而持久的工作,我国当局在实现政府和银行信用共享上进行了长期而持续的投入,特别是对于中小企业贷款决策的辅助信息服务。然而,信息服务投入的重点是什么?这种跨组织信息(AIGCRS)的共享机理是怎样的?是否为中小企业贷款决策人员所采纳,为什么采纳/不采纳?怎样促进其接受?这是尚未收到充分重视和关注的问题。针对以上情况,本书提出如下研究问题:

(1) G2B 在中小企业贷款决策过程中的支持作用及其分类。

(2) 哪些是其他部门(政府)通过征信平台建立信任的影响因素?其作用方式?

(3) 征信系统是否有利于减轻贷款决策人员对于其他部门(政府)信息的不信任?

(4) 哪些是中小企业贷款决策人员采纳 AIGCRS 的关键影响因素?其影响过程?

1.3 研究意义

中小企业发展现状及其融资需求的矛盾日益尖锐化,信用信息共享的提升和完善也越发急迫和重要。而征信系统的发展和完善是实现信用信息共享的基础和关键。因此本书的研究就基于 G2B 信息共享的中小企业贷款决策支持研究进行了讨论,得到了一些有价值的结果。

本研究的理论意义主要表现在:“面向中小企业贷款的共享信息加工研究”,拓展了精细加工可能性理论的应用范围,并发现了精细加工可能性在新技术环境中呈现出的新要素,这可以为类似基于中介的跨组织信息环境下的研究提供指导和借鉴;“基于征信系统的信任转移研究”和“基于征信系统的信任形成研究”,扩展了信任转移理论和信任形成理论的适用范围,将其扩展到了基于中介的跨组织信息共享领域。同时,还发现了共享语言和共享价值观等认知要素在信用信息共享环境下新的作用方式。以上研究均是基于前人的理论基础上,向前又迈了探索性的一小步,希望这些研究能够为发现新环境下的新要素、老要素新关系的类似研究提供借鉴,并为后人研究提供支持。

其实际意义主要表现在:讨论信息系统两大要素——信息产出(Output)和系统(System)特征对于信息共享作用体现的影响。尤其是对于系统要素的讨论,既涉及系统本身,又涉及系统的设计和管理要素,并从多个方面给予实证验证,以期指导征信系统 G2B 信息共享建设实践。

1.4 研究方案

1.4.1 研究范围

1.4.1.1 基本概念的界定

1）信息

信息是建立在数据基础上的，数据的定义为“所获得、记录、存储和分类的关于事物、事件、活动和交易等最原始事实或基本描述，且未对其进行整理并赋予特殊的意图”（Turban，2003），即数据是对客观事物的符号表示或符号集合。信息是指“形式和内容与特定用途相关且符合的有用数据”（Alter，2002）。数据按照一定的目的加以处理，找出其中的联系，就形成了信息。

目前学术界对信息的定义有很多，一般可以概括为狭义信息和广义信息。狭义的信息是指信息内容及其载体，即“信息是事物之间相互联系、相互作用状态的内容描述；载体又称媒体，是信息从信源到信宿的传递者”。广义的信息不仅仅包括信息及其载体，还反映了信息采集、传输、加工、存储和利用的能力和发展潜力。广义的信息是以信息内容为核心，包括了与之紧密联系的外围资源，如软硬件资源、网络资源等（冯惠玲，2006）。本书的信息主要是指广义上的信息。

2）电子政务

G2B信息共享服务（征信系统中的纵向信息共享）是电子政务的一类（具体分类可见综述2.3.1.1）。电子政务来自于国外术语“E-government”，是指通过采用信息通信技术（ICT）提高政府效率、效力、透明度和责任性，其核心内容是借助互联网，构建一个跨时间、地点、部门，以顾客满意为导向的政府服务体系——虚拟政府（Singh & Sahu，2008；李阳晖，罗贤春，2008）。

3）电子政务信息

电子政务信息就是政府部门在政务工作过程中，利用网络和信息技术，所产生的各种政务信息。政务信息的概念有广义和狭义之分。狭义的政务信息是在政务工作处理过程中，所采集、存储、处理、转移和使用的大量具体信息，而广义的政务信息不仅包括政务信息本身，还包含与政务信息相关的人员、设备、资金、技术等方面。

本书中，我们对电子政务信息的定义是一种广义的概念，指在中小企业贷款协助过程中，利用网络和信息技术所采集、存储、处理、转移和使用的信息资源，包括政府部门依法采集的信息资源、政府部门在履行职能过程中产生的信息资源、政府部门投资建设的信息资源、政府部门依法授权管理的信息资源。

4）G2B 信息共享

信息共享是指同一信息资源被不同的使用者所使用的状况，其实质是信息的利用者分享同一信息所产生的价值(Javenpaa & Staples, 2000)。

本书中的银行和政府间的信息共享(G2B)，是指电子政务信息为各个商业银行所分享，其通过征信系统这一信息中介平台实现。由于征信系统由央行征信中心建立和维护，因此在较为宽泛的意义上，央行征信系统中的所有信息共享活动都是 G2B 信息共享。然而，从信息源的角度，G2B 信息共享应该是政府信息源与银行间的信息共享，即 AIGCRS 的共享。本书中，为保证多源信息融合的实施和效果，第 3 章、第 4 章采用的是宽泛的 G2B 信息共享定义。第 4 章及其以后的章节主要是针对 AIGCRS 的信息共享问题的研究。而且重点关注电子政务信息对中小企业贷款时产生价值的情况。本书对于政府利用银行的信息提高效率仅限于明确银行需求信息，而其他方面的信息应用不作为本书的研究重点。

5）中小企业

本书中一致采用 2003 年的《中小企业标准暂行规定》。2011 年 6 月，我国颁布了新的《中小企业划型标准规定》，但是由于研究过程中尚处于推广阶段，因而仍旧延续原有的定义和划分。这样做也为了避免被访者的思维出现混乱。

6）商业银行贷款风险

商业银行贷款风险泛指其信贷资金安全系数的不确定性，通常表现为债务人由于各种原因，不愿或无力依据合同条款按期归还银行贷款本息，致使银行贷款本息无法收回，进而形成呆账损失的可能性。

7）决策支持

决策支持主要是辅助决策分析的支持。决策分析主要针对两个问题：一是研究在一定环境下决策怎样做出；一是研究在具体的环境下如何做决策(Pawlak, 1997)。

本书基于政务信息的中小企业贷款决策支持，主要是指银行与政府在信贷前台调查、后台审查、审贷会审议等阶段相互合作，实现信息共享，利用电子政务信息进行相应的贷款决策分析的支持，即从数据中获取辅助决策信息和知识，协助贷款决策，降低贷款风险和成本，提高中小企业贷款收益成本比。这中间的电子政务信息既包括内容已经电子化的信息，另外也包括为辅助中小企业贷款需求而要求政府协助搜集、处理的信息和知识。本书重点关注基于信用信息中介环境下，决策如何做出的问题。

1.4.1.2 研究范围的界定

首先，根据信息共享的关系种类划分，可被划分为个体间信息共享、组织内信息共享和组织间信息共享三种关系，本书主要研究面向组织间(G2B)信息共享的电子政务活动。

其次，根据信息不对称的种类，可以将跨组织信息共享进一步地细分，分为横向的跨组织信息共享和纵向的跨组织信息共享。横向的跨组织信息共享是指共享的双方拥有共同知识，共享的结果是彼此都拥有更多信息，是一种互惠的关系。而纵向信息共享是指共享的一方较另一方更有信息优势，信息劣势方可通过信息共享明显地扩充信息集，而信息优势方则在共享过程中难以得到信息回报。因此，这种信息共享更像是一种信息转移，或者是一种信息服务，因为信息流是单向的。这里，仍旧遵从 Clarkson et al. (2007)的划分，将其归为纵向的跨组织信息共享。因此，本书主要研究纵向的 G2B 跨组织信息共享活动。

最后，结合信息中介的特征，征信平台可被视为 G2B 跨组织共享的典型信息中介平台。目前信息中介平台成为理论界刚开始发起的新研究方向，以 Zahedi 和 Song(2008)的研究为首。因此，本书的研究范围最终界定为基于信息中介的纵向 G2B 跨组织信息共享机理及其促进的研究。

1.4.2 研究思路

本书基于以下研究思路：G2B 信息对于中小企业贷款决策支持的理论分析——AIGCRS 对于中小企业贷款决策支持的影响因素分析——基于征信系统的信任形成研究——基于征信系统的信任转移研究——面向中小企业贷款的共享信息加工研究。

1.4.3 研究内容

由于中小企业贷款中对于“软”信息的依赖和偏重，对于其贷款技术的发展产生极大的约束，贷款决策呈现精度不高、规模效应不强等特点，致使很长一段时间以来，中小企业贷款决策均是依赖于信贷员和信贷审批人员等的经验判断。最近 20 年，中小企业信用评分的发展，正在慢慢改变这一趋势。

然而，信用评分多是基于完善的信用信息服务发展起来的，如美国 D&B 的存在，为推动信用评分的发展起到了关键的作用。因此，如何有效扩充发展 AIGCRS 数据库，使其信息准确、及时、完整，且有着良好的传输渠道和传输方式，如何激发中小企业贷款决策人员在决策过程中加工使用的积极性、主动性，是有效发挥电子政务信息（征信系统中的共享信用信息）辅助中小企业贷款决策作用的关键。

针对以上实际问题，本书研究了基于信息中介的纵向 G2B 跨组织信息共享活动，重点讨论了其在中小企业贷款决策中采纳的影响因素，并对影响机理进行了研究。本书按照问题的提出、定性分析、定量分析和政策建议四步骤开展，本书的研究内容组织如下：

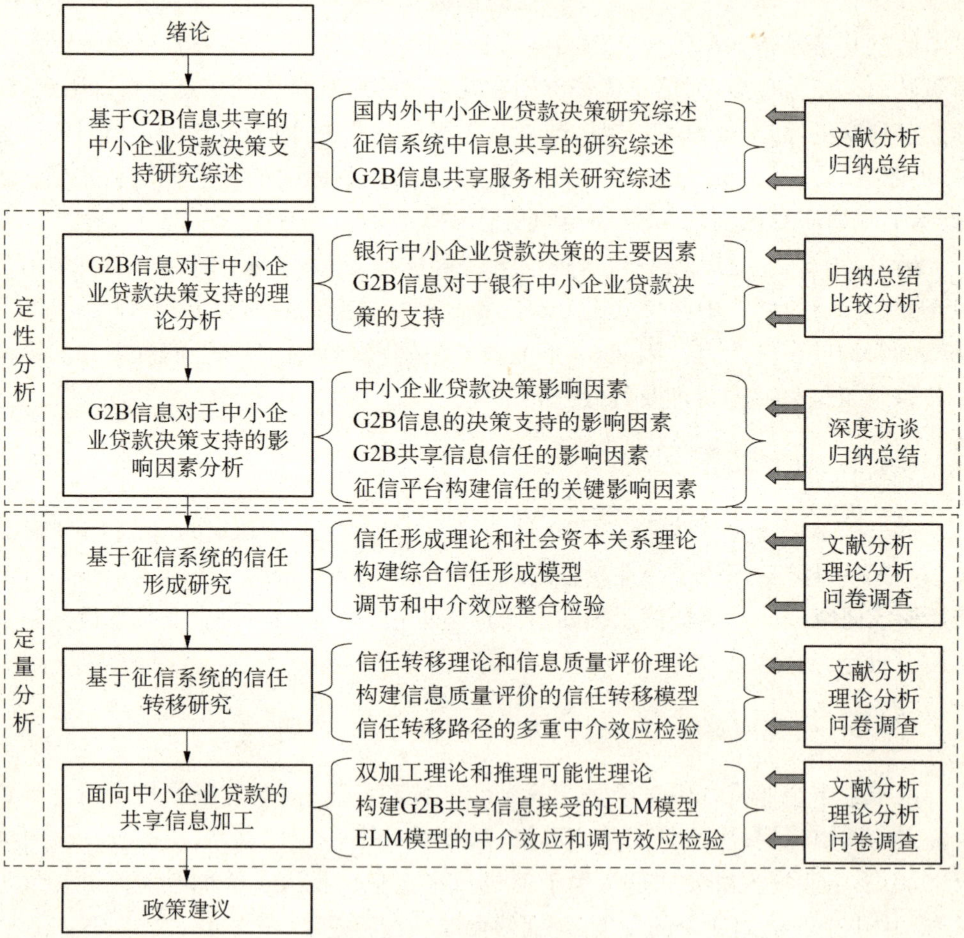

图 1-1　本书的研究框架

1.4.4 研究方法

本书采用的研究方法主要有：

1）基本研究方法

（1）定性与定量相结合的方法。定性研究和定量研究是社会科学领域最基本的两种研究范式。定性研究是在研究者和被研究者的互动关系中，通过深入、细致、长期的体验、调查和分析，对事物获得一个比较全面深刻的认识；而定量研究则依靠对事物可以量化的部分进行测量和计算，并对变量之间的相关关系进行分析，以达到对事物的把握(陈向明，1996)。本书在验证了G2B共享信息的贷款决策支持有效性的基础上，采用深度访谈(定性研究)，针对G2B信息共享与采纳问题的因素、影响方式等进行了深入的讨论和探索性研究。最后，基于深度访谈得到的结论，采用问卷调查的方式(定量研究)，针对G2B共享信息加工、基于征信系统的信任转移、基于征信系统的信任形成等问题进行了实证验证。

（2）归纳与演绎相结合的方法。根据马克思主义认识论，人的认识过程有两次飞跃：从感性认识到理论认识，从理论认识到实践。感性认识是认识的初级阶段，是人们对于事物现象、事物外部联系片面的认识；理性认识是认识的高级阶段，是人们对于事物本质、事物内在联系、事物整体全面的认识。从感性认识到理性认识，需要基于基本材料，进行去粗取精、去伪存真、由表及里、由此及彼的分析和整理，透过现象看本质，实现对于事物认识上的飞跃；这一阶段多通过归纳法实现。而将理性认识用于指导实践，又是第二次飞跃，多通过演绎法实现。学术研究是归纳和演绎相结合的过程。从大量的观测事实中提出理论的过程是归纳的过程，而后再将理论的机理推广到现象的解释过程，是演绎的过程(李怀祖，2004)。本书采用归纳与演绎相结合的方式，从中小企业信贷决策的实践出发，联系信息加工可能性理论、信任转移理论、信任形成理论等认知心理学的基本理论，对于征信系统中的电子政务信息(AIGCRS)接受的现象和机理进行深入分析，了解其决策过程中的信息加工规律、信任的转移和形成规律，并提出了AIGCRS接受过程的影响要素和影响方式。

2）具体研究方法

（1）文献分析。文献分析是比较经典的一种研究方法。文献分析是指通过搜集整理文献，形成对研究现状科学认识的方法。文献分析法是一种经济有效地获取关于事物系统性认识的方法(李怀祖，2004)。本书在基于G2B信息共享的中小企业贷款决策支持研究综述以及定量分析的三个实证研究中，均进行了相应的文献分析，旨在总结国内外研究现状并发现研究空白，为后期研究的理论价值和理论意义提供论证和依据。

(2) 理论分析。理论是指用于解释和预测某些现象的一系列假设(陈晓萍等，2008)。好的科学研究常以好的假设为起点，好的假设应该有坚实的理论基础。本书在定量研究阶段针对国外成熟理论的内涵、外延进行了透彻的分析，以此作为后期模型假设提出的基础。基于双加工理论和推理可能性理论提出了 G2B 共享信息接受的 ELM 模型假设，基于信任转移理论和信息质量评价提出了信息质量评价的信任转移模型假设，基于信任形成理论和社会资本关系理论提出了综合信任形成模型假设。

(3) 深度访谈。深度访谈是一种较为灵活的定性调查方法(陈向明，1996)，多是一对一将问题逐步深入，层层推进。本书通过对中小企业贷款决策影响因素、AIGCRS 决策支持的影响因素、G2B 共享信息信任的影响因素和征信平台构建信任的影响因素的研究，层层推进了对于 AIGCRS 的作用及其采用的影响因素、征信系统对 AIGCRS 采纳决策的影响、征信系统在其间的作用方式和影响因素等问题的了解。

(4) 问卷调查。问卷调查是实地调查中最经济的一种数据搜集方式，其具有可覆盖大样本、对被调查者干扰小、成本低廉、快速有效等优势(陈晓萍等，2008)。本书采用问卷调查的方式对所提出的模型假设进行了检验，以验证其关系成立与否。在面向中小企业贷款的共享信息加工研究中，分别检验了中介效应和调节效应；在基于征信系统的信任转移研究中，检验了并行多重中介效应；在基于征信系统的信任形成研究中，检验了有中介的调节效应。

1.5 本书主要创新之处

本书结合信息使用者决策过程中的信息加工规律和跨组织环境下信任建立和转移的过程，深入分析信息接受的影响因素及其作用过程，所做的创新工作可以归纳为以下四个部分：

(1) 提出了应对中小企业“信息不对称”问题的新思路。信息不对称是中小企业贷款的主要瓶颈。前人研究中尽管对于信息共享在信息不对称问题上的作用给予了肯定，但其关注的重点均为银行间的信息共享。这与本书研究的 G2B 信息共享有着本质的区别。银行间的信息共享是同类组织间的横向信息共享，遭遇的跨部门信息和文化差异的障碍要小得多，而且同类信息的信息共享作用也较为明显。

本书从一个全新的视角，提出通过G2B(Government to Business，本书主要指政府与银行间)信息共享来应对信息不对称。通过整合现有理论和文献，首次提出了基于政府信息和银行信息多源信息融合的中小企业贷款决策支持原理及主要指标体系和决策支持方式。

(2) 深入讨论了彼此认同和共同理解在信任形成中的作用方式。前人的研究中仅发现提高人的认知资本会影响信任关系，却不能确认认知资本如何影响信任。而基于信息中介的信任形成讨论中，对于认知资本和信任的关系问题关注不足。本书弥补了这方面的不足，将认知资本细分为共享语言和共享价值观，从两方面分别引入信任形成过程，并运用Edward和Lambert(2007)的调节和中介效应进行了有效的实证验证。研究发现共享语言和共享价值观在信任形成过程中具有不同的调节作用，要建设互通互联的信息共享平台，首先应该加强各方接触，提高彼此的认同感和相互理解程度。

(3) 研究肯定了信息中介在信任传递中的重要性，并探讨了其作用方式。前人的研究中，信息源信用和信息质量多呈竞争关系(精细加工可能性模型)，而我们的研究却从信息中介的信任转移角度分析了其相互间的依存关系。通过多重中介效应的实证分析证实，信息中介作为一种制度结构环境，构成信任转移的基础和桥梁。这样的结论表明，若想要实现信息源信用的有效传递，构建好的信息中介制度结构和环境，对于信息源信用向信息质量的转移起到有效的促进作用。

(4) 提出了新环境下的推理可能性要素，并验证了其调节作用。前人研究中，精细加工可能性模型的讨论多在于个体与个体之间的共享信息(知识)接受过程。跨组织共享环境下，部门化形成了天然的、不可避免的共享障碍，构成与同部门个体间信息共享不同的新环境。另外，已有研究中多对KMO理论中的知识(K)和动机(M)要素进行讨论，但对机会(O)要素讨论得比较少。本研究讨论了在这种存有信息传输和理解障碍的环境下，精细加工可能性模型在组织间共享信息接受过程的适应性，并提出了新环境下推理可能性要素表征——追踪可控性。可见，由于信息传输和理解障碍，信息中介平台能否提供更多线索特征以供使用者进行加工(增加追踪可控性)，这是跨组织信息共享环境下推理可能性分析的关键。这种发现对于同类型跨组织信息共享环境下的信息接受能够提供有价值的参考。

第 2 章

基于 G2B 信息共享的中小企业贷款决策支持研究综述

2.1 国内外中小企业贷款决策研究综述

国内外中小企业贷款研究综述从目前中小企业贷款决策面临的问题入手，综述了中小企业贷款中的两大重要贷款技术：关系信贷技术和交易信贷技术，其中交易信贷技术以适用于中小企业贷款的中小企业信贷评分技术为主。从而挖掘出中小企业贷款技术中衍生出的信息需求。

长期以来，中小企业信贷决策技术研究主要分为两个流派：一类是关系信贷(Relationship Lending)流派，一类是交易信贷(Transactional Lending)流派。关系信贷决策多依赖于通过银行与企业之间建立关系过程中采集的“软”信息，这些“软”信息一般都是银行的私有信息，且多是定性和无法传递核查的(Brigitte Godbillon-Camus & Godlewski，2005)。因此，银行只能通过与客户之间建立关系、观察客户行为来形成对于客户的评价，即依赖企业在银行长期积累的声誉做出贷款决策，并进行监控。交易信贷在中小企业领域以中小企业信用评分为代表，是将高新通信信息技术融入金融产品创新的体现。交易信贷基于相对较为容易获取的“硬”信息做出，具有可量化、可传递、易于验证等优点，但其要求先期开发投入较高，同时准确性和稳定性也都尚待检验(Allen et al.，2004)。以下就这两种技术的研究发展历程进行介绍。

2.1.1 关系信贷技术研究

关系信贷的贷款人的决定依赖于其拥有的对于公司及其所有者相当一部分的特有信息，这种特有信息是贷款人通过长期以来与借款公司及其所有者各种各样的接触获取的(Allen et al.，2004)。这种信息或基于贷款，或基于存款，或基于其他金融服务上的接触，如经济服务、信托和养老金服务等(Berger & Udell，1995；Cole，1998)。有一些附加信息也可以通过与当地其他人员的接触来收集，如供应商和客户，他们有时可以提供关于公司及其所有者的具体信息，有时可以提供关于他们运作的商业环境的一般信息(Degryse & Cayseele，2000)。另外，还有股东、债权人、员工等。它们不仅涉及企业的财务和经营状况，还包含了许多有关企业行为、信誉和企业主个人品行的信息(Berger & Udell，2004)。关系型贷款的基本前提是，银行和企业之间必须保持长期、密切而且相对封闭的交易关系，即企业固定地与数量极少的(通常为一到两家)银行打交道(Ferri & Messori，2000；Degryse & Ongena，2005)。在美国，关系型贷款通常是以银行信贷额度(line of credit)的方式发放的(张捷，2002)。随着时间的推移，这类的信息变得尤为重要，甚至明显超出了公司的财务报表、抵押担保的巨大价值。

由于关系信贷一直在中小企业贷款中占据主流地位，因而也就衍生出了许多关系信贷研究。然而，关系信贷强度很难直接测度，多采用间接尺度来衡量。主要的关系强度尺度指标包括：关系是否存在、关系深度、关系广度、是否是主银行或 house bank、银行是否是企业唯一服务提供商、物理距离(Berger & Udell，1998)。在关系信贷环境下，关系的强度直接影响贷款的价格与可得性，同时还表现在对于抵押物要求、企业对于贸易债务依赖、抵御经济周期能力的变动上。研究中具体选取的关系强度指标及其影响如表 2-1 所示。

一般情况，企业与银行之间的关系越密切，企业越容易获得贷款，且贷款利率越低，抵押物要求越少，企业对于贸易债务的依赖越小，从而能更大程度地抵御经济周期的影响(Berger & Udell，1998)。然而，近十年的研究对于这些线性关系有了新的修正。

首先，关于指标选取及其作用方式的讨论。Degryse & Van Cayseele (2000)发现了银行利率出现反转的可能性，即当以关系深度作为银企关系的指标时，贷款利率不但没有降低，反而会随着关系的加深而上升。这可能由于套牢成本的存在。但是若将关系信贷界定为从银行那里购买包含敏感信息的其他产品(增加关系广度)，又会使利率下降。但这是风险识别的成本节约作用。无独有偶，Kim & Kim (2007)也发现韩国主贷款银行(Main credit bank)旗下企业较其他独立企业有更低的信用额度(lines of credit)，并要支付更高的借贷成本。而 Chakraborty & Hu (2006)却未发现这种反转，但其从另一个角度进行了深化，提出在信用额度内，关系深度的作用显著；而超出信用额度时，关系广度的作用显著。无论采用哪种指

表 2－1　银企关系强度的指标选取和结果汇总

指标选取标准：借鉴 Berger 和 Udell(1998)的分类框架，并添加了近十年最新出现的研究成果 文章选取标准：必须是经过实证验证的结果；国外区间取 1993—2008 年，国内取 2003—2011 年	Petersen and Rajan，1994，1995	Berger and Udell，1995	Cole，1998	Elsas and Krahnen，1998	Uzzi，1999④	Scott and Dunkelberg，1999	Ferri and Messori，2000	Degryse and van Cayseele，2000	Lehmann and Neuberger，2001	Bodenhorn，H.，2003	黄纯纯，2003	Degryse and Ongena，2004，2005	Chakraborty and Hu，2006	Brick and Palia，2007	罗正英，周中胜，王志斌，2011⑤
关系存在与否			√		√										√
关系深度①	√	√				√		√		√	√		√		
关系广度②			√			√		√					√		√
是否是主服务提供商							√		√					√	
是否是唯一服务提供商				√											
企业关联银行数															√
地理距离③												√			
可得性			√	√			√		√						√
利率		√			√	√		√	√	√	√	√	√	√	
要求抵押物		√			√	√		√	√	√			√		
企业对贸易债务依赖程度	√														
抵御加息周期的能力							√			√					

注：① 银行提供贷款、存款和其他金融服务的时间长短。

② 银行提供多重服务或是多个项目经理与该企业建立了联系。

③ 公司与贷款银行以及其他附近的银行之间的距离。

④ 此处的关系存在与否指的是嵌入关系，即公司与银行联系网络嵌入和使贷款人嵌入其商业交易。

⑤ 关系存在与否以是否取得长期借款测量，关系广度以高管是否有银行从业经历测量(其他联系方式)，企业关联银行数以银行平均贷款合同数(总借款合同数/关联银行数)测量，以借款资产比表示可得性。

标，银企关系的加深均会降低贷款利率。而国内的研究中，以关系深度为指标的银企关系与利率呈弱负相关（大于 0.05、小于 0.1 显著性水平下相关）；而以关系广度为指标的企业关系与贷款可得性呈正相关。可见，指标选取会对作用方向（“＋”还是“－”）产生一定的影响，但同时也表明声誉的作用尚不明确。

其次，关于科技创新的冲击。20 世纪初期以来，科技创新对中小企业贷款技术的发展产生了极大的影响。Peterson & Rajan（2002）提出，科技创新（如 PDA、掌上电脑等）使得硬数据可及时获取和传递，银行对于远距离客户的监控成为了可能；这样即使是对于地域分散化的客户群，也能取得较高的效率。Inderst & Mueller（2007）提出，科技创新（如小企业信贷评分）缩小了当地贷款者的信息优势，允许更多抵押贷款关系的建立。DeYoung & Glennon（2008）指出信用评分的应用可以有效应对银企之间地理距离带来的信息不对称。尽管对于信用评分技术在中小企业贷款领域的应用有褒有贬，但是信用评分技术能够有效降低信息不对称，相对减弱关系信贷的重要地位却是大家共同认可的结论。

关系信贷中对于银行私有信息的使用依赖，既是其优点，也成为其天生不易克服的缺陷。Andersson（2001）发现尽管银行竭尽全力保持贷款流程在所有审批企业之间的一致性，然而贷款决策最终实际上还是依赖贷款人员来做出，因此信贷决策仍会受到贷款人员经验的影响。例如：Scott（2006）通过实证研究发现，如果贷款信息官使用软信息（如特征评估、客户和供应商信息等），而非以硬信息（如报税表、财务报表等）为基础决定贷款发放，那么频繁的贷款人员变动就会对于信贷发放产生不利影响。而 Bruns & Holland（2008）的实证研究结果也表明，贷款人员人力资本特征与申请人人力资本特征的相似性成为贷款审批的一个重要指标。这些相似的人力资本包括教育背景、知识技能、经验等。贷款人员遇到与自己有相似教育背景、知识技能、经验的申请者，倾向于对其进行正向归因，从而为其“开脱”，更易于通过他/她的贷款。可见，关系信贷对于信贷从业人员内隐知识的倚重造成了三个方面的问题：一是知识传递和转移带来的知识管理难题；二是受到主观判断影响的误差难题；第三，关系信贷需要投入很多的时间和人力成本，效率较低（Allen et al.，2004）。

由于关系信贷以上缺陷的存在，在中小企业贷款过程中逐步推进自动化，实施信息通信技术与人力资源的有效结合是相当有必要的。因此，只要“有实力、有数据基础、创新意识强”的银行（史建平，杨如冰，2009），无论是对于中小企业贷款具有优势的中小银行和本地银行（逐步做大做强），还是处于劣势的大银行和远程银行，都应该逐步推行信用评分。

2.1.2 交易信贷技术研究

事实上，交易信贷技术不仅仅包括中小企业信贷评分，还包括财务报表贷款、基于资产的贷款等（Allen et al.，2004）。在我国，被广泛采用的是基于财务报表的贷款技术（适用于中大型企业）和中小企业信用评分（适用于小企业）（史建平，杨如冰，2009）。但由于基于财务报表技术比较成熟，且对于征信信息的使用和需求并不很高，因此不作为讨论重点。因为与大企业融资相比，中小企业融资过程中的信息不透明（informationally opaque）程度更深。这种信息不透明主要表现在：①信息公开失效。雇佣合同、供应商和客户合同等均私有。②市场信号缺位。缺乏股票市场这样的市场评估体系。③许多中小企业缺乏审计过的财务报表（Berger & Udell，1998）。因此，正常信号发布的失效，中小企业相对于贷款决策者来说是一个“黑匣子”。大企业多依赖财务信息做决策，小企业则多依赖“借款人特征信息”等软信息做出决策。而中小企业信用评分以纳入越来越多的定性指标为发展趋势，因此，在中小企业贷款领域，尤其是小企业，其他交易信贷技术多，不可作为与关系信贷技术、信用评分技术相媲美的讨论重点。

信用评分（credit scoring）技术，是一项运用现代数理统计模型和信息技术对客户的信用记录进行计量分析从而做出决策的新技术（张捷，2002）。目前国内外的相关研究如表 2－2 所示。

表 2－2　中小企业信用评分研究汇总

作者	研究问题	研究方法	理论结果
Frame et al.（2001）	信用评分是否会增加中小企业贷款量	计量经济学模型	信用评分减少了借贷双方之间的信息成本，减低了关系信贷的作用
Berge et al.（2005）	中小企业信用评分在可得性、价格和风险上的效果	电话访谈	银行专业化和学习曲线是至关重要的；SBCS 会随着银行采用硬规则还是自由裁量权的影响；SBCS 对于大的借贷者更有效
Berger & Frame（2007）	小企业信用评分模型在小企业贷款可得性上的效果	电话访谈	小企业信用评分模型对于小企业贷款可得性有显著影响

（续表）

作者	研究问题	研究方法	理论结果
范柏乃，朱文斌（2003）	从企业偿债能力、经营能力、创利能力、管理能力、创新能力与成长能力六个层面遴选了个评价指标	隶属度分析—专家确认统计法；相关分析法；鉴别力分析法（变差系数法—筛选）	目标层（中小企业信用）、准则层（包括企业偿债能力、经营能力、创利能力、创新能力和成长能力五个方面）、指标层三个层面共 15 个评价指标组成
DeYoung & Glennon（2008）	从信贷评分实施目的及其效果竞争性的角度	计量经济学模型	信贷评分或可解决距离带来的信息成本剧增问题，或可增加通过风险边缘贷款申请的利润
管晓永，孙伯灿（2010）	适用于中国传统文化的中小企业信用评价模型	问卷调查	从信用品质和信用能力的角度对于我国中小企业信用评价问题进行了讨论

准确获取信用指标是信用评分实施的有效基础。然而由于信息不对称问题，中小企业融资的最大瓶颈之一就是信息的有效获取问题（Berger & Udell，1998）。一般而言，这些指标主要有三种获取渠道：一是通过银企关系长期积累的企业信息，如银行信用记录、财务报表补充（可从银行流水中表征）等；二是通过贷款申请人提交的申请报告和材料，这类信息中包含表 2－2 的绝大部分信息；三是通过信息共享，这种信息共享包括银行间的信息共享以及和其他公共服务部门的信息共享（Jappelli & Pagano，2000）。中小企业信息不透明和企业主与企业发展界定不清，造成其管理和财会的混乱，且因其自身因素会有谎报瞒报的动机。因此，第二渠道的信息往往难以辨别真伪和准确程度。第一渠道的信息采集方式是关系信贷信息采集的主要方式，对于许多大型银行和远程银行来说，这种信息采集方式是规模不经济的（Petersonand Rajan，1994；Berger & Udell，2002）。这是大中型银行和远程银行在使用第一渠道采集信息时无法跨越的障碍。而且，无论是大银行还是中小银行，与高新技术结合提高中小企业贷款效率都是必由之路。

同时，发展中小企业信用评分技术，实现自动化审批，是需要较为完善的社会征信数据库作为基础的。因此，发展适合于中小企业信用评分技术的征信系统，尤其是构建需求驱动的征信系统，使征信系统的信息内容（Output）和系统特征（System）更适合于中小企业贷款使用需求，成为快速发展中小企业评分技术的关键。

由此可见，社会征信数据库的建设是发展中小企业信用评分技术的基础和重要保证，因此，如何挖掘中小企业信贷决策需求，发展需求驱动的征信系统，使征信系统的信息内容（Output）和系统特征（System）更能满足中小企业贷款决策的要求，较好地起到决策辅助和决策支持服务的目的，是提升信贷技术水平的基础和关键。

2.2 征信系统中信息共享的研究综述

仿照Clarkson et al.（2007）的划分，可以将征信系统中的信息共享划分为横向信息共享（horizontal information sharing）和纵向信息共享（vertical information sharing）。在我们的研究背景下，横向信息共享主要指存在于银行与银行之间的信息共享，是信贷市场的主要信息共享方式；纵向信息共享主要指银行与其他公共部门的信息共享，这些公共部门包括政府部门、公共事业部门等，在本书中具体化为G2B（政府—银行）信息共享。

信贷市场的信息共享拥有横向信息共享的所有特征，即共享各方彼此拥有同类信息，信息共享实际上是一种信息交换，共享方向是双向的。在征信系统环境下，这种信息共享主要指银行间的信息共享，其基本模式是：银行A、B、C均将自己拥有的中小企业信用信息拿出来共享，其信息集由分裂的{A}、{B}、{C}整合成为了{A, B, C}，所有的银行都将从这种共享中受益（Clarkson et al.，2007）。

G2B信息共享拥有纵向信息共享的特点，即共享双方拥有不同信息，由有优势的一方提供给需要的另一方；这种信息共享实际上是一种信息服务，共享方向是单向的。在征信系统环境下，这种信息共享主要指政府和银行间（G2B）的，其基本模式是：政府部门A、B、C将自己拥有的中小企业信用信息拿出来共享给银行D，共享的结果使银行D的信息集由原来的{D}扩充到为{A, B, C, D}，而其间政府部门接收银行的服务需求信息流（Clarkson et al.，2007）。

尽管原本横向信息共享和纵向信息共享多是针对G2G的平级和上下级之间的信息共享，但是由于定义和特征上的相似性，我们将其移植到我们的研究环境下，提出了征信系统中的横向信息共享（银行与银行之间的信息共享）和征信系统中的纵向信息共享（银行与政府之间的信息共享）。

征信系统中的信息共享研究综述按照国外征信系统中信息共享的理论研究、国外征信系统中信息共享的实证研究和国内征信系统中信息共享研究三部分展开。

2.2.1　国外征信系统中信息共享的理论研究

关于信贷市场信息共享理论研究，刚开始的热点主要集中于银行间信用信息共享的作用讨论上。

首先，信息共享能够有效减少逆向选择。Pagano 和 Jappelli 于 1993 年就信贷市场信息共享效果进行了经济学分析，发现信息共享能够减少逆向选择。在其模型中，由于每个本地银行只拥有原居民的信用信息，没有迁移过来的非原住民的信用信息，因此在对非原住民贷款时就要面临比较严重的逆向选择问题。如果银行间通过相互交换迁移居民信息的方式实现信息共享，从而使彼此都保证了贷给迁移居民时的安全性，降低了违约损失率(Padilla & Pagano, 2000)。

其次，信息共享能够有效减轻道德风险。这种效应的影响机制主要表现在两个方面：一是通过减轻“套牢”降低利率上；一种是通过负面信息带来的利息“惩罚”上。第一方面的“套牢”，既包括对于中小企业的套牢，也包括对于银行的套牢。第二方面的利息“惩罚”，包括进入黑名单和被通报违约。

Padilla & Pagano(1997)应用银行拥有私有信息的两阶段模型来分析套牢问题，银行的信息优势使其在信贷市场中较客户更强势，从而产生一种“套牢”效应。由于“套牢”效应的存在，银行要收取掠夺式租金作为超额利率，而借款者面对高的利率水平，只能通过寻求高风险项目进行补偿，从而引发了道德风险问题。而若是能够实现银行间信息共享，其就不能凭借其拥有的私人信息抽取信息租金，从而也就降低了利率，减少了借款人贷款违约的可能。而 Bennardo et al. (2007)针对银行的“套牢”问题进行了研究，其发现，在没有信息共享的环境下，贷款公司会利用银行间的信息不对称在多家银行多次贷款，最终导致破产风险极大地提高。而银行一经贷款就会被借款企业套牢，尽量为其借款者盘活资金、贷款展期，使其最终能够还款。而信息共享使企业贷款余额对所有银行透明，从而有效避免了其多方借贷的可能(Padilla & Pagano, 2000; Brown et al., 2009)，可见，信息共享能够有效应对“套牢”效应，能有效减轻信息不对称带来的道德风险。

Klein(1992)发现在法律没有办法制约还款行为的情况下，在信息共享的情况下，可以通过进入黑名单的惩戒方式迫使其还款，因为借款者知道一旦进入黑名单将会影响其未来的外部融资。另外，违约记录信息共享具有约束借款者行为的作用(Vercammen，1995；Padilla & Pagano，2000)。由于共享，借款者的违约记录会成为历史污点，而使信用受损，从而将来贷款时需支付更高的利息作为此次违约的“罚金”，为了避免这种情况，借款者会尽量减少其违约可能性(Brown et al.，2009)。可见，有效支持利息惩罚机制的黑名单和违约记录共享能够有效减轻信息不对称带来的道德风险。

近期的研究发现，由于信息共享能够减轻信息不对称，从而可以极大地活跃中小企业贷款市场，增加对于中小企业的贷款供应，降低中小企业的贷款利率。

Padilla & Pagano(1997)发现信息共享能够有效减少银行由于拥有私有信息而抽取的信息租金，从而银行不得不降低贷款利率，发放更多贷款。利率的降低和多发放的贷款就给了中小企业更多的机会。Brown et al.(2009)研究发现信息共享对于小企业会有更为显著的改善。在没有信息共享的情况下，银行本就可以根据财务报表的贷款贷给大企业，而小企业却因为严重的信息不对称难以获取贷款。若是在信息共享的情况下，银行可以凭借共享的信息贷款给更多的小企业，从而可见小企业从中获益最多。同理，以上分析中所有消除信息不对称劣势的研究都对于小企业的作用更为明显。

由此可见，信贷市场的信息共享理论研究可证明信息共享对于中小企业贷款是有促进作用的，主要体现三个方面：减少道德风险和逆向选择；提高中小企业的贷款可得性；降低中小企业的贷款利率。但是到底共享哪些信息，如何共享？Padilla & Pagano(1999)、Jappelli & Pagano(2000)就这些问题进行了进一步的分析。

Padilla & Pagano(1999)研究将共享信息分为特征信息和违约信息两类，从而构建无信息共享的模型、违约信息共享模型和完全信息共享模型(包括违约信息和特征信息)。发现共享特征(characteristics)信息会使银行丧失信息优势，从而收取更高利息，引发道德风险，而共享违约(default)信息则不会产生这种结果。另外一个不良效应是，企业由于特征信息的共享会不再那么担忧违约记录的影响，因为当其显示“违约”时，其特征信息却仍会表明是“好”的。从而，“好”的特征信息会干扰信贷员的判断。

第一个不良效应除了和信息特质有关外，很重要的一个原因是与共享主体有关。因为Padilla & Pagano(1999)研究的共享主体是银行与银行之间，“搭便车”的情况时有发生，致使花费成本搜集信息的银行不得不提高利率补偿成本(Padilla & Pagano，1999)。针对第二个不良效应，Jappelli & Pagano(2000)进行了进一步的研究，特别提出要关注强制与否、报告范围、报告深度三个方面，并就信息类别

(正面/负面)、信息记录时限设计、信息披露范围问题进行了分类讨论。

2.2.2 国外征信系统中信息共享的实证研究

在具体实践中,征信信息共享包括私人信用局和公共信用注册机构两种模式。私人信用局是承担信用信息的采集、分拣、整合、发布等工作的私营部门(Djankov et al., 2007);而公共信用注册机构则是由政府部门(央行、银行上级主管部门)负责组织和监管信用信息的采集、分拣、整合、发布等工作(Jappelli & Pagano, 2002)。因此,征信系统中信息共享的实证研究均是从这两大模式下的实证数据出发,来讨论信息共享有用性论证和信息共享对于中小企业贷款的促进作用。其主要研究成果的分类列示如下。

(1) 信息共享能够提高银行决策效果,降低银行决策风险。Barron & Staten (2003)、Kallberg & Udell(2003)、Luoto et al.(2007)发现私人信用局的征信报告能够使银行减少公司过滤成本,从而提高决策精度。Brown & Zehnder(2007)的实证表明,公共信贷机构的信息共享致使贷款者由于忌惮惩罚而约束行为,降低了贷款违约率。而 Houston et al.(2010)通过 69 个国家的 2 400 家银行的样本数据,发现信息共享程度越高,银行收益率越高,银行风险越低,从而降低了金融危机的可能,提高了 GDP 水平。

(2) 信息共享能够促进银行总放贷量的增加,提高企业贷款可得性。Jappelli & Pagano(2002),Djankov et al.(2007)通过跨国数据发现,在实现信息共享程度更深的国家,其总的贷款量更高。Galindo & Miller(2001), Love & Mylenko (2003), Brown et al.(2009)从公司层面的角度则发现信贷贷款局(Private credit bureaus)和公共信用注册机构(Public credit registries)发挥作用的国家,企业更易于获取贷款。

(3) 信息共享提高了私营企业和小企业贷款获取的可能性。利用 43 个国家的问卷数据,Jappelli & Pagano(2002)发现在信息共享比较充分的国家,银行会贷给更多的私企,而且贷款利率也更低。Djankov et al.(2007)针对 1978—2003 年 129 个信息共享国家的面板数据,发现私营企业信贷占 GDP 的比重近些年逐步增加。Love & Mylenko(2003)利用 1999 年世界银行发布的公司层面的横截面数据,发现私人信用局的信息共享往往伴随着更低的金融约束,提高了银行贷款获取比率,尤其是对于年轻的小企业更是如此(Brown et al., 2009)。Brown et al. (2009)应用面板数据证明了这一结论。

可见,以上研究从实证角度证实了理论研究中所提出的信息共享效用,但是关于共享信息类别和信息共享方式方面的实证研究涉及得较少，关于 G2B 信息共享信息类别与共享方式的实证研究目前尚属空白。国外前期的研究中，或者将政府作为一种补充的信息来源稍有提及，如 Djankov et al. (2007)、Galindo & Miller (2001)的研究，或者将政府作为管理者的角色进行讨论，如 Kallberg & Udell (2003)、Jappelli & Pagano(2002)的研究。政府和银行之间的纵向信息共享只是作为其信息源中的重要组成部分被提及，缺乏深入的展开。

这可能和国外的文化和价值观有关。在发达国家，其多有比较成熟的私人信用局，公共注册机构是有益补充。另外，其信息交换机制多是依赖私人信贷员与政府之间的利益交换，因此信息共享服务讨论的重要性级别降低(Kallberg & Udell, 2003)。

然而，这一问题的重要性在我国表现得比较明显。正如 Jappelli & Pagano (2002)所提出的，在市场上尚未形成具有规模的私营信用局时，政府就要担当起建立信用职能部门的责任。而此时建立公共信贷机构是大多数国家的选择。我国就属于此列。2002 年，我国政府部门发出了构建社会信用体系的号召，尝试整合和利用全社会的可利用信用信息资源，来构建社会诚信体系和银行信用服务体系，而且这项工作由相关政府部门主导(信用体系建设课题组，2003)。我国正尝试把中央和地方各政府部门的企业信用信息在征信平台上集结(具体动态可见征信中心网站，http://www.pbccrc.org.cn/)。银行与银行之间的信息共享可借鉴国外信贷市场上信息共享的研究成果，但政府与银行之间的信息共享类别和方式却没有现成的研究可借鉴，政府和银行间的信息共享问题凸显为征信平台建设的重要问题之一。

2.2.3　国内征信系统中的信息共享研究

我国学者李仁安和贺学会等针对银行间信息共享效果进行了分析，并提出了一些建议。李仁安等(2006)构建了不同环境下的授信模型，得出信息共享能够提高信贷风险判断的准确率，约束贷款企业的行为，提高贷款总量。贺学会等(2008)通过构建企业与银行之间的博弈模型分析，提出信息共享能够降低银行信贷风险，扩大信贷规模，但是失信惩戒是实现这一过程的关键，从而为我国授信激励和失信惩戒机制的构建提供了理论基础。

我国学者许友传等和张寒阳、蒋恒波就信息共享机制构建方面进行了讨论。许友传等(2008)通过构建银行信息共享的激励模型，提出在成本约束下银行有激励进行信息共享，但是随着“信息租金”比较优势的减弱，致使信息共享的动机会逐渐减弱。而张寒阳和蒋恒波(2008)通过数学模型和逻辑推理结合的方式,提出我国目前并不具有内生出银行间信用信息共享机制的可能,从间接的角度提出建立社会信用体系的必要性。

复旦大学博士生张周(2005)在其论文《信息共享与中国征信模式选择研究》中,针对征信信息共享中的产业行为和激励问题等构建了理论模型研究,发现信息租金与市场份额、优质客户量成正比;建立征信机构实现银行间的有效信息共享是解决信息租金问题的必由之路。

由上可见,国内外近20多年间关于征信系统的理论和实证研究中都是从银行与银行之间的信息共享着手的,关于信息共享的类别和方式,研究理论上有所涉及,但实证研究有限,尤其是关于G2B信息共享的信息类别和方式研究更是国内外研究的盲区。而在我国大力发展社会信用体系的背景下,政府和银行之间的信息共享变得更为重要,即征信系统中的纵向信息共享(政府的信息服务)变得重要。因此,关于征信系统中的纵向信息共享(政府的信息服务)的研究和讨论也就变得日益重要。

2.3　G2B信息共享服务相关研究综述

G2B信息共享服务(征信系统中的纵向信息共享)是电子政务的一种,G2B信息共享服务的接受问题属于电子政务接受模型中的一类。因此,G2B信息共享服务研究综述分为电子政务研究综述、信息共享服务研究综述、信息信任中介的特征及其相关研究三部分进行评述。

2.3.1　电子政务研究综述

2.3.1.1　电子政务定义及其发展演变

传统意义上,电子政务(E-government)被划分为G2G(政府对政府)、G2B(政府对企业)、G2C(政府对客户)三部分(Reddick, 2004)。最早期的电子政务发展,强调的是技术要素,关注"信息和通信技术"、"网络连接"等对于政府公共服务的支持和改变(Tapscott, 1997; Krouse, 2004);后期从管理的角度,开始关注政府自身效能的提高和完善(Ghere & Young, 1998; Heeks, 2001;王浣尘,2003);近期,随着服务科学和服务管理的发展,电子政务的视角再次发生转变,转向了满足客户服务方面(Almahamid et al., 2005; King, 2007;孙宇,2010)。针对电子政务的概念内涵特征汇总如表2-3所示。

表 2 - 3　电子政务内涵特征汇总表

基于信息通信技术(ICT),以帮助政府传递信息和服务,对于政府的具体改变见右	Taps-cott,1997	DiCa-terino and Pardo,1996	Ghere and Young,1998	Heeks,1998,1999	Bekk-ers and Zour-idis,1999	McC-lure,2000	Heeks,2001	McG-regor Jr,2001	王浣尘,2003	Krouse,2004	Singh and Sahu,2008	Badri and Alsh-are,2008	Muñoz-Cañavate and Hípola,2010	张鹏翥等,2011	Shyu and Huang,2011
互联性	√					√									
服务传递					√				√			√	√	√	√
效率和效能			√				√			√	√				
交互性		√													
透明度											√				
问责制			√				√	√			√				

由表2-3可见,近3年来电子政务的概念已渐渐趋于统一,即强调服务传递(delieve service)的重要性。而服务有效传递的关键是用户,相关的实证研究也给出了相应证明。

King(2007)通过对于G2C的服务调查,发现用户在服务质量上有自己的辨别力,其更倾向于远离低质量服务的提供者,而接受高质量的服务提供者。尽管政府处于强势时,服务提供者往往不能选择,但是还是可以拒绝或消极使用质量不高的政府服务。Schedler(2007)通过进一步的实证研究表明,客户驱动的电子政务发展越好,提供的服务越有效。通过对于瑞士不同城市理解公民需求的差异与对应城市电子政务网站的可用性特征、服务项目质量之间的关系来发现需求识别的重要作用。而Pieterson et al.(2007)的研究提出,个性化电子政务的发展促进了政府和用户之间的通信,并帮助推断和预测客户行为,进而影响客户行为(李阳晖,罗贤春,2008)。可见,发展客户驱动的电子政务,无论是对于服务客户还是对于政府自身的发展都是很有意义的,而这也正在形成新的研究趋势。

根据前人的研究,在电子政务实施过程中,若是未充分考虑市民和企业的需求,最终服务供给就会难以落到实处,从而形成供求盲区;随着这种空白的与日俱增,会使得电子政务难以充分发挥其最大效用,难以得到相应的投资回报(Almahamid et al.,2010)。Van Dijk et al.(2008)通过2006年新西兰的实证数据表明,对于电子政务服务需求的明确是弥补供求盲区的最主要方式,Gil-Garcia et al.(2007)也认可了这种观点,并进一步提出面向需求的电子政务评估应该是一个长期而持续的过程。而Shalini(2009)利用问卷调查方法研究提出电子政务建设本就应该是个互动的过程,缺乏正确的电子政务需求状况的分析和指导,即使是优秀的供给方,也难以达到良好的建设效果。可见,对服务(信息)使用者的使用需求和使用过程的了解是至关重要的。

2.3.1.2　面向客户需求的电子政务研究

电子政务的研究可以分为如下五类:电子政务的概念、历史、结构、举措、政策、主要原则、挑战和发展成功要素研究;促进电子政务发展、实施和评价的技术应用、工具和方法研究;电子政务评估、测量、投资模型,用于说明实施电子政务的经济、社会和公众收益;管理支持或战略实施,包括知识管理、流程化管理、服务生命周期管理、客户关系管理和信誉重建管理,以促进电子政府的服务管理;影响接受、期望和使用倾向的关键要素研究(详细综述参见Hung et al.,2006)。

如上五类中,第四类、第五类研究与客户有较大的关联性。而发展客户驱动的电子政务最为关键的基础性研究是影响接受、期望和使用倾向的关键要素研究。

本书重点关注的是影响电子政务接受的关键要素和影响过程。

影响电子政务接受的关键要素多是基于技术接受模型构建的，因此，技术接受模型是基础。技术接受模型主要包括：①理性行为理论出发的 TRA 模型，以 Davis et al.（1989）为代表；②基于技术接受理论的 TAM 模型，以 Venkatesh & Davis(2000)为代表，这些研究开创了技术接受理论的先河；③激励理论基础上的激励模型，以 Davis et al.（1992）为代表；④基于计划行为理论的 TPB 模型，以 Taylor & Todd(1995)为代表；⑤以技术扩散理论为基础的 IDT 模型，以 Moore & Benbasat(1991)为代表；⑥基于社会认知理论的 SCT 模型，以 Compeau & Higgins(1995)为代表；⑦在汇总 TAM 模型的基础上提出的技术接受和使用统一模型(Venkatesh et al.，2003)。大部分电子政务接受模型都是基于如上模型做相应改造得到的。

1）基于 TPB 模型的电子政务接受研究

Hung et al.（2006)基于 TPB 模型，构建了台湾在线税务征收管理系统的接受模型，提出了态度(Attitude)、主观规范(Subjective Norms)和感知行为控制(Perceived Behavior Control)的 10 个前置因素。属于 G2C 环境下的单一系统研究，具体的拓展如表 2－4 所示。

表 2－4　Hung et al.（2006)基于 TPB 的电子政务接受模型拓展

前置变量	TPB 变量	因变量
感知有用性(Perceived Usefulness)	态度(Attitude)	使用倾向(Intention)
感知易用性(Perceived Ease of Use)		
感知风险(Perceived Risk)		
信任(Trust)		
个人创新性(Personal Innovativeness)		
协调性(Compatibility)		
外部影响(External Influence)	主观规范(Subjective Norms)	
人际间影响(Interpersonal Influence)		
自我效能感(Self Efficacy)	感知行为控制(Personal Behavior Control)	
促进条件(Facilitating Condition)		

由表 2－4 可见，Hung et al.（2006）针对 G2C 构建的税收征管系统的接受模型，对于 TPB 模型所做的拓展主要是增加前置变量。

2）基于技术接受和使用模型的电子政务接受研究

Verdegem & Verleye（2009）基于技术接受和使用模型，关注了 5 个 Flemish 电子政务网站，构建了客户满意度评价模型，拓展了信息通信技术接受理论，具体拓展如图 2－1 所示。研究最终得到 9 个影响因素。

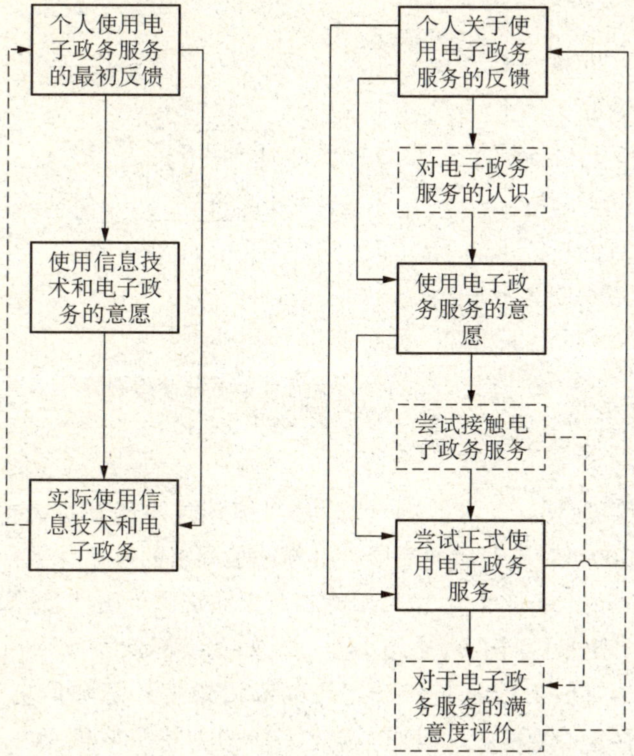

图 2－1　Verdegem & Verleye（2009）基于技术接受和使用模型的拓展

由图 2－1 可见，Verdegem & Verleye（2009）针对 G2C 构建的客户满意度模型，对于技术接受和使用模型所做的拓展主要是针对影响过程的，加入了两个中介变量和一个最终评价变量。类似的研究还有：Wang & Shih（2009）通过台湾的 244 份问卷调查，验证了技术接受和使用模型在信息亭使用过程当中的适用性及人口特征对其作用过程的调节。其与 Verdegem 和 Verleye 的研究类似，均是针对技术接受和使用模型的拓展，只不过 Verdegem 和 Verleye 的研究是添加中介变量，Wang 和 Shih 的研究添加的是调节变量。

3）基于创新扩散理论的电子政务接受研究

Reddick(2009)基于公共组织的新技术创新扩散模型，添加了一个变量(本地政府位置要素)构建了地方政府的中心化客户服务系统接受模型，具体拓展如图2－2所示。最终证明添加的因素是显著的。

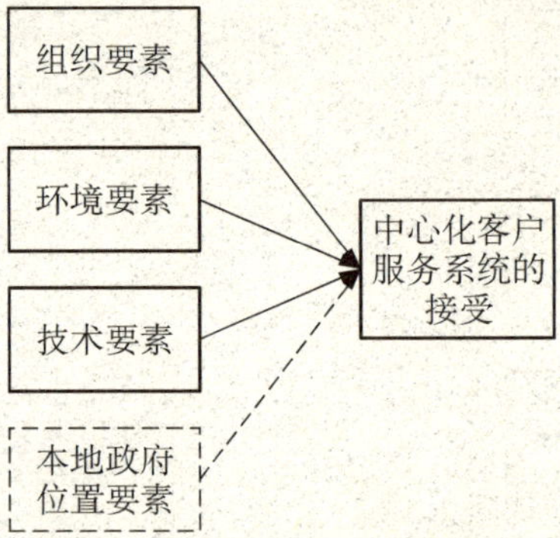

图 2－2　Reddick(2009)基于公共组织的新技术创新扩散模型的拓展

由图 2－2 可见，Reddick(2009)就公共组织新技术创新扩散模型(Bugler & Bretschneider，1993)对其环境的适应性及新添加因素的显著性进行了检验。类似的研究还有：Shareef et al. (2011)采用感知意识和资源可用性、感知和谐(代表“态度”)、自身计算机水平(新构念，从组织角度)、知觉功能效益和感知印象(代表“信仰”)、使用的能力(新构念，从技术和组织的双重角度)、感知信息质量(代表“信心”)、感知社会回应(代表“适应性”)构建了新的创新扩散模型。Tung 和 Rieck (2005)基于创新扩散理论，针对新加坡的 128 家公司组织使用电子政务的情况进行了调查，调查的结果显示，感知收益、外部压力、社会影响正向作用于电子政务的使用。

4）基于 TAM 模型的电子政务接受研究

Lin et al. (2011)基于 TAM 模型，构建了加纳电子政务的接受模型。由于加纳电子政务较其他政府服务具有更高的优先级，因此本书重点考察电子政务的倡议行为和 TAM 模型中的要素对于电子政务使用的影响，属于 G2C 环境下的单一系统研究，具体的拓展如图 2－3 所示。

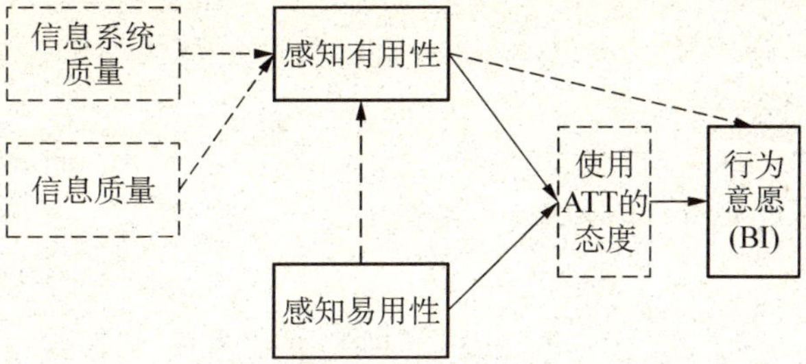

图 2－3　基于 TAM 模型和 IS 成功评价理论的拓展

由图 2－3 可见，Lin et al.（2011）就 TAM 模型和 TPB 模型在加纳的适用性进行了检验，并加入了 IS 成功因素——信息系统质量和信息质量。其中，感知有用性到行为意愿和行为态度关系不成立，系统质量到感知有用性不成立，其他关系均成立。类似的研究还有，Lee et al.（2011）基于 DOI 和 TAM 模型，利用韩国的数据验证了企业采用电子政务服务的意愿，提出了通过传统非在线服务得到的感知信息质量、感知未来信息质量、对 IT 本身的信任要素作为电子政务服务使用影响要素。

由上可见，研究公民电子政务接受行为的比较多，即 G2C 环境下的用户接受居多；而关于 G2B 影响下的企业接受行为则比较少（Lee et al.，2011）。到目前为止，发现的文章中仅有两篇涉及企业的电子政务信息使用，其一是 Tung & Rieck（2005）新加坡网站的电子政务使用，其一是 Lin et al.（2011）的在线税务征收管理系统的使用。

本书中的跨组织 G2B 信息共享服务是一种特殊的企业层面的 G2B 共享服务，因为其交换的主体是信息而不是服务，而且属于有信息中介的跨组织信息共享。首先，信息交换与静态的电子政务网站是不同的，因为客户的交互程度是不同的。由于这种不同，Riddick（2004）将电子政务划分为两个阶段：信息发布阶段和交换阶段。信息发布阶段，政府仅仅是搜集信息且将这些信息通过网络发布，此时信息流是静态的、单向的，客户往往是被动接收方，这就是 Tung 和 Rieck 研究的情境；交换阶段，用户和政府之间开展业务，同时接受电子化服务，此时信息流是动态的、双向的，客户可以是主动需求方，这类似于我们研究中的情况。可是二者是相当不同的两个过程。因此，Tung 和 Rieck 的模型并不完全适用于本研究中的情形，尽管其也关注到了跨组织信息共享的要素。本书中基于信息中介的跨组织信息共享行为与 Lin et al.（2011）中的在线征收行为也是不同的，详见下一节信息共享综述。可见,目前的研究中,多是对于前人模型的变形和发展,对于信息接受机理和作用方式的重视不够,有信息中介的跨组织信息共享环境下的企业信息接受研究在国内外目前尚属空白。

2.3.2 信息共享研究综述

1) 信息共享

信息共享(Information Sharing)是知识管理(Knowledge Management)中的一个重要分支。信息共享可被划分为:个体间信息共享、组织内信息共享和组织间信息共享。三者之间既有联系也有区别。

个体间信息共享是指依赖个体间关系实现的信息共享,多发生在亲人、邻居、同学、朋友、同事之间;组织内信息共享是指组织内部知识和信息的交流、互换;组织间信息共享是指跨边界的一种信息共享(Landsbergen & Wolken, 2001)。从个体间信息共享到组织间信息共享,其共享意愿逐渐减弱,共享阻力逐渐加大。三者的关系和影响因素汇总如表 2-5 所示。

表 2-5 三类信息共享的关系和影响因素汇总表

分类	影响因素	问题	解决
个体间信息共享	动机、方式和渠道	私有性	构建信任网络
组织内信息共享	组织结构、文化	资源占有	建立互惠关系
组织间信息共享	技术、组织、政治与政策	权力象征	信任建立+领导力

资料来源: Yang and Maxwell. Information-sharing in public organizations: A literature review of interpersonal, intra-organizational and inter-organizational success factors, 2011.

(1) 个体间的信息共享。根据 Rioux(2005)的研究结果,人类天生有一种在大脑中建立信息索引的本领。当我们接收到一条新信息时,我们会将其与我们记忆中的曾经获取的信息需求相比对、匹配,找到信息需求方就共享出去。当然,这都要建立在愿意共享且信息已进入缓存或长时记忆。一般个体间的信息共享多发生在一方相对于另一方在某信息集上有优势,即通过信息共享,可以扩展需求方信息集,知道过去所不知道的东西。然而,也有特殊情况,共享双方拥有的信息一样多,这时的信息共享多只为了加强联系(Marshall & Bly, 2004)。个体信息共享的最大障碍就是对于隐私信息的担忧,克服的方式是建立个体间信息共享和转移的信任网络(Razavi & Iverson, 2006; Yang & Maxwell, 2011)。

(2) 组织内信息共享。Ardichvill et al. (2003)、Cress & Kimmerle(2006)研

究发现，同一组织内成员往往都不愿意把自己的私有信息共享给同组织的其他人。这可能与层级官僚制有关，也可能是出于对自身在组织中“地位”的潜在保护。一般来说，一个组织的组织结构和组织文化会影响到组织中个体的报酬、激励、权利博弈、社会认同、社会网络和信任，而这些又进一步影响到组织内的信息共享；同时，共享信息的特征、IT 的使用和吸收能力又会影响到成员的信任，从而进一步影响到信息共享。组织内的信息共享一般都发生在互惠的基础上（Yang & Maxwell，2011）。

（3）跨组织信息共享。跨组织信息共享研究可分为技术、组织和政策三部分（Yang & Maxwell，2011）。在技术方面，异构信息系统（不同的平台、数据标准、模式和品质）的整合是关键（Dawes，1996；Pardo et al.，2004；Zhang & Dawes，2006；Gil-Garcia et al.，2007a，2009），所在群体的技术水平决定了整合的质量（Fedorowicz et al.，2007；Akbulut et al.，2009）。当然也可以采取外包的形式，那么外包就又会带来新的变数（Beyah & Gallivan，2001；Sullivan & Ngwenyama，2005）。在管理方面，有两个关键要素会影响跨组织的信息共享：一是信任，一是领导力（Willem & Buelens，2007）。信任可通过角色和责任的明确、尊重民主、合理的权利行使来增进（Pardo et al.，2006）。领导力可以通过行政参与、正式权威和非正式领导力来实现（Gil-Garcia et al.，2007b）。在政策方面，必须要有相应的政策和法规出台，这样才能从主客观上保证跨组织信息共享的实施（Dawes，1996；Zhang et al.，2005；Lam，2005），同时，保密法规可以缓解公民关于隐私信息共享方面的担忧，但也导致了法律法规保护的敏感信息共享阻碍（Dawes，1996；Gil-Garcia & Pardo，2005；Zhang et al.，2005）。

2）不同信息共享间的比较及本书中对象的特殊性

信息共享被认为是提升组织业绩和组织效率的重要方面（Yang & Maxwell，2011）。相关学者的研究表明，组织与组织之间的信息共享是一种较个体间信息共享、组织内信息共享都更为复杂的信息共享方式（Gil-Garcia & Pardo，2005）。主要区别体现在：①组织的缘起、价值观、文化的差异因素。不同于组织内的信息共享，组织间信息共享的群体之间来自于拥有不同价值观和文化的群体，受到不同历史沿革历程的影响。一般情况下，一个亚文化群体（信息提供方）中的个体很难了解另一个亚文化（信息接收方）中的个体的需要。同时，信息接收方在信息使用过程中，也会更加倾向于不相信信息提供方提供的信息质量（Gil-Garcia et al.，2007a，2009；Zhang & Dawes，2006）。②跨组织信息共享极大地决定于跨组织关系，而信任建立过程是跨组织关系研究的根本（Akbulut et al.，2009；Pardo et al.，2009；Dawes，1996）。跨组织信息共享中，可能会有三种信任起作用：基于个体的信任，要求对方能够辨别出信用水平；基于积累的信任，基于与对方长时间建立的关系；基于制度的信任，对于组织结构、组织规范和法律体系的信任（Black et al.，2002；Luna-Reyes et al.，2007；Rousseau et al.，1998）。

由上可见，信任在跨组织信息共享过程中至关重要，因此在本书中的作用也至关重要。随着信息通信技术的发展，也为信任（Trust）的研究提出了新的话题，在线信任（Trust in online）的研究，近期成为 IS 领域炙手可热的话题（Steininger et al.，2009）。按照 Riedl et al.（2010）的划分，信任的研究可被划分为如下几个方面：①电子政务的信任；②跨组织合作中的信任；③电子商务的信任；④虚拟世界和虚拟社区的信任；⑤虚拟团队的信任；⑥IT 新技术的信任。本书关注的是一种特殊的信任，基于信息中介的 G2B 跨组织信息共享信任，是跨组织合作中的电子政务信任。将二者相结合，且考虑信息中介的可能影响，目前国内外对于这方面的研究涉及较少。

2.3.3 信息中介的特征及其信任

基于信息中介的跨组织信息交换是指交易的双方完全是间接连接，只是通过信息中介平台——征信系统来实现多对多（多政府部门对多家银行）的信息共享。随着信息经济的发展，商务领域，价值正在由产品本身转移到关于产品的信息上（Morrison，2000）。信息中介的概念来自于商务领域，是指提供买卖双方达成协议的匹配服务，且可以在这种匹配中间实现增值服务和具有独特优势的服务（Bhargava & Choudhary，2004），中介的特性如表 2-6 所示。

表 2-6 中介特征研究汇总表

文献	特　征
Spulber（1996）	定价和市场出清；提供流动性和即时性；买卖双方的调节；保证质量和监控
Bailey & Bakos（1997）	买卖双方的产品汇总信息；为构建买卖双方的信任奠定基础；场地便利性；实现买卖双方的匹配
Brousseau（2002）	匹配潜在双方的信息角色；提供关于存量和流量信息（物流信息）；减轻信息不对称带来的道德风险和逆向选择；解决买卖双方在进行交易之前对于整个市场状况未知问题

（续表）

文献	特　征
Grover & Teng(2001)	在线中介（信息中介）更关注信息服务，而不一定需要有物流或服务流的传输。因此在线中介可以存在于任何领域，交流领域、交换领域和分布领域(Peterson etal.，1997)
李雪梅(2003)	电子市场中的信息中介具有排除市场冲突、减少信息搜索时间、控制信息产品质量、协助用户搜索的作用

可见，信息服务也是一种服务，但是信息服务又是一种特殊的服务。首先，信息服务可以与服务提供者和服务接受者完全脱离，不受时间和空间的束缚，这在许多服务中都是难以实现的。另外，信息服务可以实现即时性，即时传递、即时出清，无需后续物流或是服务流的支撑。最后，信息服务在传递过程中容易受到噪声的影响。因此，征信平台的信用信息中介服务也是一种特殊的服务。同时，对于信息中介的信任也与 G2B、G2C 有区别。因为各个平台特征的不同，现将 Lin et al.(2011)的税收管理系统、Song & Zahedi(2007)、Zahedi & Song(2008)的医疗中介服务平台的特征分别与本书中的征信系统的特征进行比较，如表 2－7 所示。

表 2－7　征信系统的特征——与其他两系统平台的比较

特征类别	征信平台	医疗中介服务平台	税收管理系统
服务类型	G2B	B2C	G2B
信息提供方	多来源整合	多来源整合	多来源
信息需求方	多需求主体	多需求主体	单一主体
中介传输	传输误差	传输无误差	——
信息提供	强制提供	自愿提供	强制提供
信息使用	强制使用	自愿使用	自愿使用
信息共享	纵向-组织间	纵向-个体间	——
市场竞争状况	完全垄断	竞争市场	完全垄断
互联性	半沟通	全沟通	无沟通
服务传递	批量处理	个案处理	个案处理
效率和效能	有较强滞后性	无滞后性	有一定滞后性
交互性	间接交互	直接交互	无交互
透明度	完全保密	完全公开	保密

从系统平台的基本特征和服务特性的角度进行分析，可见征信平台和医疗中介服务平台、税收管理系统都是相当不同的。

从系统平台的基本特征来看，税收管理系统尽管和征信平台同属G2B电子政务服务系统，所不同的是税收管理系统是多来源供给，但相对独立，不需整合；而其信息需求方是税务局，征信系统则要面临整个银行业金融机构，服务难度更大。正如Shalini(2009)所提出的，不是高质量的政府服务就一定能够产生大量的客户使用，因为每个用户在使用上的偏好、背景、受教育程度、每年的收入、经历不同，同时使用网络的经历也不同，从而造成了其使用电子政府服务的差别。因此，征信系统中的政府服务质量的感知在多主体间并非线性统一的。另外，税收管理系统的决策点是选择是否接受非在线的服务方式，属于简单决策问题，而我们此处的决策点不是是否接受征信平台作为辅助决策平台，没有选择的空间(强制使用)，但是对于在决策中多大程度上使用政府信用信息，却是无法强制的。这既涉及中小企业自身的业务特点，又涉及征信平台所提供的政府信用信息的相关特征，是个复杂的决策问题。由此可见，税收管理系统是一种较为简单的G2B电子政务系统，而征信系统相对复杂得多，需要综合考虑跨组织关系和信息中介作用对于其使用决策的影响。

医疗中介服务平台和征信平台也有很大不同，其中最大不同之处是B2C和G2B的不同；同时，医疗中介服务平台是共享给个体，考虑的是个体间或个体与组织之间的关系，而征信平台则是组织间信息共享，考虑的是组织间关系；医疗中介平台作为竞争市场中的一员，竞争的压力使其拥有并保持了很多优良特征，如传输无误差、全沟通、无滞后性、直接交互，这些都可以作为征信平台未来努力的方向。然而，征信系统与医疗中介平台之间却有无法跨越的本质性区别，即征信系统的信息提供和信息使用均是强制的。由此可见，医疗中介平台作为商业机构之一，灵活性更强，对于用户和信息供给方无约束；而征信平台则有着明显的约束，而且有着相当高的保密性要求。

根据Yang & Wong(2006)的定义，信息中介是"一种新的网络在线业务模型，通过其可以使客户更有效、更能胜任在线作业。在电子商务领域，其功能主要是在供应商和客户之间提供无偏信息，且促进在线商务匹配"。在电子政务领域，由于个案较少，还没有人提出电子政务领域信息中介的概念。在Zahedi & Song(2008)对"Information Infomediaries"下的定义为：信息中介的主要服务是在网络消费者决策时，为其提供在线信息、建议和指导，例如医疗问题决策和金融决策等。信息中介依赖于客户使用它们的信息，经常甚至是"习惯性"的使用。这里的信用信息中介平台作为政府和银行之间的第三方平台，主要用于将政府信息无偏、无失真地传递给银行，且尽量多地提供有价值的信息，使用者对其的判断主要依赖于所展出的平台设计水准和源头信息质量。

关于信息中介的信任有 9 篇文章(ISI Web of Science)，主要包括 Song & Zahedi(2007)，Zahedi & Song(2008)，Eysenbach et al. (2001)的医疗中介平台的信任研究和 Urban et al. (2000)，Gritzalis et al. (2001)，Zahedi et al. (2010)的电子商务中介平台的信任研究，均属于 B2B 或者 B2C 的研究。然而，电子商务和电子政务的范畴是相当不同的：首先，政府主体市场风险小(几乎零风险)，受到更多法律和形式上的约束，也包含更多对于 IS 的复杂要求；其次，电子政务系统不仅仅是在线传递服务，还承担着更多的记录、监督和管理的作用；最后，电子政务系统往往是带有垄断背景的，强制性较为明显。因此，不能简单将电子政务中介平台的信任和电子商务中介平台的信任混为一谈，关于电子政务环境下的信息中介系统中的信任研究还是一个新的话题，国内外尚未有人涉及。

2.3.4 研究评述

在对电子政务的影响因素方面，前人已经做了大量的研究工作，但仍然还存在一定的局限性。主要表现在如下四个方面：

(1) 目前关于中小企业信贷中的信用信息共享多是关于银行与银行之间的信息共享研究，在信息共享类别和方式上的实证研究有限，关于 G2B 信息共享的信息类别和方式研究，目前国内外研究尚未涉及。

(2) 关于电子政府服务的接受模型，现有研究主要局限于计划性行为理论模型(TPB)、技术接受模型(TAM)、创新扩散理论模型(IDT)和技术接受和使用统一理论模型的改造和扩展，重点都在于增添或置换新的影响要素，而对于其作用过程和作用机理的探索不够重视。

(3) 关于跨组织信息共享方面，现有研究多集中在个体间共享和组织内共享层面。然而跨组织信息共享与个体间信息共享、组织内信息共享有着很大的不同，因此许多研究不能直接移植。另外，目前关于跨组织信息共享均是多对一或多对多的直接共享，其跨组织关系较为明确。而对于以信息中介为媒介的跨组织合作中的电子政务信任研究，更是国内外研究的盲区。

(4) 本书中的征信平台表现出了许多异于其他电子政务和信息中介平台的特征，G2B、以信息中介为媒介等，另外其决策支持目标——中小企业信贷技术也有其不同需求，目前能够覆盖以上特征和需求的研究在国内外尚属空白。

结合如上发现，本书就 G2B 信息共享的信息类别和方式、跨组织合作中的电子政务信任建立、G2B 信息中介服务中的信任转移、基于信息中介的电子政务信息接受模型几方面进行了研究。

2.4 本章小结

为了更好地服务于中小企业贷款决策，本书通过梳理大量的文献，首先对于中小企业贷款技术、征信系统中的信息共享问题进行了回顾和评述，而后从电子政务的定义及其发展演变、面向客户需求的电子政务研究的相关文献进行了回顾和评述，最后对跨组织信息共享关系、信息中介特征及其信任研究相关文献进行了回顾并评述，总结出了已有研究存在的局限性，为本书后期的研究奠定了基础。

第 3 章

G2B 信息对中小企业贷款决策支持的理论分析

决策可被分为战略决策、战术决策和操作决策三个层次。其中,操作决策相对较为简单,决策支持在其中更易体现其价值。而中小企业贷款决策就属于操作决策的"范畴"。因此,政府信用信息在中小企业贷款过程中的决策支持作用也就能够得到更好地体现。

国外,将中小企业贷款流程分为筛选(screening)、签订合同(contracting)和监测(monitoring)三个阶段(Bergerand Udell, 1998)。我国的中小企业贷款流程包括从贷款申请到贷款收回的一系列活动,其基本流程如图 3-1 所示。其中,最为关键的三项活动是贷款调查、贷款审查、贷款发放,我国针对贷款的三项活动提出了相应的岗位设置和职责管理要求,即《贷款通则》的第 40 条规定的"审贷分离"制度。政策要求贷款调查评估人员负责贷款调查评估,承担调查失误和评估失准的责任;贷款审查人员负责贷款风险的审查,承担审查失误的责任;贷款发放人员负责贷款的检查和清收,承担检查失误、清收不力的责任。本书中的中小企业贷款决策重点关注筛选到签订合同前的决策过程,即做出信用评价,从而决定"贷还是不贷"的授信问题。中小企业贷款决策支持主要是指中小企业贷款合同签订前的一系列活动中的外部信息支持,在这里主要表现为 G2B 共享信息的支持。

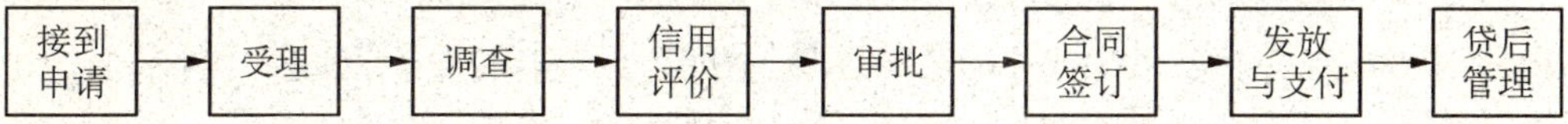

图 3-1 中小企业贷款决策流程

本书中的贷款决策过程主要关注贷款合同签订前的筛选过程,即做出"贷或不贷"判断的过程。筛选过程需要经过贷款调查、信用评价和审批等多个环节,最为核心的是企业信用风险评价问题。企业信用风险评价包括信用品质评价和信用能力评价两方面(管晓永,孙伯灿,2010)。G2B 信息的支持同样也表现为对于信用品质评价的支持和信用能力评价的支持。

3.1 G2B信息支持中小企业贷款决策的理论基础

与大企业贷款相比，中小企业贷款呈现出更为显著的信息不透明特征(Bergerand Udell，1998)。由于信息不透明，中小企业贷款决策和判断过程更为依赖“软”信息。然而，在贷款过程中能够有效传递的多是易于量化、分类、处理、传递和验证的“硬”信息，起到关键作用的“软”信息在传递过程中遗失，对于贷款决策产生了一定的影响。为了有效应对这一问题，本书基于信息转移中的路径依赖、比较优势等理论，提出了引入外部信息进行决策支持的思路，将G2B信息引入到中小企业贷款决策过程中，希望能够通过大量及时的G2B“硬”信息支持补充贷款“软”信息上的不足，有效服务于中小企业贷款决策。

3.1.1 路径依赖理论

路径依赖理论(Path Dependence)最早由David(1985)和Arthur(1989)于20世纪80年代在技术变迁领域提出，提出路径依赖是指缺乏效率情况在技术选择过程中难以改变(被锁定，lock-in)的延伸，并深入分析了产生路径依赖的机制。1993年诺贝尔经济学奖得主诺斯(North，1994,1997)将路径依赖的研究重心由技术变迁移植到制度变迁上，提出了制度变迁专用的路径依赖概念。North将制度变迁中的“路径依赖”类比为物理学的“惯性”，一旦进入了某一轨道(路径)，在“惯性”作用下就会沿着该轨道(路径)持续发展下去，历史的轨迹就这样形成(刘汉民，2003)。过去的选择决定了现在和未来可能的选择集，而现在的选择又进一步影响未来可能的选择集，是一步步演进的过程。

“路径依赖”应用于公司成长领域，主要表现为：公司的发展和成就往往不是一蹴而就，其知名度或较高的收益率都是基于其前期积累的结果，即现在的业绩多由其过去的业绩所决定；同时现在的选择又决定了未来的发展空间，公司未来的可能状态也不会偏离太远(刘汉民，2003)。因此，过去、现在、未来是在同一个轨迹上的。“明星”企业或“瘦狗”企业都不是一朝一夕形成的，在发生之前都有各种不同的征兆——“证据”。因此，G2B信息作为企业发展“轨迹”遗留的“证据”，覆盖了企业的存续、营运状况、收入利润情况、产品质量、劳动保障状况、环保情况等各个方面。通过分析整合这些“证据”，可以准确了解企业的历史和现状，提高对于中小企业未来发展和成长性预测的准确度，为中小企业贷款的科学决策提供基础和依据。

3.1.2 比较优势理论

比较优势理论(Theory of Comparative Advantage)的核心思想是“两利相权取其重,两害相权取其轻”,其基本理念是:商品交换(贸易)的基础不仅仅表现在绝对竞争优势方面,还表现在相对竞争优势方面(林毅夫,李永军,2003)。利用交换双方的比较优势能够实现在资本和劳动力等资源禀赋不变的情况下增加生产总量,为双方均带来利益(王世军,2006)。

同样,将信息视为一种商品。在中小企业贷款决策相关信息的把握上,部分政府部门较银行也具有相对竞争优势:①相对于银行,政府部门在某些信息采集与处理上具有更高的专业性,例如:环保局在企业环境监测方面比银行更具有专业性。因此,为了充分利用环保信息,银行推出了“绿色信贷”产品。在“绿色信贷”产品发放过程中,将节能减耗、资源循环利用、污染物处理和排放等指标纳入贷款审批体系。而这些指标信息的第一手来源就是环保局。②相对银行采集信息来讲,一些政府部门具有成本优势和职务便利优势。首先,大部分企业信用信息在政府部门开展工作的过程中已经采集过,利用G2B信息进行决策支持的关键在于信息的预处理以及共享;同时,由于政府部门的权威性,许多信息采集起来要比银行更为容易和便利。由于如上相对优势的存在,政府信用信息在企业信用评估乃至贷款过程中占有一席之地,为G2B信用信息共享必要性的论证奠定了一定的理论基础。

3.1.3 刑事侦查学的因果关系原理

刑事侦查是再现犯罪的过程,企业调查是再现企业真实情况的过程。与刑事案件的侦查一样,企业的调查也要经过一定的程序,且特别强调证明性。证明性是指向他人进行合理性、可信服性的说明,其中证据是关键。因此,无论是刑事侦查还是企业调查,核心任务都是搜集证据,通过有效的证据来说明、证实真实情况。因此,刑事侦查学中的基本原理在企业调查过程中有着“他山之石,可以攻玉”的作用。

从一般意义上,证据就是证明未知情况的已知现象。从更为严格的意义上说,证据是指用以论证客观存在的事实材料。在刑事侦查学上,有三个基本原理,即物质性原理、因果关系原理和同一性原理。在这里,重点涉及因果关系原理(刘广三,汪建成,2000)。

正如犯罪行为可以储存犯罪信息一样,企业前期的选择和行为也以一定模式和特征记录储存在了其周边的相关利益群体中。例如，企业上下游的合作关系、各个政府部门留下的“痕迹”。在这里，行为是“因”，“痕迹”是“果”。虽然企业为了获得较好的评价，会采用粉饰财务报表、虚报经营和利润情况等一些消除“痕迹”的行为，然而掩饰、扭曲信息的行为又构成了新的“痕迹”，作为企业信用评价的基础（刘广三，汪建成，2000）。因此，提取其留下的“痕迹”，分析其背后的行为动机和行为过程，以对企业的真实情况做出有效推断。

因果关系原理揭示了刑事侦查过程中引起犯罪结果的内在的、直接的、本质的联系。因果关系原理特别强调事物间的先后相继、彼此制约的规律。要求作为表征“原因”的证据，必须与“结果”目标具有时间顺序和必然联系的关系（刘广三，汪建成，2000）。因此，如刑侦一样，中小企业贷款评价的基础和前提就是搜集各种相关且对于企业现状形成产生本质性影响的“证据”，进行各种证据（包括 G2B 企业信用信息）与企业业绩的关系研究，分析证据，从而做出有效推断。

如上理论构成了 G2B 信息对于中小企业贷款决策支持的理论基础。由于路径依赖的存在，为 G2B 信息发挥作用提供了可能；由于比较优势的存在，为 G2B 信息的采用提供了动力；因果关系原理为 G2B 信息的应用方式提供了一定的方法论基础。

3.2 G2B 信息对中小企业贷款决策支持的原理和方法

中小企业贷款决策过程中，为了获取贷款，中小企业会向银行提交相应的资料，即将自身的类型信息转移给银行，以供银行做贷款决策。在中小企业和银行间就发生了中小企业类型信息的转移，转移的信息并非一定是真实完整的，需要银行在形成关于信息正确判断的基础上做出决策。此时，作为企业无法操纵的第三方数据，G2B 信息能够起到部分佐证作用。

3.2.1 信息转移中的第三方证据作用原理

根据信息发送者和接收者的信息集特征，Lin、Geng 和 Whinston（2005）提出了信息（知识）转移中的四种信息结构：对称信息结构、接收者占优的不对称信息结构、对称不完全信息结构、发送者占优的不对称信息结构。其中，中小企业贷款过程中信息发送与接收双方主要呈现出发送者占优和对称不完全信息两种信息集特征。发送者占优的不对称信息结构主要表现为：贷款过程中，企业对于自身的历史“轨迹”和目前经营状况具有完全的信息集，而银行不具有；对称不完全信息结构主要体现为：对于可能具有的或有风险或可能受到外在不可抗力影响的未来状况的预测，双方都不确知未来的情况。即双方对于未来的信息能力（能不能还钱）和信息品质（愿不愿还钱）并不能够准确预测。隐含基本假设：由于未来政策性风险和市场性风险的存在，企业本身也难以准确预测其未来可能的营运状况和发展瓶颈，中小企业难以凭借现有能力和品质信息集对于未来信用能力和信用品质进行完全预测。

Lin et al.(2005)的分析指出，无论是在发送者占优的不对称信息结构中还是在对称不完全信息结构中，信息发送者均有可能发送虚假信息，即信号干扰造成的信息扭曲（information distortion）问题。因此，如何从大量的有干扰信息中分离出噪声信息，抽取出有效信息，成为有效应对信息扭曲的关键。G2B信息作为除了企业自身提供的信息之外的第三方信息源，扩充了中小企业贷款决策的信息集，通过与银行采集到的企业信息进行交叉验证，实现信息的鉴别和融合，为有效做出中小企业信用评价和贷款决策提供了信息支持。

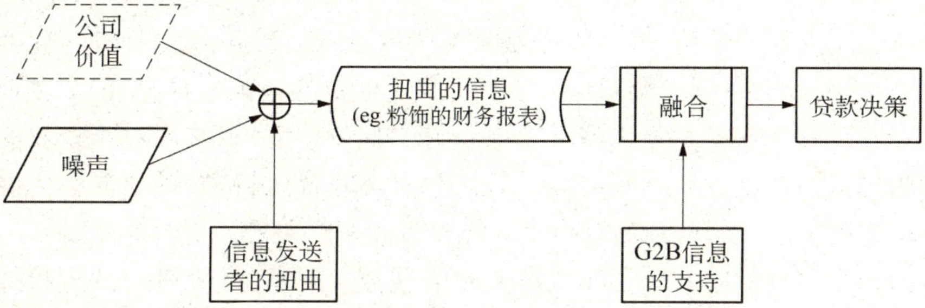

图3-2　G2B的中小企业贷款决策支持示意图

如图3-2所示，为了获取贷款，企业自身提供的申请材料和自身数据信息时有造假的动机，即银行收到的有可能是扭曲的信息。G2B信息在贷款中发挥重要作用主要源于政府信息对于企业信用信息融合的支持。G2B信息在中小企业贷款决策中可以作为证据使用，实现外部第三方信息——G2B信息和企业自身提供的信息、信贷员调查的信息三者之间的融合，在此过程中可以判别和过滤出信息的虚假成分，且可以互为补充，促进更好地做出贷款决策。同时，对于中小企业也是一种有效的约束。根据Lin et al.(2005)的研究，较理性信息接收者（意识到信号干扰的可能性，着力于加工处理，抽取有用信息）而言，当信息接收者是天真的接收者时（没有意识到信号干扰的存在，不加分析和过滤直接作出判断），信息发送者更有动机扭曲信号，具体见Lin et al.(2005)命题4的证明。因此，当有G2B信息支持的作用下，银行（信息接收者）具有更高的信息过滤和筛选能力，此时会减少企业（信息发送者）扭曲信息、干扰信号的行为。这就是信息转移中的第三方证据——G2B 信息支持的重要性所在。在外部信息（G2B 信息）支持下的信息接收者决策与 Lin et al.（2005）环境下的最大区别在于，由于比较优势的存在，在一些信息的取得和准确率上，政府通过 G2B 信息共享提供的信息成本会更低，也更为专业，例如：对于中小企业环保评级，环保局提供了科学的评价方法和量化数据，较银行信贷员和信贷审批人员专业得多，而且由于这部分信息已经采集和整理过，使用过程中可以节约二次采集的费用。这样，在有限资源的情况下，低成本地扩展了企业信用信息集，有助于银行进行高效的贷款决策。

3.2.2 信息转移中的第三方证据作用方法

来自于第三方的证据（G2B 信息）和信息发送者发送的信息（中小企业申请信息）、信息接收者采集整理的信息（贷款调查信息）相融合的过程，就实现了多源信息融合，用于论证相应企业“客观存在”。多源信息融合是指充分利用不同时间与空间的多传感器观测信息，依照时序基于一定规则加以分析、综合，得到被测对象的一致性描述和解释（刘同明，1998）。在中小企业贷款决策过程中，信贷员调查信息、企业提交信息、G2B 信息类似于获取企业的异类传感器，共同对于企业的信用品质和信用能力等进行探测和甄别。如何利用其联合优势，通过数据整合推导出更多有价值的信息，发挥协同效应，是提升决策效率的关键。

多源信息融合可以处理不同层次上的信息融合问题，一般可划分为数据层融合、特征层融合和决策层融合三个层次。数据层融合直接对未经处理的原始观测值进行处理和分析，消除数据冗余，提取出尽可能多的客体信息；特征层融合通过特征要素的关联处理，进行目标的融合识别；决策层融合根据一定准则完成不同类型信息的变换和处理，形成关于目标或状态的初步结论，而后利用关联处理进行决策层的融合和判决（万树平，2008）。因此，多源信息融合的目的大致分为：检测、属性识别和状态估计等（杨路菁，余华，2003）。

多源信息融合过程中常用的方法之一是 Dempster（1967）提出、Shafe（1976）发展的 D－S 证据推理。其基本理念是：首先根据各证据对所有假设进行独立判断，“综合”证据所支持的“假设”发生概率，发生概率最大的假设被认为是事件发生的主要原因。D－S 证据推理无需预设先验概率和条件概率，且能够区分“不确定”和“不知道”，在进行不确定推理方面具有独特的优势（张佑春，2009）。

D－S 证据推理的基本合成法则如下：设 Bel_1，Bel_2，…，Bel_n 为同一框架集

Θ 上的 n 个信任函数，m_1，m_2，…，m_n 为其对应的基本概率分配函数，A_i 为其所对应的焦元（$i = 1, 2 \cdots, n$），则对应于 $\forall A \subseteq \Theta$，有

$$m(A) = \begin{cases} \dfrac{\sum\limits_{\cap A_i = A} \prod\limits_{i=1}^{n} m_i(A_i)}{1 - \sum\limits_{\cap A_i = \phi} \prod\limits_{i=1}^{n} m_i(A_i)} & A \neq \Phi \\ & A = \Phi \\ 0 & \end{cases} \tag{3-1}$$

D-S 证据推理基于后验可信度概率，定量化高，但仍需要一定的先验统计数据的输入。若缺乏足够的先验统计数据可利用时，表决法就显示出其独特的优势（刘同明，1998）。

1）“与”融合检测准则

$$u_0 = \begin{cases} 0 & \text{存在值为 0 的判决} \\ 1 & \text{所有判决值为 1} \end{cases} \tag{3-2}$$

很容易证明，经过“与”融合检测，系统的检测概率 P_d 和虚警概率 P_f 分别为：

$$P_d = \prod_{i=1}^{N} P_d^i;\ P_f = \prod_{i=1}^{N} P_f^i$$

“与”融合检测准则既可以大大降低系统的虚警概率，也大大降低了系统的检测概率。

2）“或”融合检测准则

$$u_0 = \begin{cases} 0 & \text{所有判决值为 0} \\ 1 & \text{存在值为 1 的判决} \end{cases} \tag{3-3}$$

很容易证明，经过“或”融合检测，系统的检测概率 P_d 和虚警概率 P_f 分别为：

$$P_d = 1 - \prod_{i=1}^{N}(1 - P_d^i);\ P_f = 1 - \prod_{i=1}^{N}(1 - P_f^i)$$

“或”融合检测准则既可以大大提高系统的虚警概率，也大大提高了系统的检测概率。

3）表决融合检测准则

设定阈值 k，当在 n 个有 k 或 k 以上的支持某一假设时，则判定假设成立。

$$u_0 = \begin{cases} 1 & \sum_{i=1}^{n} u_i \geqslant k \\ 0 & \sum_{i=1}^{n} u_i < k \end{cases} \tag{3-4}$$

3.3 中小企业贷款决策的主要因素

信用评价模型主要包括三个阶段：信用评价模型主要包括三个阶段：主观判断时期、数学模型时期、信用评分技术时期。目前，我国正处于信用评分技术的建立时期。信用评价模型中小企业信贷决策因素主要关注两方面：财务指标和定性指标（非财务指标）。在实践过程中，财务指标多来自于经审计的财务报表，根据财务报表进行相应指标的计算；而定性指标则来自于企业财务报表之外的方方面面。

3.3.1 中小企业贷款决策关注的主要财务指标

根据财务报表分析需要和中小企业的实际状况，我们将中小企业的财务指标进行了归纳和梳理（宋媚等，2009），分别纳入到影响违约概率（Probability of Default）的影响因素框架中，即偿债能力、营运能力、盈利能力、发展能力四个方面，如表 3-1 所示。

表 3-1 紧密结合财务报表分析中的财务比率分析的框架，构造了中小企业贷款决策关注的财务指标分类框架。该框架联系中小企业发展实践，具有以下两个特点：①由于执行小企业会计制度的许多小企业没有现金流量表，因此在这里没有考虑现金流量的相关指标，而将这些需要的指标分解成非财务指标要素，在后面的介绍中会进一步涉及；②大部分中小企业都还没有达到上市条件，管理也相对不规范，因此，关于市价比率的相关指标也未放入考查范围。

同时，关于财务指标的筛选标准遵循如下准则：①由于我国财务制度和国际财务制度的区别，且我们的研究问题是针对中国实际状况的现实问题，因此优先考虑国内中小企业信用评分研究和国内实践中涉及的一系列指标。选入的文献要求必须是经过严格的实证验证或是经过大规模专家确认的指标体系。②要求所选取的必须是能够利用现有的会计报表进行计算的财务指标，因此，有许多国内研究中的指标也未全部列入，如表征创新能力的四个指标：新产品销售收入占比、R&D 投入/销售收入、技术人员数占比、工资总额增长率放入非财务指标要素中考虑。

表 3－1　中小企业信息评分财务指标汇总

国别	美国	美国	瑞士	巴西	新西兰	英国	加拿大	澳大利亚	德国	西班牙	韩国	中国	中国	中国	中国	中国	中国	中国	中国
作者/机构	Beaver (1966)	Altman (1968)	Weibel (1973)	Altman et al. (1979)	Bilder-beek (1979)	Marais (1979)	Altman and Lavallee (1981)	Izan (1984)	Baetge et al. (1988)	Fern-andez (1988)	Altman et al. (1995)	施锡铨 (2001)	范柏乃，朱文斌 (2003)	管晓永，孙伯灿 (2010)	工商银行	建设银行	中国银行	招商银行	招商银行
偿债能力	表征偿还短期债务和长期债务的能力																		
流动比率	√					√		√				√	√		√	√	√	√	√
速动比率														√	√	√	√	√	√
营运资本/总资产	√	√		√								√							
资产负债率		√	√				√					√	√		√	√		√	√
利息保障倍数								√							√	√		√	√
营运能力	表征企业经营资产的效率与效力																		
存货周转率			√										√	√		√	√		√
应收账款周转率													√	√	√	√	√	√	√
总资产周转率	√	√		√	√		√		√		√								
盈利能力	表征企业获取利润的能力																		
总资产报酬率	√	√		√				√		√			√	√	√	√	√	√	√
销售利润率										√			√		√	√	√		√
净资产利润率	√				√							√	√	√	√	√		√	√

（续表）

国别	美国	美国	瑞士	巴西	新西兰	英国	加拿大	澳大利亚	德国	西班牙	韩国	中国	中国	中国	中国	中国	中国	中国	中国
发展能力	表征企业通过生产经营活动积累和形成的潜能																		
净资产增长率														√					
销售收入增长率														√			√		
净利润增长率														√			√		
留存收益/总资产		√		√	√						√	√							

注：中国实践中使用的财务指标部分转引自管晓永和孙伯灿(2010)的数据。

③综合国外小企业评分研究状况和中国实践进行考虑，国外研究中许多不适合于中国实践的指标未列入，如(自愿储备＋未分配盈余)/总资产、(永久资金/固定资产净值)/产值等。

3.3.2　中小企业贷款决策关注的主要非财务指标

我国中小企业会计报表造假和扭曲现象较国外更为严重，财务信息的真实性难以保证。因此，许多单独运用财务比率进行破产预测的研究失效。针对这一问题，有两种解决方案：其一是利用财务报表还原技术，基于还原后的财务报表计算得到的财务比率数据，构建模型得出结果；其一是在信用评分模型中引入非财务指标等定性指标。

鉴于许多中小企业的企业信誉和企业主类型的密切关系，信用评分贷款除了使用企业财务报表信息，一部分重心放在了企业经营状况和企业主历史上，部分模型会考虑具有预测效果的上下游厂商以及临近企业提供的相关信息。该方法目前仍在逐步推广阶段(Berger & Udell，2007)。目前的研究中，中小企业信用评分正在将定性指标逐步纳入。其中，美国中小企业信用评分模型及英国、中国中小企业信用评价文献中已纳入的定性指标如表3-2所示。

表3-2　中小企业信用评分非财务指标汇总

提取的指标	可能的影响	资料来源
治理结构	管理层知识素质：教育水平 管理层经验水平：业内从业年限 管理层信用水平：个人信用水平(个人征信) 管理层组织结构：管理者是否参股，所有者是否分权	Bryson et al. (1997) Tsaih et al. (2004) Moon & Sohn(2008) 管晓永，孙伯灿(2010)
发展倾向	是否有新产品上市 是否有改进产品线 是否进入新的市场(与原市场同质程度) 是否有招聘新进人员；是否有培训员工	Bryson et al. (1997) 管晓永，孙伯灿(2010)
战略规划	认可管理重要性 认可战略重要性 清晰的业绩(产品)成长目标 是否进行质量认证	Bryson et al. (1997) 管晓永，孙伯灿(2010)

（续表）

提取的指标	可能的影响	资料来源
市场状况	企业产品市场占有率 行业排名 产品质量较最接近竞争者高 劳动力、原材料短缺是否严重 资金短缺是否严重	Bryson et al. (1997) Donckels & Miettinen(1997) Kallberg & Udell(2003) Moon & Sohn(2008)
公司成长性指标	公司年龄 资产规模 销售额 员工人数 营业额上升趋势 企业研究开发资金费用 技术人员比重	Bryson et al. (1997) Donckels et al. (1997) Kallberg & Udell(2003) Tsaih et al. (2004) Moon & Sohn(2008) Grunert & Weber (2009) 管晓永，孙伯灿(2010)
供应链整体优势	供应链整体优势 供应链中是否存在强势方（海关进出口信息）	Bryson et al. (1997) Tsaih et al. (2004)
企业历史信用	银行信用记录 贸易信贷支付历史 租金收取情况	Kallberg & Udell(2003) Tsaih et al. (2004)
或有风险	法院诉讼信息 环保信息 行业风险	Kallberg & Udell(2003)
财务报表补充	营运现金流入；现金流入；筹资现金流出；是否有经过审计的财务报表；财会信用情况	Uchidaet al. (2009) Grunert et al. (2009)

在表 3－2 中，根据 Bryson et al. (1997)的研究框架进行细分，将中小企业信用评分定性指标划分为治理结构、发展倾向、战略规划、市场状况、公司成长性指标、供应链整体优势、企业历史信用状况，或有风险和财务报表补充信息九个方面。文章筛选同样要求其经过规范的验证过程。由于用于信用评价的非财务指标多由国外研究中获得，这在国内尚属一个比较新的领域。因此，表 3－2 得到的指标仅作为后期指标汇总的蓝本。

3.3.3　中小企业贷款决策关注的指标汇总

中小企业贷款决策包括从贷款申请到合同签订前的一系列活动，因此用于决策的信息也是这一系列活动中所需信息子集元素的集合。结合贷款决策活动确定指标并进行汇总，结果如表 3－3 所示。

表 3－3　中小企业贷款决策指标汇总

信号		信息	纳入依据/指标解释
公司分类	基本信息	资产规模①	确定企业分类
		销售额①	确定企业分类
		员工人数①	确定企业分类
		所在行业①	确定企业分类和相应的企业评价标准
	申请信息	贷款用途①	借款申请书内容，确定贷款合同的基础
		抵押物情况①	借款申请书内容，确定贷款合同的基础
		借款金额①	借款申请书内容，确定贷款合同的基础
		是否首贷①	确定相应的企业评价标准
		经审计财务报表①	确定相应的企业评价标准
		公司年龄①	确定企业贷款资格及评价标准(1 年以上)
公司存续		工商、税务、质检等年检信息①	每年年检，信息及时性有保证，可用于确定企业是否正常运营
		水费、电费、排污费(或有)、报关单、过路费等费用信息①	成本信息是企业真实支出信息，也是运营中必不可少的信息，因此可用于确定企业是否正常运营
符合国家政策		符合政策性导向①	指不在政策限制发展之列
		是否政策扶持①	由于是国家支持产品，后续会有相应配套政策推出，对于贷款偿还较为有利
		经营许可证、安全生产许可证等信息③	在许可范围内合法生产经营
信用品质	个人信用	个人银行贷款偿还情况	贷款偿还记录和不良贷款信息
		信用卡偿还情况	逾期金额，逾期时长
		水费缴纳情况	欠缴金额，欠缴时间
		电费缴纳情况	欠缴金额，欠缴时间

（续表）

信号		信息	纳入依据/指标解释
		电话费缴纳情况	欠缴金额，欠缴时间
		煤气费缴纳情况	欠缴金额，欠缴时间
	企业信用	企业情况虚假瞒报情况	根据企业提供和信息融合结果
		税收缴纳信息	欠税数额，欠税时间
		工资支付情况	拖欠数额，拖欠时间
		社保缴纳情况	所欠数额，拖欠时间
		公积金缴纳情况	所欠数额，拖欠时间
		企业水费缴纳情况	欠缴金额，欠缴时间
		企业电费缴纳情况	欠缴金额，欠缴时间
		企业电话费缴纳情况	欠缴金额，欠缴时间
		贸易信贷支付历史	以平均应收账款支付天数计
		合同履行申诉记录/合同争议调解记录	供应链中履约情况
信用能力	财务指标	流动比率	流动资产/流动负债
		速动比率	（流动资产－存货）/流动负债
		营运资本/总资产	（流动资产－流动负债）/总资产
		资产负债率	总负债/总资产
		利息保障倍数	（税前利润＋利息费用）/利息费用
		存货周转率	销售成本/平均存货
		应收账款周转率	赊销收入/应收账款平均余额
		流动资产周转率	销售收入/流动资产平均余额
		总资产周转率	销售收入/总资产
		总资产报酬率	息税前利润/平均资产总额
		销售利润率	净利润/主营业务收入
		净资产利润率	净利润/平均所有者权益
		资产净利率	净利润/平均资产总额

（续表）

信号		信息	纳入依据/指标解释
		净资产增长率	[（期末净资产－期初净资产）/期初净资产]
		销售收入增长率	[（期末销售收入－期初销售收入）/期初销售收入]
		净利润增长率	净利润增长率[（期末利润－期初利润）/期初利润]
		留存收益/总资产	留存收益/总资产
	非财务指标	所在地区[①]	关注区域信用水平
		企业生命周期	Adize(1989)的生命周期十阶段划分
		行业排名	中国十大品牌等
		管理层知识素质	受教育和培训年数，有学位
		管理层经验水平	业内从业年限
		管理层组织结构	管理者是否参股，所有者是否分权
		质量认证	是否经过 ISO9000、3C 认证或其他认证
		产品质量有竞争力	产品质量较最接近的竞争者高
		产品市场占有率	企业销售额/同类产品的销售额
		认可管理重要性	定性指标，是/否
		认可战略重要性	定性指标，是/否
		清晰的业绩目标	定性指标，是/否
		是否有改进产品线	定性指标，是/否
		是否进入新的市场	定性指标，是/否
		是否招聘培训员工	定性指标，是/否
		新产品销售收入占比[②]	管晓永，孙伯灿(2010)
		研发资金投入[②]	管晓永，孙伯灿(2010)
		技术人员比重[②]	管晓永，孙伯灿(2010)
		营业现金流入[②]	现金流指标
		现金流入[②]	现金流指标

（续表）

信号		信息	纳入依据/指标解释
		筹资现金流出[2]	现金流指标
		家庭状况	配偶及子女情况
		环保情况（正面）	环保奖励和环保节能企业称号
		供应链整体优势	在供应链整体上是否存在大公司
		供应链中存在强势方	是否出现供应商强势或客户强势
		上游市场占有率[1]	决定了企业订单的稳健程度
		下游资金周转率[1]	决定了企业资金回笼的快慢
或有风险		不良嗜好[1]	是否存有过去的
		原材料短缺	短缺发生的概率和严重性
		劳动力短缺	短缺发生的概率和严重性
		行业风险	短期/长期内的风险划分
		法院诉讼信息	有无管理者和企业诉讼
		环保情况（负面）[3]	环保等级
		涉税违法犯罪信息[3]	政府来源负面信息
		未依法建立劳动关系信息[3]	政府来源负面信息
		企业工伤事故记录[3]	政府来源负面信息
		企业安全事故信息[3]	政府来源负面信息
		企业交通肇事违法信息[3]	政府来源负面信息
		企业火灾事故信息[3]	政府来源负面信息
		行政处罚信息[3]	政府来源负面信息

注：① 这部分指标均是根据我国银行贷款决策流程中所涉及的要素添加的。除了所在地区、上游市场占有率、下游资金周转率、不良嗜好之外，其他均用于企业的初步分类和筛选。

② 这部分指标来自于缺乏实际财务数据支撑的中小企业财务指标或是指标中的要素。

③ 这部分指标均为政府所拥有的、企业不愿披露的负面信息，构成或有风险识别的主体。

表3-3根据“贷款受理——贷款初步筛选与分类——信用品质评价——信用能力评价”的决策过程制定指标体系的框架。其中，将信用品质分为个人信用品质和企业信用品质两种，这是根据中小企业与企业主界限不清的特点，将个人与企业的信用状况综合考虑；由于中小信用能力评价是财务指标和非财务指标相结合的过程，因此将信用能力划分为财务指标和非财务指标两部分进行说明。

所添加的指标中需要特别说明的是，非财务指标中的“企业生命周期”，企业生命周期的划分采用最具代表性的 Adizes(1989)的研究，将企业的生命周期划分为孕育期、婴儿期、学步期、青春期、盛年期、稳定期、贵族期、官僚化早期、官僚期和死亡期十个阶段。处于不同阶段的企业均有其自身的组织结构，根据组织结构与其生命周期的特征和匹配程度，来预测企业未来的成长和发展状况。另外，企业情况虚假瞒报情况是根据多源信息融合结果获得的综合性指标。

3.4 G2B信息对银行中小企业贷款决策的支持

3.4.1 G2B信息对于银行中小企业贷款决策支持的主要指标

相对于非财务指标信息，财务指标拥有比较成熟的交叉印证方式，即报表还原技术，具体见许学军、沈旭勇(2010)的《交叉检验与财务报表还原技术》，在此不再赘述。对于非财务指标，由于其发展尚不完善，因此这部分缺乏相应的研究，尤其这些非财务指标中还涉及大量的政府共享的企业信用信息。建立非财务指标与政府信息之间的印证关系，如表3-4所示。

表3-4 中小企业贷款决策指标与政府信息之间的关系

类别	信息项	对应政府信息条目	来源部门	印证关系
基本信息	资产规模	注册资本反映历史规模、实收资本+资本公积反映现时情况	工商部门	企业所报资产规模(总资产)=工商注册资本
	销售额	纳税基本信息、电费、报关费、AIGCRS(水费、排污费)	税务局、供电局、海关、央行征信	存在一定的关系。例如，营业额=一般纳税人增值税/17%，小额纳税人/3%倒推销售额。以制造业用电为例，营业额=产品批次 * 单价=电费/单位机器用电量 * 单价；水费、海关报关费与此类同
	员工人数	劳动登记和社会保险登记、个人所得税、AIGCRS	劳动登记与保障部门、税务部门	企业所报人数=缴纳个人所得税人数=劳动登记人数=全额缴纳社保人数=缴纳+应缴未缴人数

（续表）

类别	信息项	对应政府信息条目	来源部门	印证关系
申请信息	贷款用途	经营范围、经营方式（主营业务与主要产品简介）	工商部门、央行征信	贷款用途与公司经营范围、经营方式相匹配
	抵押物情况	房产抵押登记信息、土地登记证	房管局、国土资源局	申报抵押物价值和状态＝房产登记、土地登记状态
	财务报表审计	企业审计信息、企业财务审计机构名称与资质	审计局、财政局	审计机构等级与资质∈{审计机构名录}
	公司年龄	核准登记日期	工商部门、央行征信	公司年龄＝当前日期－核准登记日期
信用品质	企业信用	税收缴纳信息、社保和公积金缴纳信息、企业电非正常企业欠税名单费缴纳情况、AIGCRS（企业水费缴纳情况、企业电话费缴纳情况）	税务部门、社保中心、公积金管理中心、央行征信	诚实守信的“好”习惯＝基本不逾期
信用能力/非财务指标	所在地区	企业注册地址/住所	工商、央行征信	了解地区发展状况、区域信用环境
	企业生命周期	核准登记日期＋行业代码	工商、央行征信	不同生命周期适应于不同组织结构
	管理层知识素质	国外学位学历认证、教育部学籍在线验证报告	教育部留学服务中心、高等教育	能够查询验证
	管理层经验水平	劳动手册、职称信息	劳动保障部门、人事局	个人从业经历应与劳动手册基本一致，职称与人事局备案一致
	管理层组织结构	公司章程、投资人的身份信息、主要管理人员信息	工商、央行征信	企业提供组织结构、投资人信息、主要管理人员信息应与工商登记的基本一致
	质量认证	质量体系认证及 3C 认证信息	质量技术监督局、央行征信	质量认证应与质量技术监督局一致

（续表）

类别	信息项	对应政府信息条目	来源部门	印证关系
	产品质量有竞争力	“质量信得过企业”、名牌产品、免检产品资格等	质量技术监督局、央行征信	企业上报与质监局登记一致
	是否招聘培训员工	招聘可见：劳动登记	劳保局	新进员工数＝劳保登记数＝社保新增数＝个人所得税缴纳新增人数
关键风险指标	公司年检	企业年检信息	工商、税务、质检等、央行征信	未有企业逾期不参加年检手续信息，尤其是工商
	存续	第三方费用信息	供电局、环保局、海关等	发生额应在行业平均水平上下限之间，未出现长期异常
	是否符合政策性导向	银行贷款行业指导意见	银监会	经营范围不属于或经营范围
	是否超范围经营	企业注册登记经营范围	工商部门	企业经营业务应与注册经营范围一致
	质量问题	质量监督抽查不合格且逾期未改正的企业名单	质量技术监督局、央行征信	关键风险提示

表3－4针对表3－3中指标对应的政府信息条目及其印证关系进行了说明和分析，由于篇幅限制，仅列示了其中大部分的信息条目，部分有雷同或是重要度不高的未列出。由此可见，依照中小企业贷款决策关注的汇总指标类别，G2B信息拥有三种主要作用：表征企业基本信息，形成企业信用品质、信用能力的评价，揭示关键风险。尤其是关键风险，对于中小企业贷款决策有着重要的作用。正如Andersson(2004)提出的，当决策者看到重要且相关的信号时，会停止搜集信息而进入评价过程。若是这些关键风险是致命的，那么就会提前结束搜集信息过程做出否决决策。

3.4.2 G2B信息对于银行中小企业贷款决策支持分析

此部分针对G2B信息对于中小企业贷款决策支持的作用方式开展分析，将G2B共享与银行信息融合方式分为决策层、特征层、数据层三个层面。

3.4.2.1 决策关键风险信息——“与”融合检测准则

这里的“关键信息”主要表现为政府提供的可能对于最终决策产生反转式效果的信息，这些信息多是负面的，例如：关于企业属于政府限制发展行业的信息（这是目前唯一的一种政府部门和银行直接共享的方式）、劳保部门关于工伤事故频发的信息、企业违法信息——如食品行业被查出不合格的食品添加剂等记录。这类信息的最大特点是其可能为企业将来的发展带来极大的风险，若产生风险将带来颠覆性的后果。而且，这类信息一般多表现为政府来源的负面信息，企业自身多不进行主动上报，政府是唯一掌握这部分信息的权威信息源。其是对于中小企业贷款决策直接产生影响的关键性信息，作用于决策层数据，多采用“或”融合检测准则，即只要一经发现即将判决值设为 0，未发现为 1。设贷款决策融合政府信息前，被通过的概率为 $P(A)=\alpha$，而“与”融合检测准则（式 3－2）可用于提示关键风险信息的融合。因此，对于在关键风险提示信息的作用下，贷款决策融合的结果为：

$$P(A \mid u_0)=\begin{cases}0 & \text{存在值为 0 的判决} \\ \alpha & \text{判决值均为 1}\end{cases} \tag{3-5}$$

当出现关键风险提示时，即只要有 $u_i=0$ 存在，决策者会提前停止搜集其他信息工作，拒绝贷款。

3.4.2.2 补充特征信息——决策的充分条件

这里的“补充信息”主要表现为政府提供的可能并不对于最终决策直接产生影响，而是对于最终决策的特征要素产生一定的影响。这些信息可以是正面的也可以是负面的，例如：关于企业信用信息的多维度表现、企业从政府获得的相关奖励信息等。这类信息的最大特点是其致力于佐证企业的某一方面，产生该方面的理性判断。虽不至于产生颠覆性的后果，但可以产生累积性效果。而且，这类信息一般多表现为政府来源的正面信息，企业自身会主动上报，但是政府在这部分信息上更为权威。假设关注的目标是企业品质/信用能力特征时，即判断企业是否为高品质企业，政府信息融合前，企业被判定为高信用品质/信用能力的概率为 $m^p(B)=\beta$，则 $m^p(\Theta)=1-\beta$；而政府信息 j 作为证据支持高信用品质/信用能力的概率为 $m_j(B_j)=\beta_j$，$j=1, 2, \cdots, n$。

政府信息的作用主要是补充说明企业特征的作用，属于决策的充分条件。而政府表征企业信用行为和企业信用能力指标并非为了评价企业信用而搜集，因此其除了说明企业信用特征之外，多还包含了许多其他方面的特征。例如：企业坏的环保评价除了说明企业对自己的外部声誉不够重视、缺乏较强的信用意识之外，还说明企业没有社会责任感；企业未按时缴纳政府的各项税费除了说明企业信用意识比较差之外，可能还涵盖了企业不遵纪守法、缺乏良好的理财习惯等因素；因此，并不能够用企业信用涵盖所有。其符合邓勇、蒋雯和韩德强(2010)的广义证据理论要解决的问题环境，即补充新信息情况下的信息融合框架往往是不完整的，且难以穷尽。采用邓勇等(2010)的广义基本概率指派函数(GBPA，记为 m)的定义，有：

$\forall A \subset$ 开放识别框架 U，广义基本函数指派 m：$2_G^U \subset [0, 1]$ 且有 $\sum_{A \subseteq U} m_G(A) = 1$

给定两个广义基本概率指派函数(GBPA)，其广义组合规则为：

$$\begin{cases} m(A) = \dfrac{(1 - m(\phi)) \sum_{B \cap C = A} m_1(B) m_2(C)}{1 - K} \\ K = \sum_{B \cap C = \phi} m_1(B) m_2(C) \\ m(\phi) = m_1(\phi) m_2(\phi) \\ m(\phi) = 1 \text{ 当且仅当 } K = 1 \end{cases} \tag{3-6}$$

式(3-6)是形成企业特征判断的广义信息融合规则。根据以上规则确定企业到底有多大概率是高信用品质/信用能力的企业。

3.4.2.3　交叉印证信息——基础数据校核

这里的“交叉印证信息”主要表现为政府提供的信息与企业或其他公共事务部门采集的信息有一定的映射关系。这就类似于会计中的“稽核”关系，由于这些关系的存在，信息之间可以实现相互的交叉印证，最终验证信息的真实性，尤其是财务信息的真实性。通过财务信息的真实性可以起到如下两个作用：①印证结果从一定程度上也表明了企业主和企业的信用品质，即是否有财务造假行为，进而衍生出企业主/企业是否诚实。②印证结果还可以为作为财务报表可利用程度的论断基础。若是发现信息间差距比较大，或大部分印证关系均不成立，那说明企业的财务报表水分较大，后期判断中就要减少对于财务信息的依赖性；若是通过多方印证，财务信息有一定的可信性，那么可以加大财务信息在决策中所占的权重，尤其是由实际的资金流、物流等真实信息为背景的印证。例如：电费、水费印证下的生产成本，增值税发票印证下的企业销售收入等。这类信息的最大特点是其对于需要重点考察的数据有一定的旁证作用。而且，这类信息一般多取信息提供主体和企业的动机相对立的政府信息，例如：税务和企业，在纳税问题上就是相互对立的。尽管增值税和所得税不能说百分之百的准确，但是除了政治目标的干扰，正常情况下企业总是倾向于少缴税的，因此在报给税务部门其收入状况时其没有动机虚增收入，这就有效甄别了企业在申请贷款时的虚增盈利能力、粉饰财务报表的情况，类似的还有水表、电表信息。再例如企业为职工发放的工资，在没有足够盈利能力的情况下，企业总是希望从职工身上获取最大剩余价值，因此职工工资单和奖金水平也从一定程度上能够反映一个企业的真实盈利状况，类似的还有分红。

一般情况下，这些交叉印证信息中，若是一个证据可以为其他证据所支持，即相互间的"稽核"关系成立，那么可以认为该证据可信度较高；若是证据之间的冲突比较大，那么可以认为证据的可信度较低。因此，我们采用邓勇、施文康、朱振福(2004)处理冲突证据的组合方法，基本算法如下：

采用D－S信息融合公式计算两两证据之间的距离，并构成证据间的距离矩阵 $\boldsymbol{DM}$：

$$\boldsymbol{DM}=\begin{bmatrix} 0 & d_{12} & d_{13} & \cdots & d_{1n} \\ \vdots & \vdots & \vdots & \vdots & \vdots \\ d_{i1} & d_{i2} & d_{i3} & \cdots & d_{in} \\ \vdots & \vdots & \vdots & \vdots & \vdots \\ d_{n1} & d_{n2} & d_{n3} & \cdots & 0 \end{bmatrix}$$

其中，对角线元素为0，即自身与自身的距离为0。

$$\mathrm{d}_{BPA}(m_1, m_2)=\sqrt{\frac{1}{2}(\vec{m}_1-\vec{m}_2)^T \underline{\underline{D}}(\vec{m}_1-\vec{m}_2)}$$

$$\underline{\underline{D}}\text{中的元素}D(C_1, C_2)=\frac{|C\cap C_1|}{|C\cup C_1|}$$

具体的计算公式为：$\mathrm{d}_{BPA}(m_1, m_2)=\sqrt{\frac{1}{2}(\|\vec{m}_1\|^2+\|\vec{m}_2\|^2-2\langle\vec{m}_1, \vec{m}_2\rangle)}$

计算两个证据之间的相似性矩阵 $\boldsymbol{SM}$，其元素 $S_{ij}=Sim(m_i, m_j)=1-\mathrm{d}_{BPA}(m_i, m_j) i, j=1, 2, 3, \cdots, n$，则最终融合判断公式可写为：

$$\boldsymbol{SM}=\begin{bmatrix} 1 & S_{12} & S_{13} & \cdots & S_{1n} \\ \vdots & \vdots & \vdots & \vdots & \vdots \\ S_{i1} & S_{i2} & S_{i3} & \cdots & S_{in} \\ \vdots & \vdots & \vdots & \vdots & \vdots \\ S_{n1} & S_{n2} & S_{n3} & \cdots & 1 \end{bmatrix}$$

计算各个证据被其他证据所支持的支持度。其他证据对于证据 m_i 的支持度为：

$$Sup(m_i) = \sum_{\substack{j=1 \\ j \neq i}}^{n} Sim(m_i, m_j) i, j = 1, 2, 3, \cdots, n$$

计算各个证据的可信度，证据 m_i 的可信度为：

$$Crd(m_i) = \frac{Sup(m_i)}{\sum_{i=1}^{n} Sup(m_i)}$$

利用证据可信度对证据进行加权平均，而后利用 D－S 组合准则计算。

3.5　本章小结

本章简要介绍了 G2B 信息用于中小企业贷款决策支持的理论基础，从第三方证据在信息转移中的作用原理与方法层面，针对 G2B 信息对于银行中小企业贷款决策支持进行了更为具体的剖析。通过梳理中小企业贷款决策关注的要素，归纳了面向中小企业贷款决策要素的 G2B 决策支持的主要指标；采用 D－S 证据推理算法进行决策层、特征层、数据层的分析，论述了 G2B 信息对于中小企业贷款决策支持的三种重要作用方式。

第 4 章

AIGCRS 对于中小企业贷款决策支持的影响因素分析

通过 G2B 信息对于中小企业贷款决策支持的理论分析，发现了征信系统中对于中小企业贷款决策有效支持的信息，并提出了支持的方法范例。然而，跨组织信息共享并非简单的信息转存。因为这些信息的使用伴随着信息的采纳和转化过程，需要进行积极的二次加工和处理，才能真正发挥共享信息的价值。在这个过程中，信息接收者需要根据信息的采集、传递和加工处理各个环节来做出 G2B 共享信息接受决策。

基于理论分析章节(第 3 章)针对中小企业贷款技术进行评析和指标汇总，本章采用便利性原则选取样本，进行深度访谈。就国内外已经得到的理论结果在中小企业贷款决策和目前信用信息共享实践中的信息进行验证和分析，并从访谈中寻求新的要素补充进来；在信息接受问题上采取阶梯法，逐层深入，寻求在征信系统中的政府政务信息(AIGCRS)对于中小企业贷款决策支持的影响因素及其可能的影响机理。

4.1 研究问题与访谈方法

4.1.1 研究问题

根据我们的研究领域，结合文献整理分析的结果，可列出如下需探索的问题：

(1) 中小企业贷款决策影响因素有哪些?

(2) 你在做中小企业贷款决策时，用不用征信系统中的政府政务信用信息?影响你用/不用的原因是什么?

(3) 征信系统对于中小企业贷款决策是否适用? 怎样才能使其更适合于中小

企业贷款决策?

(4) 你相信征信系统提供过来的信息吗? 为什么相信/不相信?

针对以上问题,以参与中小企业贷款决策的银行工作人员(国有四大行和中小股份制银行的信贷员、信贷审批人员、贷后管理人员、支行行长等)和参与贷款的中小企业负责人、担保公司工作人员为对象,利用深度访谈进行定性研究。

4.1.2 访谈方法

本章进行访谈研究的目的主要是通过实践工作者的工作经验来确认文献中涉及的知识,弥补文献中尚未得到关注的新知识元素,以期达到"实事求是,与时俱进"的目的。

深度访谈(In-Depth Interviews)是访谈法中比较灵活的一种方式。访谈法属于定性研究中搜集材料的三大方法之一,另外两种分别是观察法和实物分析法(陈向明,1996)。由于研究面对的对象是银行业界有经验的工作人员,银行业是一个保密性要求比较高的行业,因此观察和实物分析不适合于取得一手材料。深度访谈法与群组座谈一样,都是为了获得对于问题的深入了解和理解而进行的探索。所不同的是,群组访谈往往面更广,适合于获取对问题较有普遍意义的了解和认识;而深度访谈则多采取一次一到两人的方式,同一人可进行多次访谈。这样可以就一个问题深入地开展下去,以便对于被访谈人的想法、情感和行为中的重要信息获取更为详实的了解和认识。而且深度访谈研究可以完全按照被访谈者的时间来安排访谈,更适合于时间不很充裕的被调查人群(Ridder, 2006)。在本章的调查中,因为所调查对象为银行工作人员,其时间要求相对比较紧张,因此采用深度访谈方式是比较合适的。

运用 Reynolds & Gutman(1988)提出的阶梯法进行深度访谈,阶梯采用"属性—结果—价值"的顺序逐步诱导深入,探求所访谈事物的本质。阶梯法可被分为"软式阶梯法"和"硬式阶梯法",前者是直接诱引展开,采用一系列连续提问的方式;后者采用具有一定分类框架的半结构化问卷,将问题的答案划分到预设的群组。本章采用软式阶梯法和硬式阶梯法相结合的方式,因为我们的研究不仅仅希望了解"是"或"不是"的问题,我们更希望获取关于其原因及作用方式之类更深层面上的了解,同时希望我们的最终访谈结果有一定收敛性。

深度访谈刚开始一般采用开放性问题,有简单的访谈提纲即可,等到访谈渐渐趋近收敛时,列出半结构化问题进行半结构化访谈(Reynolds & Gutman, 1988)。访谈过程中采用观察型记录的方式进行现场记录(Ridder, 2006)。本书中采取的深度访谈关键步骤列示如下：

步骤一：规划深度访谈(明确访谈方式，确定访谈对象，准备访谈提纲)；

步骤二：预约访谈者(选择访谈者，准备访谈资料和设备，与访谈者预先接触安排)；

步骤三：正式访谈(现场记录，录音)；

步骤四：整理访谈内容(将记录和录音相结合整理出完整的访谈记录和访谈要点)；

步骤五：将整理好的访谈内容反馈给被访者，以确认相关内容。

步骤六：针对得到的所有访谈结果进行归纳、分析，并进行评论。

4.1.3 访谈对象选取

由于本书主要是对中小企业贷款决策要素的确认和银行工作人员 G2B 共享信息接受的主要影响因素和影响过程的分析，进入深度访谈的对象是参与中小企业贷款的不同银行机构(国有商业银行和股份制商业银行、城市商业银行、村镇银行等)的工作人员，且限定其必须是与企业征信报告有接触的决策相关人员。在本书中，我们主要针对四类银行的两类人群进行了为期 28 个月、多达 22 次的深入访谈研究。参与访谈的银行工作人员均为正在从事或曾从事过中小企业贷款工作的人员。

其中，访谈过程中，还穿插了一些参与贷款的中小负责人 3 人、企业会计人员 4 人、担保公司工作人员 2 人为对象(小范围的，为了从另一侧面进行了解，且有取数据之便)，其数据不作为后期分析的资料，仅是补充认识的作用。

4.2 数据搜集

4.2.1 预先准备

为了使访谈更有针对性，且节约时间，事前通过网络和其他信息来源(报纸杂志、中间人)对被访者所在的单位以及工作性质形成初步的了解和认知，需要重点进行的准备工作包括如下几个方面：

(1) 浏览被访者所在单位门户网站的贷款产品介绍、中小企业创新业务种类等信息，以加深对于被访谈对象所在工作单位的了解。

(2) 通过报纸杂志了解被访者所在单位的发展战略方向、曾获荣誉，了解中小企业贷款态度、发展倾向性和在中小企业贷款方面是否曾做出了特殊成绩。课题组成员曾就作者单位为被访者所在银行的所有期刊文章(来自于 CNKI 中)进行了搜集、汇总、筛选,以作为网络、报纸等公开媒体的有效补充。

(3) 通过中间人了解被访者的工作性质、职务、性格、喜好等信息,以保证访谈时轻松愉快的环境,保持被访者访谈时的积极情绪。由于所涉及的访谈对象为银行工作人员,而这一行业的涉密性较高,在缺乏先期了解和沟通的情况下,很难获得访谈对象充分有效的配合。因此,确定合适的中间人就非常关键。我们通过发挥亲人、朋友、校友资源以及合作项目资源寻找中间人,借助中间人介绍联系相应的访谈对象。这样,尽量保证访谈开展的有效性。

(4) 与被访者进行简单的电话沟通,取得彼此信任以及其对于所参与课题的基本了解和访谈的认可。

(5) 进行预先的非正式访谈,了解被访者所在单位的机构权限、审批业务流程、职能部门划分等基本信息。

4.2.2　正式访谈

1) 访谈过程及其内容

2007 年 12 月—2009 年 1 月,我们完成了第一轮的正式访谈;2009 年 1 月—2009 年 8 月,开展数据整理、访谈内容以及访谈结果的分析工作;2009 年 9 月—2010 年 4 月,完成第二轮的正式访谈。需要说明的是,每轮访谈与每个访谈对象间开展的访谈都不止一次,而且在 2009 年 1 月—2009 年 8 月期间也有零星的回访确认等,但不成规模。

第一轮正式访谈,经过预先接触安排后,在了解了被访者所在单位的一些基本信息后,形成详细的访谈提纲,根据与被访者预约的时间和地点开展正式访谈。这种访谈方式是开放性访谈,尽管数据结果收敛性相对较差,但是可以对一些问题进行深入而细致的展开。

第二轮正式访谈,就已经在访谈中得到的一些具有共识性的问题,形成半结构化问卷,进行二次访谈,使其在问题更为聚焦的情况下,重新讨论展开。

2) 访谈样本选取

为了保证访谈样本的均衡性,特别针对样本所在单位及工作性质进行了选择。首先对于各个银行的贷款分类、贷款业务决策职责范围划分、中小企业贷款业务流程和决策结构等进行简单的了解和归纳分析,发现如下特点(由于银行保密性要求,在此只能给出汇总分析结果):

(1) 各个银行的贷款分类及其归属不同。有的银行将中小企业贷款划分为对公业务，有的银行将中小企业贷款归属为零售业务。尽管2011年6月7日银监会发布的《关于支持商业银行进一步改进小企业金融服务的通知》(下称通知)中指出，“在巴塞尔新资本协议的基础上，对运用内部评级法计算资本充足率的商业银行，允许其将单户500万元(含)以下的小企业贷款视同零售贷款处理；未使用内部评级法计算资本充足率的商业银行，对于单户500万元(含)以下的小企业贷款在满足一定前提下，可视为零售贷款”，且零售贷款可以享受风险权重打半折的优惠措施，会促使银行将其统一归属为零售贷款。然而，在我们访谈的区间内，这两种归属方式在银行间还是并存的。不同贷款类别下其人员岗位设置有所不同，所负责的工作与中小企业信用评估的交叉性也不同，因此是样本选取中不能不考虑的因素。

(2) 各个银行的贷款业务决策权划分不同。一般规模大的国有银行划分为“总行——省行——二级行——网点支行”四级，例如：中国建设银行(简称中国建行)、中国工商银行(简称中国工行)均是如此。但是其权属划分略有不同，以2010年4月为时间戳，中国建行和中国工行省行和二级行的贷款决策分类一致，均以500万为界，500万以下二级行有决策权，500万以上需要提交到省行处理。但是对于网点支行的权限划分有所不同。工行的网点支行以储蓄功能为主，但是有设小企业营销部前台，可以进行小额贷款；而建行则实施对公业务全线上收，网点支行仅负责对公业务。了解其决策权分布有助于我们更好地确定问卷发放到不同银行应该适用的银行等级。

(3) 中小企业贷款业务流程与决策结构对于征信信息的作用方式和作用范围有很大的影响。一般贷款都要经过“现场调查，出具调查报告(信用评级、额度评价、项目评估、担保评价)——审批(合规性审查)——放款——贷后监控”四个步骤。根据AIGCRS的作用，将中小企业贷款业务流程大致分为三类：一是银行将中小企业信用报告审查放在贷款流程开始的第一步，首先审查一下信用报告，好了就继续进行，否则就终止。这种情况下，信用报告中起作用的主要是银行类信用信息，看企业是否有逾期还款、欠息情况，看企业信用额度是否允许再放这笔数额，其结论需要回答的是“是”或“否”，对于AIGCRS并不很重视。二是银行将中小企业信用信息放入中小企业信用评估乃至形成最终决策的过程，这样AIGCRS可以发挥更有效的作用。例如：通过企业纳税情况与企业财务报表中利润的比对，尝试发现企业所报材料中的问题；通过工资、公积金、社保等信息获知中小企业对待员工的态度，而这些态度可以间接地映射出企业绩效。三是在做出放贷决策后，再看

AIGCRS的信息，以判断或有的政策性风险。例如，若是发现企业环保状况不佳，那么对于政府将来可能针对企业环保问题进行处罚甚至是要求歇业的可能性，从而决定是否还要放这笔贷款，以及放多少。而决策结构的影响则体现在AIGCRS对于补充从信贷调查层流向信贷审批层过程中“软”信息流失问题的作用上。若是比较简单的决策结构，层级比较多，那么“软”信息流失问题会更为严重，此时AIGCRS相对比较重要，否则AIGCRS的作用可能没有那么明确。

另外，需要考虑银行间的差异性的另一个原因是每个银行对于员工使用AIGCRS的强制性的详细程度和培训、文化氛围都不相同。有的银行会要求必须看AIGCRS的某些字段，有的却没有；比较重视的银行会就AIGCRS的使用在全行进行认真学习，普及相关知识，而有的银行却只是一纸文件的上传下达。同时，还要考虑地域上的差异性。因为像北京、上海这样的大城市，其电子政务发展比较快，企业信用信息数据库中的信息也会更全，信息质量更高，信息分布更均匀，那么信息整合利用的空间也就相对更大，从而造成不同地域使用者对于征信平台中的AIGCRS的印象也不同。

以上这些都会对于AIGCRS的使用过程产生一定的影响，为了覆盖到AIGCRS使用的不同人群，在选取样本时，综合考虑以上方面进行选择，最终形成较为全面覆盖的样本。具体样本选择结果如表4-1所示。

表4-1　中小企业贷款深度访谈数据采集源特征

采集源	性别	年龄	受教育程度	责任范围	单位	地区
1	男	38	本科	审批	建设银行二级行	上海
2	男	33	本科	调查	建设银行分行	上海
3	男	39	本科	审批	浦东发展银行	上海
4	男	31	本科	调查	浦东发展银行	上海
5	男	32	硕士	审批	交通银行分行	上海
6	男	33	本科	调查	建设银行	上海
7	女	32	本科	审批	杭州银行	上海
8	男	31	本科	调查	兴业银行	上海
9	男	31	本科	调查	农商行	上海
10	男	33	本科	审批	农商行	上海
11	女	31	本科	调查	平安银行	上海

（续表）

采集源	性别	年龄	受教育程度	责任范围	单位	地区
12	男	29	本科	调查	平安银行	上海
13	男	36	硕士	审批	交通银行分行	上海
14	男	33	硕士	调查	招商银行	上海
15	男	30	本科	调查	上海银行	上海
16	女	31	本科	调查	上海银行	上海
17	女	27	本科	调查	上海银行	上海
18	男	31	本科	调查	上海银行	上海
19	男	28	本科	调查	澳兴银行	上海
20	女	33	本科	审批	山西省建行分行	太原
21	女	34	硕士	审批	山西省工行分行	太原
22	女	31	本科	调查	山西省工行分行	太原
23	男	40	本科	调查	中国银行二级行	徐州
24	男	34	本科	调查	农业银行	淮安
25	男	43	本科	审批	民生村镇银行	重庆
26	男	45	硕士	审批	民生村镇银行	重庆
27	女	33	硕士	审批	民生村镇银行	重庆
28	男	35	本科	调查	民生村镇银行	重庆

3）访谈方式及其注意事项

一般情况下，会在最开始访谈前和被访者有 1～2 次接触，提前预约好时间。访谈提纲会提前 1～2 天发给访谈者，并电话告知。访谈工作一般由 2～3 名老师和学生开展，每次访谈时间均尽量控制在 2 个小时以内，避免占用被访者太长时间，引发其疲劳和反感。每次访谈多采用现场记录和录音两种方式（与被访者提前商议；若不同意就配备 2 名学生，1 名提问，1 名记录）。每次访谈结束后，都根据访谈记录和录音进行整理，补充访谈内容，列示访谈要点，并进行总结、归纳。一定周期内，访谈小组进行讨论总结，以提高访谈技巧。

访谈中多采用无结构访谈，尽管有访谈提纲，但是并不约束访谈者就其所感兴趣的话题展开讨论。等到其谈话结束时，再重新将未涉及的问题以不同方式提出。

我们鼓励其联系自己的工作和切身经历具体地来谈 AIGCRS 使用的影响因素，针对中小企业贷款决策影响因素要求其根据主要关注点进行回答；而跨组织信息共享关系和信息中介信任部分由于比较抽象，都是有具体设定的问题，让其在一定相关范围内来回答。在此过程中，通过多次反复地进行访谈，将问题步步深入。由于银行均有较高的保密性要求，因此按照被访者的要求，将其所在单位名称及其姓名做匿名处理。

4.2.3　访谈工具

访谈提纲如下，具体的半结构化访谈问卷见附录 2。

基本情况：从事的工作岗位（中小企业贷款相关点）？工作经验？在所在银行工作了多长时间？所在行中小企业标准，划归零售信贷还是对公业务？所在银行的中小企业贷款审批流程？什么阶段引入政府类征信信息？您见到的征信信息是怎样的？

(1) 中小企业贷款评价中需要关注哪些指标（从定量和定性角度）？

(2) 征信系统中的政府信用信息对于中小企业贷款决策是不是有用？实际中是否使用？

(3) 征信系统中的政府信用信息在中小企业贷款中发挥怎样的作用？

(4) 什么因素能够促使你更加相信/不相信信息？

(5) 哪些因素影响到对于政府搜集和处理企业信用信息的信任？

以上所列问题仅作为框架，访谈过程中可能会根据访谈者的回答情况做出调整。

4.2.4　数据准备与数据处理

数据准备是定性研究中数据搜集和数据处理之间的部分。按照 Creswell (2005)的研究，定性数据准备阶段可分为如下三个步骤：数据组织；数据转录；决定手工分析还是自动分析。

数据组织是指研究者建立一个数据组织方式，材料依照类别或者按照来源组织；每个样本均根据其所属的单位进行统一命名。在数据量比较大时，这种方式是相当有效和必要的。

数据转录是指将录音转化成 word 文本的过程。该过程中，应该主要留足空间可以做详细备注。有两种情况需要这种备注，数据分析的备注；尚未回答或不清晰问题的备注（Creswell，2005）。

决定手工分析还是自动分析，取决于数据和分析人员的对比。若是数据量过大可以考虑采用文本分析软件 MAXqda 进行(分析英文语料)，国内可采用武汉大学开发的 ROSTCM6。

因为本书中要处理的数据量不是特别大，而且通过尝试发现中文通过计算机分析的结果并不很好，因此主要还采用人工分析。

定性数据处理是深度访谈中结果展现的必备环节。该阶段，访谈者通过整理分析数据，将原始素材分类、编码、制表、重新组合，以说明其要表达的观点。根据 Miles & Huberman(1994)所提出的定性数据处理方法，需要进行如下三个步骤：数据精简、数据显示和提取结论。

数据精简阶段，进行数据的选择、聚焦、简化、提炼和转化，将数据按照不同的主题进行分块；数据显示阶段，对于精简后的数据进行组织和压缩排列，以更易理解的方式来组织数据；提取结论阶段，从经过处理的数据中发现规律、模式、解释、因果关系等(Miles & Huberman, 1994；范静，2008)。一般这个阶段中都要考虑访谈结果编码的问题。

编码是将较长的回答缩减、划归到具体的回答类别中去的过程。最开始的分类是基于被访者的基本信息进行的，如性别、年龄、工作性质等，以清晰了解该被访者属于哪个类别。本书针对被访者根据其单位和在本单位系统内排序进行了编码。

本书中访谈内容的编码工作由两个人来做。在每个人都独立完成编码工作后，约定时间进行结果的讨论；所有不一致的问题都在讨论过程中达成共识。就讨论的过程和结果进行记录，形成备忘录。

4.3 研究结果

基于 4.1.1 提出的研究问题，本书就中小企业贷款决策影响因素、AIGCRS 决策支持的影响因素、跨组织信息共享关系的影响因素、信息中介信任的影响因素四个方面进行了逐一分析。

4.3.1 中小企业贷款决策影响因素分析

中小企业贷款决策技术可被分为关系信贷技术和交易信贷技术，其中近二十年来，中小企业信用评分作为一种新型贷款技术，正在以“星星之火，可以燎原”之势进行扩张性发展。而中小企业信用评分技术开展的基础和关键就是信用评价指标的科学性和完整性，也即中小企业贷款决策中要考虑的因素。因此，针对这一问题寻找银行业中的一线工作人员（信贷员）和相关专家（信贷审批工作人员、风险管理控制部门工作人员）进行了讨论。了解这一问题是了解AIGCRS在中小企业贷款决策中发挥作用的基础。

- **子问题1(RQ1)：中小企业贷款评价中需要关注哪些指标(从定量和定性角度)？**

"关于定性和定量的具体指标，不好讲，不同行业适用于不同的模板，不同的行业适用于不同的定性、定量评价指标。有的行业是70%定量、30%定性，有的是60%定量、40%定性。"（SBOCOM2，36岁，负责贷款审批）

"在我们银行，定量指标主要是财务报表，直接录入。定性指标，也有很多，一般都是在系统设置好的定性项目中进行打分实现，但这部分在贷款中占的比例不是很大，没有合格的财务报表银行很难会考虑。"（SCCB1，38岁，负责贷款审批）

"定性的不多，基本上都是量化了才能进入我行开发的小企业评级模型进行运算，唯一可能算是定性的可能是一些打分，但也都有相应参考值用于打分。基本上还是定量为主，没有财务报表的企业，一般评价大多都通过不了。"（TICBC1，34岁，负责贷款审批）

"定性指标由于其主观多会控制在一定的范围内，是定量指标的有效补充。我们很重视能够表现信用的指标，不过这多需要信贷员对于企业的长期观察，要靠实际经验。"（SPD1，39岁，负责贷款审批）

"许多小企业报表不规范，或者根本就没有财务报表。因此，在小企业贷款中定性指标更重要。"（CMBC1，43岁，负责贷款审批）

"小企业还是定性为主，因为基本上拿不出什么像模像样的财务报表。这时候就看关键几项财务指标，更多的是分析企业定性指标，看企业发展状况和未来前景。"（CMBC3，33岁，负责贷款审批）

小结：通过访谈，发现定量和定性指标共同起作用。但是大银行普遍还是更为重视财务指标，若是缺乏规范合格的财务数据，一般贷款工作很难开展。小银行更为重视定性指标，但这些指标多需要信贷员的现场采集。关于具体的定性、定量指标内容，审批人员并不详细涉及，这有两种可能：一是其不是很了解或者不能够记住这些指标，因为多依赖于银行下发的审批指导文件；一是其不愿意透露更为详细的信息。针对这一问题，后期进行了调整，加入信贷调查人员，并采用提示性信息进一步确认。

"目前的评级系统中，分为以下几种中小企业评级模型：一种是提供财务报表的模型，定量指标（财务指标）×权重＋定性（人和机器结合）×权重＝评分；若不能提供财务报表，根据行业、企业选定模型，输入定性指标自动判断。同时，在区分是否能够提供财务报表的基础上，还分为新开户和非新开户（建立银企关系时间，与银行的关系年限）。另外，经营期限长短也是一个评级模型的划分标准。”（TICBC1，34岁，负责贷款审批）

“我们主要看三张报表来评价其还款能力。通常情况下，报表都要求是审计事务所审计过的，而且审计事务所也就认定的几家，其他的都不认。把三张报表录入进去，然后再输入需要看的那些指标，最终系统会自动给出结果。而且还会提出预警。这样，一般中小企业评价结果都不是很好，风险相对会比较高。”（SCCB1，38岁，负责贷款审批）

“目前调查关注的数据主要有：经营时间、财务报表（看关键指标）；从成长性的角度看其组织管理效能；看企业征信信息，像银行信用记录、个人信用记录等；尤其是企业主诚信，这个对中小企业特别重要；从与银行关系方面看销售归行率等。我行还推出了供应链金融，主要根据优质供应链上下游延伸贷款。”（TICBC2，31岁，负责贷款调查）

“我们主要关注企业的未来前景和风险。因此要结合其行业前景和区域规划来分析企业未来的采购情况等。从企业自身的信息来看，主要关注行业发展前景和预期风险、经营收入情况、股权关系、贷款用途。”（SBOH1，32岁，负责贷款审批）

“因为小企业信息真实性相对更难保证，银行一般会弱化小企业信息识别。采用不动产抵押的方式来规避风险。若要通过审查一些信息评价企业，一般都需要到现实当中，联系企业的实际运营状况，比如：是否有订单，是否存在主要原材料采购短缺，是否有研究费用的投入，是否有市场推介，是否可能有政策性的冲击，是否具有行业调整的可能，是否是高科技企业，若有可能联系镇区一级政府来推荐客户，从行业协会获取龙头企业名单，另外团队结构、管理层私交感情很重要。”（SRCB1，31岁，负责贷款调查）

“首先，要看企业是否有政策扶持。一般政策扶持的中小企业，国家就会有一定的倾向性，甚至后期还会有一定的政府投入，这样的项目是很好的。其次，要看企业实际经营是否是良性的。所谓良性，首先要满足存续期的要求，银行要求1年以上的企业均有贷款权利，但真正审批时要求提交的资料却又需要至少有3年的积累，平稳运行、经营良性才行。其次，经营良好与否还要看企业的现金流，从银行流水看真实现金流，是否有上升趋势，还有企业家诚信状况。”（SBOS2，31岁，负责贷款调查）

“信用评估不外乎两类信息：财务和非财务类。财务类主要是中小企业的财务报表，而且必须是审计过的财务报告，否则没法使用。另一类是企业的非财务类信息，主要包括：行业信息、上下游信息、管理者信息、行业政策（政策扶持）、经营状况信息等。”(SRBA1，28 岁，负责贷款调查)

“评价一个企业要看其行业、规模、地区、企业生命周期、贷款数额，这些要素不同，企业特征也不同；一般要看上 1 年年报（全面）、当月月报（审批过的最好），而后到实地当中去看（了解公司、法人的情况），并且通过其他渠道进行核实，最终形成判断。另外，还要考虑宏观环境、行业环境、行业排名等。”(SBOS4，31 岁，负责贷款调查)

“最终决定决策的主要还是以下两方面：用途和还款来源。主要通过提取企业的购销合同，了解其上下游合作单位情况。下游主要看其客户状况（例如：如果是事业单位，较稳健，但账期长，因此这样小企业借款多为流动资金借款，为了周转，比较好），上游主要看上游单位的市场占有率。由于小企业多无现金流量表，只能通过别的方式看，如通过真实的银行流水（基本户、多个一般户的企业对账单）。”(SINB1，31 岁，负责贷款调查)

小结：通过访谈，发现大银行的贷款审批多具有相对稳定的模型和固定的流程。而小银行却相对较为自由，但也更为依赖人工判断。同时，大银行由于层次多，所有业务在统一评级体系中，要记住一些关键信息是困难的。小银行层次相对较少，因此信息量损失更少。访谈结果还表明，信贷员较审批层更贴近实践，能够更为清晰地了解哪些指标对于企业是关键的，以及重要的原因。

由于篇幅限制，在此列出的仅为筛选后的访谈资料。根据访谈资料汇总，针对第 3 章中提取的非财务指标进行分类、确认，得到表 4－2。

表 4－2　中小企业贷款评价决策关注核心要素表

			TICBC1	TICBC2	SBOH1	SRCB1	SBOS2	SRBA1	SBOS4	SINB1	汇总
分类标准	识别划分标准	公司年龄	√	√							2
		资产规模	√						√	√	3
		销售额	√								1
		员工人数	√								1
		所在行业①	√		√			√	√		4
		所在地区①			√						1

（续表）

			TICBC1	TICBC2	SBOH1	SRCB1	SBOS2	SRBA1	SBOS4	SINB1	汇总
		企业生命周期	√						√		1
		贷款用途			√	√				√	3
		抵押物情况①				√					1
		贷款数额①							√		1
实际经营状况	核心财务信息	营运现金流入②		√	√		√	√	√	√	6
		现金流入		√	√		√	√	√	√	6
		筹资现金流出		√			√	√	√	√	5
		经审计财务报表		√			√	√	√	√	5
		税单①								√	1
	市场状况	产品市场占有率				√		√			2
		行业排名				√		√	√		3
		产品质量有竞争力						√		√	2
		劳动力原材料短缺			√	√		√	√		4
		资金短缺						√	√		2
	供应链整体优势	供应链整体优势		√				√		√	3
		供应链中存在强势方						√		√	2
		上游市场占有率①								√	1
		下游资金周转①								√	1
未来成长预期	治理结构	管理层知识素质						√	√	√	3
		管理层经验水平						√	√	√	3
		管理层信用水平		√	√		√	√	√	√	6
		管理层组织结构			√	√		√	√	√	5
	战略规划	认可管理重要性		√							1
		认可战略重要性		√							1
		清晰的业绩目标		√							1
		进行质量认证		√							1

（续表）

			TICBC1	TICBC2	SBOH1	SRCB1	SBOS2	SRBA1	SBOS4	SINB1	汇总
	发展倾向	是否有新产品上市				√			√		2
		是否有改进产品线				√			√		2
		是否进入新的市场				√					1
		是否招聘培训员工				√					1
	公司成长性指标	营业额上升趋势					√				1
		研发资金投入				√					1
		技术人员比重				√					1
		政策性扶持①					√	√	√		3
未来风险	企业历史信用	银行信用记录		√							1
		贸易信贷支付历史									0
		租金收取情况									0
	法人情况	家庭、不良嗜好等①								√	1
	或有风险	法院诉讼信息									0
		环保信息									0
		行业风险			√						1
		政策性导向①				√					1
银企关系	与银行关系	是否新开户①	√								1
		建立关系的时间①	√								1
		银企关系长短①	√								1
		销售收入归行率①		√	√						2

注：①指标为访谈中新添加的指标；②营运现金流入在多处均为银行流水。

总结：政府信用信息从定性和定量两个方面起作用，而中小企业主要是定性指标起作用。由表 4－2 发现，中小企业贷款中比较重视的指标依次排序为：最为重要的是管理层信用水平⑥、营运现金流⑥、现金流入⑥；其次是管理层组织结构⑤、筹资现金流出⑤、经审计财务报表⑤、所在行业④、劳动力原材料短缺④；再次是资产规模③、贷款用途③、行业排名③、供应链整体优势③、管理层知识素质③、政策性扶持③；最后，最不重要的是贸易信贷支付历史、租金收取情况、环保信息、法院诉讼信息。可见，整个访谈中除了税单之外，所有的政府来源信用信息均被信贷审批人员视为对于中小企业贷款决策最不重要的信息。但是，无论国外的实证研究还是国内的征信建设实践，都相当肯定这部分信息对于信用评估的价值，并重视发展这些信息的共享。为什么这些信息未得到信贷人员的充分重视呢？究其原因，我们开展了下一阶段的访谈。

4.3.2 G2B共享信息决策支持的影响因素分析

由于考虑到现实基础的问题，这里的G2B共享信息主要表现为信息征信系统中的政府政务信息(AIGCRS)。AIGCRS能够对于中小企业贷款决策起到一定的支持作用，怎样支持？为什么这种支持作用未被充分感知？针对这个问题，首先从AIGCRS在决策中是否有用切入，而后再深入分析有用或没用的原因，开展了AIGCRS决策支持的影响因素研究。

- **子问题2(RQ2)：征信系统中的政府信用信息对于中小企业贷款决策有没有支持作用？贷款决策过程中用得多吗？为什么有用却用得少/没有用却还是在用？**

"还是有一定作用的。信息是需要多方印证的。尽管不能全信，但至少说明了企业发展的大致趋势，盈利或亏损的具体数据对于企业来说是秘密，企业不愿上报，但是大致的趋势总是不错的。所以，会看一下，做数据比对，但用得不多。"(CMBC2，45岁，负责贷款审批)

"征信报告多由总行传递，目前主要是辅助作用。评估时起主要作用的还是银行内部自己开发的信用评级系统。征信必须查，但仅是在定性评价中占一个很小的比例。"(TICBC1，34岁，负责贷款审批)

"对于贷款决策只是起到辅助参考作用。征信系统中的政府信息多是统计类的，而且都是书面形式的，政府信息既不能告诉你企业的实际财务状况，也不能告诉你企业的未来发展情况，缺乏'软'(分析预测)的信息去直接指导实践。所以，用得不是很多。"(CMBC3，33岁，负责贷款审批)

"原则上是有用的，但主要是核实作用。一个企业的老板如果有心造假，很难把数据卡得那么准。那么从工商、税务、社保、公积金等政府部门共享的信息中总会有蛛丝马迹。但是，实际当中却是想用但不怎么能用的问题。"(TCCB1，33岁，负责贷款审批)

"征信系统中的政府类信息只不过是起到一个基本查询的作用，作为最初的筛选，若企业筛选不通过，根本就不能进入下面的流程。评价企业主要还是需要我们信贷人员到现场去看，实地考察。因为征信系统的信息并不能提供真正有效的知识，所以有的会看，有的不会看。”(TICBC2，31 岁，负责贷款调查)

“基本上没什么用。政府的信息也不是特别可信，不如银行自己的工作人员到实地当中去采集的。不过打出的征信报告还是会看一下的。”(SBOS3，27 岁，负责贷款调查)

“也会用一些。但是，银行自己采集的信息往往较政府信息更为及时、可信，因此一般主要还是用自己的。”(SRBA1，28 岁，负责贷款调查)

“若是能够完善起来，数据质量没有问题，我们肯定会用的。而且银行也会将其纳入进来，要求我们都用。但现在不怎么用。”(XBOC1，40 岁，负责贷款调查)

在这里，我们仿效 Sussman 和 Siegal(2003)的做法，只把那些出现认知失调的部分挑选出来，作为后期引发问题深入的关键样本，这样可以更为鲜明地说明问题。针对 AIGCRS 在中小企业贷款中是否有用的问题，信贷工作人员的观点基本上可被分为两种：一种认为对于信息核对有一定效果，其多是从事贷款审批工作，从审批的角度来看待这个问题；一种认为 AIGCRS 不如现实采集的信息时效强，其多是从事贷款调查工作，从调查的角度来看待这个问题。

针对觉得有用却又用得不多/觉得没有用却还在使用的问题进行了补充提问。

* **CMBC2 补充提问：** 如何比对，报告中所有数据之间吗？不参与比对的信息还有用吗？

“不是所有数据间，是个别关键指标之间。报告中数据的作用是不一样的，可进行分级分类管理。征信报告中的政府类数据分为三个等级。①第一个等级是企业缴纳信息，是最为有效的信息。企业缴纳信息是指企业缴纳各项费用的信息，这些信息可以表明两个问题，一是企业是存续的，比如：水费、电费、电话费、纳税记录等，这些是企业营运间一定伴随发生的服务费用。尽管同行业不同企业间具体的数值略有差异，但大致都相差不大，尤其对于一些利用机器设备的生产型企业。根据单位机器工时耗电量和大致的工资标准，我们大约都能推算出公司的开工率以及营业收入状况，虽然不能百分之百的准确，但是差距一般也都控制在一个合理范围内。低了说明运营状况不佳，高了说明企业能耗较高，这样的企业国家政策是对其不支持的。同时，这些数据间可以实现多方比对，比如，刚才给你举的例子中就包含了电费、工资水平(实地考察时向工人询问采集或者从劳保局了解行业基本状况)，其实这里的工资水平还可以用公积金推算代替，要知道我们的公积金一般是根据工资提取固定比例缴纳的(具体比例每个省市固定行业中水平都相当)。当然，这主要针对的是生产制造型企业，第三产业中的企业虽然也有表征却没有这么明显;另外,所有企业都是有税票的。只不过由于企业有避税倾向,有的纳税信息会偏低。但是若是连纳税信息都表明企业很好,那说明企业可能真的状况很好,当然这中间也不排除企业故意造假信息以及洗钱的嫌疑。所以,我们一般会利用前6个月水、电、气费凭证(生产制造类企业为主)、电话费、房地产租赁合同(如有)、上年度及今年以来增值税缴纳申报表、上年度及今年以来所有往来银行结算账户对账单等数据共同推测企业的运营状况。②第二个等级是企业基本信息,包括工商、税务等每年企业年审信息。其作用也是体现企业的运营情况。因为水电费和工资的数据不一定征信系统中都有,我们一般都要求企业提供其水电费、电话费、缴纳公积金清单的复印件,若不放心就要到企业实地去看其水电费、电话费、缴纳公积金的原始凭证,在小企业操作起来成本太高。但是公司每年都要年检,信息更新状况还可以接受,而且工商、税务这部分信息征信系统中都有,使用其评判企业是否正常运转更为便捷,成本更低。另外,工商信息中还包括高管人员信息和资本构成信息等部分表征企业治理结构的信息,也对于贷款决策有一定的作用。其实,若是能够提供更多帮助我们了解公司治理结构的信息,对于我们把握并预测企业未来发展是相当有用的。只不过现在这些信息都还未集成进来。③第三个等级是企业家品行信息。这些均是能够直接反映出企业未来风险的信息,不参与比对,例如:法院诉讼、环保等负面信息,这些信息是企业不愿报、政府不能乱报的信息。在这方面政府还是有相当权威的。若是有这些信息在,可考虑拒绝贷款或贷后严密监控。所以说,不参与比对的信息也是有用的。目前用得最多的反而是这些不需比对的信息,要想进行更深入的分析,必须提供更多的数据,至少需要提供信息集之间比对和互补的足够信息来辅助判断。若是信息充分的情况下,我们都还是很愿意用的。”(CMBC2,45 岁,负责贷款审批)

＊**TCCB1 补充提问:**根据您之前的意见,您觉得政府信息有用,但是却不能用,为什么会发生这种状况?

“主要因为政府数据真实性的问题。但是有时也会进行简单比对,作为参考。比对分析过程主要有两种:一种是银行采集信息与政府采集信息的比对,这一定程度上可以起到约束我们信贷员行为的作用,毕竟出具的调查报告不能与征信系统中的政府信用信息差距太大;另外一种是征信系统内信息之间的比对,这类似于财务管理上的稽核关系,从一定侧面映射企业的信用水平。目前使用的基础是对于信息来源的判断,联系到具体哪类信息比较好用,分不同情况的。不过,首先要看其信息来源,而后看信息本身。信息来源的可信程度和信息的真实性共同决定其是否能够起到很好的作用。若是真实性没有问题,政府的信用信息都会被考

虑。”(TCCB1,33 岁,负责贷款审批)

* **TICBC2 补充提问:** 您之前提出有的会被使用,有的不会被使用,那么什么情况下会被使用,什么情况下不会被使用呢?

“总的来说,一般是不怎么能用的。这些信息要是能都提供过来,当然会考虑用,但事实上这些信息不完整,提供过来的信息有的彼此之间都有冲突,可用性不强,没有办法用。例如:企业征信报告可能显示其纳税不佳,但是企业还获得了其他部门的多项奖励,那到底企业是好还是不好,从征信报告中很难判定。另外,政府的信息也不完全可靠。若利用这些不可靠的信息作用于贷款评价过程,不但不能起到相应的作用,而且由于需要辨别其真伪,反而增加了银行的工作量。核实的成本都会使其作用大打折扣。”(TICBC2,31 岁,负责贷款调查)

由上可见,无论是觉得有用还是觉得没有用,都与 AIGCRS 对银行需求的满足密切相关,即与信息质量在银行中小企业贷款决策中起到的作用有关。而 CMBC2 和 TICBC2 的补充回答让我们关注到了另一个关键点,信息来源的可靠性,即信息源信用。同时我们还发现针对系统中政府信用信息比对作用的问题,CMBC2 和 TCCB1 有着不同的应对方式。CMBC2 提出了数据比对的具体方式,而 TCCB1 却提出信息完整性和真实性的现实困难。CMBC2 利用多方信息,数据缺失会到现实中去采集;而 TCCB1 却对信息比对工作望而却步。同时,CMBC2 也提出若是平台能够提供更多及时有效的信息将会更加有利于中小企业贷款工作的开展。

总结: AIGCRS 在决策中应用的影响因素主要有信息源信用、信用信息质量和信息进行深入加工和分析的可能性。决定 AIGCRS 有用与否的两个很重要的因素是信息的质量和信息源信用,即其对于信息需求的满足程度和信息来源的可信程度。同时,信贷员对于征信平台环境给予其进行交换数据分析可能性的认知,也是一个很重要的原因,即我们后期提出的推理可能性因子——追踪可控性。可见,在强制使用的环境下,可以要求信贷员、信贷审批人员使用该信息,但是无法决定其愿意在该信息上花费的时间和努力。而真正能够影响信贷员、信贷审批人员应用决策的还是对于信息、信息源的认识以及其对信息处理的可能性和成本。这也正是访谈结果中所揭示的。至于 AIGCRS 的信息质量到底如何评价,有哪些影响因素,则是下一个访谈问题要探讨的内容。

4.3.3　信息中介环境下信息质量的影响因素分析

信息质量是一种综合性的感受指标,在访谈中政府的信用信息质量表现为征信系统中提供的政府信用信息对于中小企业贷款决策需求的满足上。在此，首先确认AIGCRS在中小企业贷款过程中到底发挥怎样的作用，这是讨论信息质量影响因素的前提。

- **子问题3(RQ3)：征信系统中的政府信用信息在中小企业贷款中发挥怎样的作用？**

“我们关注较多的工商、税务、技术监督局等企业基本信息，在其中起到基本过滤作用。这些信息基本年年更新，比较及时，能够用于判断企业运转是否正常。”(SCCB1，38岁，负责贷款审批)

“对于判断企业好坏可以起到一定的旁证作用。比如：根据企业的工商信息(是否受到处罚)、税务缴税记录(是否正常缴税)、企业的环保信息(是否符合国家的相关环保规定)来判断企业的信用状况。这些信息都是比较经常能够见到的。”(SCCB2，33岁，负责贷款调查)

“主要是起到筛选作用，目前主要看工商、税务、环保、奖惩等关键性指标。企业只有在其授信额度内，同时又不存在严重的信用问题时，其贷款才能进入我们的审核流程。将来如果有更多的其他信息，应该会考虑其更多的作用。毕竟小企业信息很难采集，若是政府能够共享，我们还是会认真考虑和分析的。”(TICBC1，34岁，负责贷款审批)

“主要能够提供一些辅助性作用。比如：环保局给每台机器挂上许可证信息，用于判断是否符合国家环保政策。工商局、税务局每年对企业进行年检，对企业存续信息进行实时调整。这些信息大都会被考虑，不过一般我们都还是主要根据现场采集的信息进行判断。”(TICBC2，31岁，负责贷款调查)

“能够部分起到核实企业收入状况的作用，这主要体现在企业纳税信息的作用上。我们一般会根据企业的纳税额来倒算，以核实其收入状况。税务的企业收入和利润信息多是报低不报高的(为了避税)，而银行和政府的许多其他部门却是报高不报低的。这两个数据放到一起，就能够大约估算出企业的收入在哪个区间内。”(SCCB3，33岁，负责贷款调查)

“可以用于识别企业的潜在风险点，这些主要是指政府采集或核定的企业负面信息。例如：法院诉讼、环保罚款，等等，这些负面信息一般企业都不会主动提供，但都可能成为企业将来发展的风险点，因此这些信息银行还是很需要的。”(SPAB2，29岁，负责贷款调查)

“政府信用信息有一定的佐证性作用。电话费、通讯费，还有定额税费的缴纳等，这是企业经营过程中一定会产生的数据。再例如：电费的按月缴纳情况也包含很多信息，举个例子，生产型电费多是平均上升，不会呈现高低起伏，若出现了就需要调查。商贸流通，租一个办公楼，租金、电费、电话费也都能进行佐证。”(CMBC4，35 岁，负责贷款调查)

“政府信息的作用是多方面的，而且不同的行业可能关注的焦点也不同。一般起作用的主要有：税务缴费信息、工商信用信息、质检报告信息等；另外还有环保评价信息、海关通关信息，但这都是针对一定行业的。另外，中小企业还参与了商会、协会，这些信息若也能集成进来，就更有说服力了。”(CMBC1，43 岁，负责贷款审批)

“具体没怎么用过，也不知道有什么用。不过应该是有用的，不然征信系统也不会集成那么多政府信息到企业信用数据库里了。”(SBOS3，27 岁，负责贷款调查)

小结：可见，银行信贷工作人员大都认为政府信息的作用主要体现在提供旁证和辅助性作用上，总结 CMBC2 的介绍和子问题 3 的访谈结果，其作用分类总结如表 4-3 所示。一般中小企业越是信息不透明，其与银行之间的信息不对称就越严重，政府信息就越能发挥作用。另外，通过访谈还发现，银行信贷工作人员针对信用信息的作用认识有两种倾向：一种是由于是政府的信息，所以提供过来都会考虑(TICBC1)，出于对于信息源的信任而产生对于信息的信任；一种是由于征信系统将其集成进来了，所以觉得可能是有用的(SBOS3)。这两个方面引起了访谈者的关注，在子问题 4 中会进行深入讨论。

表 4-3　政府信用信息分类及其表征、作用(含公共事务信息)

分类	信息条目	表征	作用
1	工商、税务、技监等基本信息	表征企业存续	历史
2	纳税、社保、公积金、水电费	推算企业收入，倒算工资	历史
3	电话费、通讯费、定额税是否按时交纳	表征信用行为及运营	未来
4	法院诉讼、环保罚款、工商处罚	负面信息，预示风险	未来

- **子问题 4(RQ4)：什么因素能够促使您相信/不相信政府政务信用信息的作用？**

信息源对于形成信息的认识具有重要的影响，而征信平台作为信息中介，其本身就构成了一个环境，一种标识，从而使得政府信用在平台上展现、传递。根据访谈结果，我们将子问题4的讨论划分为两部分来讨论信息中介环境下信用信息质量的影响过程。

1）信息源信用与信用信息质量

“之所以觉得政府信息重要，是因为政府的权威性。”(CMBC2，45岁，负责贷款审批）

“要使得政府信息发挥作用，首先要保证其提供真实信息。任何渠道（消息来源），首先都必须来自我所信任或者说我愿意信任的信息源，我才会相信。若来自于本身就不相信的信息源，那么其提供的所有信息，对于我的决策可能都是不发挥作用的。”(SBOS2，31岁，负责贷款调查）

“关键还是政府的信用水平。任何贷款决策的做出都是一项系统工程，不可能凭借简单的一项或几项信息来决定。特别是在我国的环境下，信贷员对于其经手的每笔贷款所负的责任都相当大。任何贷款都不可能凭借政府部门或者其他什么部门的信息记录做出决策。除非提供信息的信息源信用度非常高，而且其提供的还必须是相关信息。”(SRCB1，31岁，负责贷款调查）

(1) 正面观点——关键要有选择地使用。

“我们希望政府能够在获取信息的同时就共享给我们，但是这个需要技术上的保证以及工作量的允许。但是，不及时的信息的确不能够有效地说明问题，这就需要靠信贷员的判断了，不过要是征信系统能够提示就更好了，不至于有些过时的信息被误用。”——及时性(CMBC1，43岁，负责贷款审批）

“政府提供过来的信息不可能是完全符合银行贷款决策目的的。一般信贷员要在其中寻找要素的关键点、信息要点，也就是找比较相关信息来用。”——相关性(CMBC3，33岁，负责贷款审批）

“征信尚处于起步阶段，中间有许多空白信息，但其完善有一个过程。而且政府信息本身只起到佐证作用，需要综合其他的信息，采用相应的旁证证明你的判断是对的。”——完整性(HABC1，34岁，负责贷款调查）

“主要是真实性问题。若是信息足够准确，真实性没有问题，大家当然都乐意去用。因为信用的缺失，信息的不对称，政府信用信息不准确，造成金融机构很难发展壮大。”——准确性(SBOS4，31岁，负责贷款调查）

(2) 反面观点——存在很大问题。

“有些企业法人都变了，征信系统中的信息还没有变；做金融时效性很重要，而征信系统中的时效性很差。在没有时效性的情况下，我们很难相信它能发挥很大的价值。”——及时性(TCCB1，33岁，负责贷款审批）

“征信系统上面大部分的信息是过时的，政府不作为，有的企业都倒了，它的相关信息都还在。”——及时性（XBOC1，40岁，负责贷款调查）

“征信系统中的信用信息有些是过时的。因此这些信息没有办法对于决策起到什么作用。”——及时性（TICBC1，34岁，负责贷款审批）

“在评价企业时，从征信系统中获取的政府信用信息能用于中小企业贷款决策的关键点信息不多。”——相关性（SCCB3，33岁，负责贷款调查）

“能提供固然好，征信系统中许多政府信息是空白，想用也不能用，尤其是对于那些不易观测到的政府信息。”——完整性（TICBC2，31岁，负责贷款调查）

“征信系统中唯一有用的是历史贷款信息，信用卡是否有逾期，是否曾经有贷款，曾经的贷款是否有逾期，因为这些信息比较准确，其他信息都是人为输入，很难确认其可信性。”——准确性（SRCB2，33岁，负责贷款审批）

2）政府信息源对于征信平台能够提供的信息状况的影响

“以企业的工资信息为例，工资采用发现金的方式的话，你根本不知道企业发了多少工资，原始信息都无法确定其真实状况，纳入征信系统的信息自然也不准确，因此也就不可能实现对接。”——准确性（SRCB2，33岁，负责贷款审批）

“很多小企业是不给员工缴保险的，不缴保险你就不知道其拿多少工资；社保尽管国家要求每个企业都要缴，但是小企业中有多少不缴的，社保管理中心也很难做出有效统计。”——完整性（TICBC2，31岁，负责贷款调查）

“一个信息滞后，例如，十佳可能是去年的、前年的，但是今年企业不一定好；另外，十佳、奖励证书只能说企业在某方面是十佳（好），但是其还款能力并不一定强。”——及时性、相关性（SINB1，31岁，负责贷款调查）

“现在虽说征信系统中已经纳入了一些信息，但是数据量不多，而且这些数据要么是错的，要么是滞后的，很难依据其进行贷款判断。”——完整性、及时性、准确性（SBOH1，32岁，负责贷款审批）

“信息是需要经过多方印证和分析的，比如：我们相信经委1～10、10～20企业排名不仅仅因为其是经委的信息，更重要的是其从社会媒体信息、学校报告、行业协会排名等都能获取且排名总体来讲差别不大。我们一般不会在没有分析的情况下相信任何外来信息源采集的信息，但是不可否认，外来信息的确会为我们评价中小企业添加新的资讯。”——相关性（CMBC2，45岁，负责贷款审批）

总结：根据访谈结果，信息源影响信息质量，对于信息质量有直接的传递作用；无论是正面的还是反面的，被访谈者都反复提到“及时性”、“相关性”、“完整性”和“准确性”四个方面。可见，政府信息源的认知会影响对于平台所提供信息的及时性、相关性、完整性、准确性的认知，从而影响对于 AIGCRS 的最终认识。这就实现了在以中介平台为媒介的跨组织信息共享环境下的信任转移。那么，政府信息源的信用又受到哪些因素影响呢？这是下一访谈问题的重点。

4.3.4 信息中介环境下信息源信用的影响因素分析

信息中介信任是互联网发展起来后出现的新现象，也是 G2B 节点间实现信息共享时面临的新问题。本章最后的子问题针对这一问题进行了进一步的访谈，以探求政府搜集和处理企业信用信息的关键影响因素。

- **子问题 5(RQ5)：哪些因素影响到政府搜集和处理企业信用信息的表现？**

针对影响到政府信用信息搜集和处理的因素，通过访谈汇总后发现，有四个核心要素：感知声誉、感知能力、共享语言、共享价值观四部分。

1) 感知声誉

"之前银行形成不良资产就是因为那时候政企不分。地方政府给银行推荐了一些企业，要求银行扶持其渡过难关，但是政府有短期效应(只要保证任期内企业产值还不错)，到后期企业还是没有搞好，还不了时，政府又不可能用财政补贴，管不了也没法管，最终债务都由银行承担。所以市场经济下，政府推荐的质量信得过企业、龙头企业我们大都不会直接采信的，需要再次进行调查确认。"(XBOC1，40 岁，负责贷款调查)

"要看信息源的公信力、权威性，主要看其信息采集的基本倾向，动机是什么；还有技术手段(统计的科学性)，即怎么采集的，还有政府相关信息的社会声誉怎样。"(CMBC2，45 岁，负责贷款审批)

"只要不少报利润，整个社会诚信没有问题，拿来税务信息肯定没有问题。而现在关键是这些信息也还要我们去分析，去核实，到现实中去了解。"(TICBC1，34 岁，负责银行审批)

2) 感知能力

"政府信用信息转移的途径可以分为三类：第一类是通过完全实现自动化同步的信息转移，第二类是针对那些需要政府导入的信息转移，最后是手工采集取得的信息。其中，政府完全自动化同步受到 IT 基础设施和电子政务发展情况的约束，各个地区的电子政务发展水平不一样，其政府自动化水平也相应不同；政府导入的信息要受到政府人员的制约；最后，若是手工采集，其录入本身可能就是个大问题。目前，只有新成立的或是发生信息变更的企业才会将数据录入征信系统。"(XBOC1，40 岁，负责贷款调查)

“各个区域的信息子系统是否联网，若不联网，衔接也是很麻烦的，数据导不过来。我国目前的征信系统不像国外各个企业的数据都有，很多数据缺失。不过，这需要一个过程，慢慢发展。”(SCCB1，38岁，负责贷款审批)

“政府的信息也不可靠，不如银行到实地去采集的。主要还是我国的很多政府部门的信息采集方式还不很规范，银行很难得到准确的信息。”(SCCB2，33岁，负责贷款调查)

“现在政府没有能力做新的信息采集工作以及原有信息的核实工作，原有信息又不完全可信。因此，在政府的信息也不一定可靠的情况下，不如银行自己采集。”(SBOCOM1，32岁，负责贷款审批)

3) 共享语言

“征信平台上的信息都是经过过滤的，没有直接查的可信。”(SCCB3，33岁，负责贷款调查)

“平台本身是有用的，但是信息采集的方式、公布的方式值得商讨。”(SPD2，31岁，负责贷款调查)

“很多的政府信息都是不完整的，具体原因也不清楚。以前以为是银行生成征信报告时的问题，后来发现若是生成时刻未选择相应项，会有空置的信息项存在。不过目前一些信息项都没有被包括进去，可能本身就没有纳入进来吧。”(SINB1，31岁，负责贷款调查)

“我国政务信息多是琐碎、不成系统的。比如：企业在破产后二次开立用家人名字注册的问题，若是公安和工商能够联网，公安提供户口信息、工商提供注册信息，通过关联和二次加工就可以达到提供较为准确的信用数据的效果。因为这种情况只看工商或公安是看不出的。关键是这种知识是否被使用者所了解。”(SBOS1，30岁，负责贷款调查)

4) 共享价值观

“我们都不能忽视的是，政府采集信息的目标与银行最终判断想要的目标是不完全一致的，他们采集信息是对其管理有用的信息，而不是为了辅助银行决策而采集的信息。”(SPAB1，31岁，负责贷款调查)

“政府的企业信用信息又不是为银行采集的，其主要用于自身工作需要的，因此，政府采集来信息后不一定适用于银行。”(SCMB1，33岁，负责贷款调查)

总结：根据访谈结果，感知声誉、感知能力、共享语言、共享价值观四个方面被提炼出来。感知声誉和感知能力对于政府信息源的认知产生影响，而共享语言和共享价值观也有影响，作用方式不很明确。

4.4 本章小结

访谈问题为引出后期的话题进行了铺垫，而后分为三个话题四个子问题逐层深入。首先，本章分析了征信系统中的政府政务信用信息（AIGCRS）的有用性及其影响因素，提取出信息源信用、追踪可控性、信息质量三个变量，尤其是追踪可控性的发现，为后期研究做了相应准备；而后，从政府信息的质量的角度切入，分析了影响信息质量的原因及方式，提取出相关性、完整性、及时性和准确性四个要素以及信息源信用要素，从而为基于中介的跨组织信息共享中的信任转移研究奠定了基础；最后，通过分析信息源的影响因素，提取出四个重要的方面，分别对应于感知声誉、感知能力、共享价值观、共享语言四个要素，这为后期信任形成研究奠定了基础。

第5章

基于征信系统的信任形成研究

5.1　问题的提出

跨组织信息共享关系的建立与发展是跨组织信息共享系统构建与运转的基础(Nicolaou & McKnight, 2006)。因为跨组织信息共享关系的存在与完善能够减少机会主义行为(Bakos & Brynjolfsson, 1993; Zaheer & Venkatraman, 1994),从而有效促进组织间信任的形成。然而,在政府政务信息跨组织共享的环境中,信息接收者和信息提供者的关系与商业环境下的跨组织信息共享关系又有所不同。

首先,最为重要的一个区别在于跨组织信息共享模式带来的不同,即强制性产生的影响。在商业环境下的跨组织信息共享多是基于组织和组织成员的自愿共享关系,信息提供者是自愿提供,信息接收者是自愿使用。而本章涉及的政府政务信息共享是由国务院发起、中国人民银行主导的强制性共享,带有行政指令的强制性作用。在自愿共享关系中,允许组织、组织成员对于信息交互和共享进行自由选择,共享关系的建立往往是市场"优胜劣汰"法则和多方博弈作用的结果;而在强制共享关系中,组织的信息共享是上级部门或者上级领导的指令和愿望的执行(Warren, 1967),上级部门或领导推动的力度决定组织共享的意愿和动力(Leblebici & Salancik, 1982)。另外,早期MIS领域的研究已经发现"强制使用"和"自由使用"是技术接受和使用过程的一个关键影响因素,因此许多研究均将自愿使用和强制使用区分开来讨论(Taylor & Todd, 1995; Venkatesh et al., 2003)。而本章研究涉及的是强制共享、强制使用的"2×2维度强制"。同时,在中小企业贷款决策环境中,真正具体的决策又是由信贷员、信贷审批人员个人做出的,组织共享和强制使用的意愿和动力并不一定最终能够转化为决策主体的意愿和动力。因此,大部分解释跨组织信息共享和交换的理论到了强制框架下往往是不适合的,因为其多是基于组织或组织成员可自由选择的角度(Hall et al., 1977)。在强制性共享环境下,由于是被迫采集、被迫使用,信息共享主体动力不足,对于信息源以及信息的评价很大程度上可能会呈现出"偷懒"行为,即以间接判断(对于政府部门声誉、能力的先期判断)替代直接判断(政府部门的信息作为信息源的可信性和胜任力的判断),影响组织间信任的形成。

互惠是政府政务信息共享环境的另一个不同之处。在互惠关系下,如供应链的上下游,信息共享的双方往往有共同的目标或利益诉求,这种就构成了其合作的动力和基础,其信息共享系统的建设和完善也多是基于双方共同利益基础上开展的(Olive, 1990)。而在行政性指令的政府政务信息共享环境下,信息共享的内容、流程、方式等通过讨论形成规章制度方式规范起来,成为电子化中介平台——征信系统接收、打包、处理、共享工作开展的依据。这样的过程,为信息的采集、传输和使用带来了效率,但同时由于需求方和供给方缺少足够的动力相互沟通、协商、观察和反馈,影响到跨组织信任关系的形成。而且原本各个组织都有其自身的操作程序、控制机制和工作流(Canestraro et al., 2009),在征信系统环境下共享目标和共享交流工具的界定和规范能否满足一定的共享数据粒度要求,所带来的模糊性都会成为信任形成的重要影响因素。

强制性、不对称性、互惠、效能、稳定性、合法性作为跨组织共享关系的六大关键因素(Olive, 1990),任何一个因素的变化都可能造成跨组织信息共享关系的差异,从而影响跨组织信息共享系统的认可和效用发挥。因此,本章针对如下两个问题进行展开:

(1) 强制采集和强制使用环境下,先期判断对于 AIGCRS 的评价产生怎样的影响?

(2) 缺乏互惠关系的有力支撑,信息中介平台环境下的共享目标和共享交流工具将对组织间信息共享信任形成产生怎样的影响?

5.2 相关研究

在信任初步形成的过程中,声誉(Reputation)被认为是可能对消费者信任形成产生影响的关键要素(Doney & Cannon, 1997)。随着电子化市场的兴起和发展,声誉作为电子商务平台的重要因素之一被学者们广泛关注,尤其是对于在线交易过程中的购买行为的研究(Jarvenpaa et al., 2000; Koufaris & Hampton-Sosa, 2004; McKnight et al., 1998)。在早期的研究中,McKnight et al. (1998)、

Koufaris & Hampton-Sosa(2004)均将网站质量和感知声誉作为网络环境下客户对于供应商的信任形成的两个重要方面。而 Doney & Cannon(1997)、Qureshi et al. (2009)则将感知能力作为信任形成的重要因素。

在政府政务信息共享环境下,这些要素都会有不同的特质和表现。首先,我国的政府政务信息的共享在信息源上具有独占性和排他性,且由于强制性的存在,由于不可自由选择,网站质量不再成为关键变量,而融入人的"被动接受"行为中。其次,按照 Lin et al. (2005)的划分,声誉的形成可被分为广为宣传的外部声誉影响和个人经验积累的私有声誉形成两个过程。电子商务平台、在线交易环境下的声誉多是长期交互形成的私有声誉积累过程,而本章研究的声誉是一种受到周围人态度影响而形成的"公信力"认知,属于外部声誉范畴。可见,认知形成的影响来自于空间维度(空间范围内彼此之间的传递),而非时间维度(长期的历史积累)。最后,Doney & Cannon(1997)、Qureshi et al. (2009)研究中所表现出的感知能力过程均是基于交互过程中对于能力的观察实现的,如对于承诺的完成程度。而本章研究中的感知能力依赖于提供信息组织的能力"外显"以及对其拥有及整合资源能力的推测,从而影响"公信力"认知,从而传导为个体的感知能力。这些都是可能造成强制性环境下信任形成区别于前人研究的关键,也是本章研究可能的拓展之处。

早在 1998 年,Nahapiet 和 Ghoshal 就发现了在战略领域共享语言的重要性。Carlile 也于 2004 年提出,背景信息的不充分、共同语言(shared language)和共同兴趣(common interests)的缺乏约束了知识的评价和共享。而 Chiu et al. (1999)、Yli-Renko et al. (2001)、Inken & Tsang(2005)将其拓展到了虚拟社区和战略管理等领域的信息共享上。而在共享价值观方面,有的学者又称之为"共享目标",Chow & Chan(2008)和 Huysman & De Wit(2004)对其在信息共享中的重要作用进行深入讨论。但是,这些研究多关注的是知识共享和交换领域,而非信息共享领域。知识共享和交换与信息共享程度相比更为递进。信息仅指经过加工后的有用信息,而知识则涵盖了更多的信息附带特征元素,如信息的理解方式、信息形成过程等(Tuomi, 1999)。而在简单信息共享中,这些特征要素往往是不完整的,也即缺乏足够的可供辨识的共享语言。同时,其研究都以交互过程作为共享语言和共享价值观形成的基础,而本书中的共享语言和共享价值观的产生均是依赖于信用信息中介——征信系统及其外围影响来实现的。共享语言依赖于征信平台的准确定义和银行下发的相关指导性文件;共享价值观依赖于征信平台对于这方面的介绍和银行的宣传。这种形式多缺乏直接交流和沟通的过程,且缺乏互惠合作的动机,因而界定和规范的规章制度不可避免地带有一定的模糊性。这种模糊性在信任形成和信息共享过程中将产生怎样的影响是本章研究的另一个重点。

5.3 理论基础

5.3.1 信任形成理论

信任是一种个人认知,对于第三方(客观观察对象)在一定环境下会在多大程度上表现出善意、诚实、有能力、可预测特征的认识(McKnight et al., 1998)。正常情况下,只有当我们信任第三方时,我们才愿意与之沟通接触、与之共事,才会有可能与之形成一种依赖关系(Stewart, 2003)。即便这种关系依然存在潜在的不确定性,但是信任可以削减这种不确定性带来的风险溢价,使得我们与第三方的合作变得更为融洽、成本更低。在社会心理学领域,信任被定义为两部分:感知信用和感知善意(Ganesan, 1994; Kumar, Scheer & Steenkamp, 1995)。前者定义为对方的言语和行为在多大程度上被认为是可靠的、足以采信或可作为决策支撑的,多来源于外在动力的驱动(Lindskold, 1978)。后者定义为发自内心良好愿望的善意驱动,来源于非利益动机的驱动(Mayer et al., 1995)。本书涉及的信息源信用是信用的一种,同时也是信任的一种(Ba & Pavlou, 2002)。因此,信息源信用的前置影响因素或影响方式也可以从影响信任的角度进行探索,信任形成理论成为信息源信用影响因素研究的基础。

在信任形成过程中,若缺乏声誉等辅助信息,由于信息不对称将造成严重的道德风险和逆向选择,形成了“劣币驱逐良币”的“柠檬市场”(Akerlof, 1970)。

1) 声誉在信任形成中的作用

声誉是信任形成的重要影响因素之一,又称为“预测过程”。声誉作为长期积累的一种特殊“资源”,拥有这种资源的主体就可以在不对称信息结构中发出“强势”信号。这种信号若为可置信,就可以作为区分标志,使信号接收方能够准确预测主体行为,使主体脱颖而出。同时,由于声誉要形成一种资产需要主体长期的经营和维持,因此是有成本的,这种成本的投入又会致使其产生违背名誉、破坏声誉行为的机会成本较高,因此主体会更有动机继续维持其声誉,减少机会主义行为(Klein & Leffler, 1981)。从而声誉在一定程度上能够起到减弱道德风险的作用(Pavlou et al., 2007)。而声誉的自我监督、自我约束作用为双方所共知的情况下,“市场监管者”(可视为受主体发出信号直接影响的利益相关方)会趋于逐渐选择相信信号主体，从而进一步采取积极的态度和行为，加强双方之间的合作关系，如提高对于主体的评价或评级、形成供应链声誉、达成交易、接受信息或技术等(Solomon, 1960; Davis et al., 1989; Mayer et al., 1995; Doney & Cannon, 1997)。

同时，在供应链领域的研究显示，跨组织环境下，声誉对感知信用有正向作用，而对感知善意影响不显著。在合作的开始，大家对于彼此的能力都缺乏一定的认识。但是，随着交互的加深，通过对方的语言和行为来逐渐形成关于彼此能力的认知，能够形成关于对方更为准确的评价结果。因此，声誉对于信任的影响主要表现为影响感知信用(Ganesan, 1994)。

2) 能力在信任形成中的作用

能力是信任形成的另一个重要影响因素，又称为“能力过程”。对于能力的感知主要体现在其对于具体工作或是任务是否能够完成，即对于目前所要做的工作的胜任力如何。信任是一个能力推断和评估的结果，属于外在驱动的确认，因此能力对于信任的主要影响也更倾向于对信用的影响(Doney & Cannon, 1997)。例如，在市场环境下，一方提出承诺后，另一方要对于该承诺的真实性和有效性进行评估，而评估的基础就是对方的能力。若认为其具备完成任务的能力，那么就会选择相信。否则，就会提出相应质疑。

当然，信任形成的相关研究还有很多。有的学者认为，信任是成本收益分析的过程。只要欺骗的收益不超过罚没成本，其就会倾向于保持关系，维持对方对自己的信任(Dasgupta, 1988; Williamson, 1991; Rao & Bergen, 1992)；这种状态为双方所共知。有的学者认为，信任是意向性判断过程(Lindskold, 1978; Macneil, 1980)。我们通过判断对方言语和行为方式，以决定是否要继续和其交往、合作(Doney & Cannon, 1997)。然而，本书中由于涉及的是电子政务系统中的信息及其信息源的信任问题，市场元素在其中不甚明显。作为公共事务部门，政府并非完全没有成本与收益的要求，但因政府多是多目标决策过程，且多涉及难以准确定义的社会效应，因此很难从成本收益的角度进行分析。同时，在征信系统中，信息接收方(银行)和信息提供方(政府)并不真正见面，而是通过电子政务系统传递信息，因此意向性很难确切判断。另外，无论是银行使用还是政府的采集与处理，均涉及许多强制因素，如命令、规章制度的作用，不是一个自由选择的过程。因此，成本收益和意向性判断的分析并不适用。本章重点关注跨组织共享环境下影响信任形成的两个核心要素：感知声誉和感知能力。

5.3.2 社会资本关系理论

社会资本是一种特殊的资本，必须在个人之间或个人与社会群体之间才能存在和呈现(Putnam，1995)。社会资本(Social capital)是指嵌入在社会结构中、可供接触和使用的资源(Lin et al.，2001)。社会资本可被分为结构资本、关系资本和认知资本三部分(Lin et al.，2001)。其中，结构资本是指一种社会网络关系，表现的是个人之间或个人与群体之间交互的总的结构(Nahapiet & Ghoshal，1998)；关系资本是指交互过程中人与人之间形成的信任水平，主要包括规范、责任、信任等(Tichy et al.，1979；Chow & Chan，2008)；认知资本是一种存在于团体中、用以产生共享的涵义和推断的资本(Wasko & Faraj，2005)，认知资本可以再细分为两个方面：共享价值观和共享语言(Nahapiet & Ghoshal，1998)。

结构资本、关系资本和认知资本构成了社会资本的有机组合整体，影响个体在组织中的参与、合作和交互能力。然而，这三者之间又是相互关联和影响的。共享价值观和共享语言这两类认知资本会影响到信任的形成和建立过程(Tsai & Ghoshal，1998；Lu & Yang，2011)，是跨组织信息共享关系构建的基础和途径。结构资本所表现的社会交互关系会正向地影响关系资本，社会交互次数多了，有助于相互之间信任的形成(Granovetter，1985)，从而体现为关系资本的提升。这也是通常意义上跨组织信息共享组织间信任形成的过程。同时，社会交互过程中还有利于共享价值观和共享语言的形成(Maanen & Schein，1979；Wang & Chiang，2009)，即认知资本的提升。而在有中介平台的跨组织信息共享中，由于共享双方的社会交互过程比较少，因此上述两重作用均受到一定的阻滞。

在本章研究中，由于研究对象是政府与银行之间的跨组织信息共享过程，信息的采集或使用均是基于政府和央行的管控范围内的，而非出于个人动机的自愿选择过程，因此结构资本对其的影响并不是很明显，在此不作为我们讨论的重点。本章主要关注基于信用信息中介的跨组织信息共享环境下，认知资本(共享价值观和共享语言)在信任形成中的具体作用方式。

5.4 研究模型与假设

5.4.1 研究模型的提出

针对信任形成的研究，本章重点讨论信息源信用的建立及前置因素的影响过程。基于信任形成理论,将信息源信用作为一种信任,观察感知声誉和感知能力对其的影响过程,并讨论这种信任在感知声誉、感知能力与感知信息质量(征信系统中的政府政务信息,简称 AIGCRS)之间的中介作用,从而将信任的形成与转移过程串联起来;基于社会资本关系理论,讨论认知资本在信任形成中可能的调节作用。基于信任形成和社会资本关系理论,构建了综合信任形成模型,如图 5-1 所示。

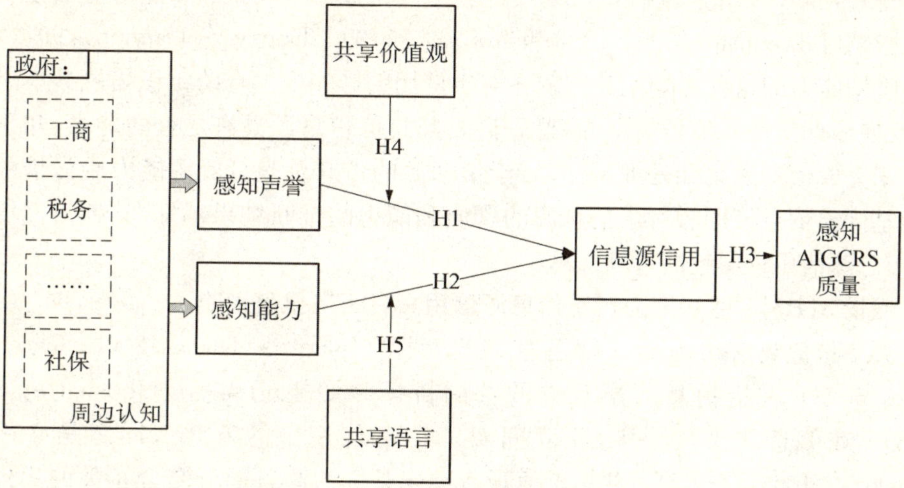

图 5-1　质量评价的综合信任形成模型

5.4.2　研究假设的形成

信任不是承担风险本身,而是一个承担风险的意愿。信任决定着第三方在组织中能够发挥多大的作用(McKnight et al., 1998; Zaheer et al., 1998; Doney & Cannon, 1997)。在征信系统环境下,信任可以实现从实体(信息源组织的信用)向实体产出(信息)转移,从而提高对于信息质量的认知,即假设 1。

假设 1(H1):信息源信用对于感知信息质量具有正向显著影响。

感知声誉是指局外人对于组织过去行为的汇总看法和感知(Dukerich & Carter, 2000),这种声誉可被分为人的声誉、公司声誉、公共管理声誉三种。在此处,感知声誉主要体现为银行对于提供信息的政府部门的看法和认知,属于公共管理声誉。长期以来,感知声誉在这里表现为受周边“公信力”认知的影响,是信任形成中的重要因素之一(Doney & Cannon, 1997; McKnight et al., 2002),而 Bell

(1984)更为明确地提出要建立起信用，首先要建立良好的声誉，只有这种声誉被有效传递，才能促进信任的形成，从而更加明确二者之间的关系。在信息共享过程，对于共享主体信息服务行为的前期认知会对于当前其作为信息源的信用状况判断产生正向作用，即假设2。

假设2(H2)：感知声誉对于信息源信用具有正向显著影响。

感知能力是指局外人对于组织能否胜任任务，是否具备完成任务的知识和能力的一种判断(Doney & Cannon, 1997)。大量的研究表明，感知能力对信任有积极的影响(Jarvenpaa et al., 1998; Dimoka, 2010)。Doney & Cannon(1997)，并提出感知能力的这种影响尤其体现在对于信用的影响上。在跨组织信息共享过程中，要使信息使用方信任信息源，首先需要其相信信息源具有足够的能力、知识和资源来完成信息采集和处理工作，对于信息源的占有及整合资源能力成为信任形成的基础。信息使用者对于信息源的资质和能力的推断结果越好，其越信任信息源，信息源信用程度越高，即假设3。

假设3(H3)：感知能力对于信息源信用具有正向显著影响。

共享价值观，有的研究又称之为"共享目标"(Inken & Tsang, 2005; Chow & Chan, 2008)，是指信息共享双方的共同目标和期望(Tsai & Ghoshal et al., 1998)。在信息共享过程中，相互间对于信息传递中的彼此认同感是必须的(Wasko & Faraj, 2005)。共享价值观有助于帮助组织各部分结合相关的集体目标来有效整合资源(Tsai & Ghoshal, 1998)，并产生彼此的认同感。这种彼此的认同感有助于信用行为的准确传递和表达，例如：在缺乏彼此认同感的情况下，即使有着良好的声誉也未必就能够作为目前作为信息源的信用标识，因为机会主义的威胁成为信息不对称情况下普遍考虑的另一要素(Bakos & Brynjolfsson, 1993, Zaheer & Venkatraman, 1994; Nicolaou & McKnight, 2006)。这样，感知声誉和信息源信用的关系就会相对减弱。而彼此认同感的存在，可以有效地杜绝这种情况，从而在感知声誉和信息源信用之间起到正向调节作用，即假设4。

假设4(H4)：共享价值观对于感知声誉和信息源信用之间的关系具有正向调节作用。随着共享价值观的增进，感知声誉和信息源信用之间的关系变得更强。

共享语言不仅仅指语言本身，还包括了缩写、些微差别、信息背后的基本假设等方面(Lesser & Storck, 2001)。有的研究中将之称为一种词表或领域知识。共享语言可以有助于共同理解的形成，共同理解是信息传递和共享过程中所必须的(Nahapiet & Ghoshal., 1998; Wasko & Faraj, 2005)。共同理解程度的加深可能与最初的推断呈现具体信息和线索信息的竞争作用。在共享语言较低的情况下，信息接收者不能够很好地理解信息，其对于信息提供者的评价主要来源于通过非正式社会网络取得的线索信息。这时感知能力的作用是主要的，因此感知能力和信息源信用之间的关系比较明显。而在共享语言较高的情况下，信息接收者可以通过其所观察和理解的政府共享信用信息情况（正式渠道的信息分析）来修正信息源信用判断（Nicolaou & McKnight，2006），从而导致线索信息起到的作用没有那么显著，感知能力和信息源信用的关系相对减弱，即假设5。

假设5(H5)：共享语言对于感知能力和信息源信用之间的关系具有负向调节作用。随着共享语言的增强，感知能力和信息源信用之间的关系变弱。

感知声誉与感知能力是通过信息源信用影响感知信息质量的，即当感知声誉和感知能力较高时，对于信息源信任程度越高，从而对于该信息源的信任又进一步转移到其所提供的具体信息上。最终，可以认为信息源信用在感知声誉和感知能力与感知信息质量之间具有中介效用，即假设6和假设7。

假设6(H6)：信息源信用在感知声誉和感知信息质量之间的中介作用显著。

假设7(H7)：信息源信用在感知能力和感知信息质量之间的中介作用显著。

5.5　研究设计

为了检验本章提出的理论模型及假设，在此使用问卷调查的方法进行研究。首先对问卷设计情况进行了简单介绍，其次进行了预测试分析，而后介绍了问卷回收情况及样本特征。最后用验证性因子分析和中介效应分析、调节效应分析进行统计分析。

5.5.1　量表设计

问卷包括封面和正文两部分。封面卷首语主要介绍此次调查的意义、目的、基本概念等信息，并涵盖保密性承诺、联系方式等。问卷所有题目均采用Likert－5点量表方式，因为5点量表一般都是最合适的（吴明隆，2003）。在量表设计中，考虑量表的内容效度问题，采用了如下方式解决：①对译；②语义校正；③内容效度的完善；④环境适用性纠正。邀请金融领域、管理信息系统专家以及银行信贷从业人员等对于测度题项进行讨论、分析、修正。

5.5.1.1　感知声誉量表设计

感知声誉（Perceived Reputation）体现外部对于组织产生的印象和感知的汇总（Bromley 1993；Davies & Miles，1998），这种汇总既包括时间维度上的（历史信任的积累)，也包括空间维度上的(区域范围内群体内个体间的相互影响)。本章研究的重点突出在空间维度上。组织声誉有三种度量方式:一种是通过第三方评级，一种是通过反馈信息或对于过去行为的判断，一种是从主体感知角度的问卷调查方式(Rindova & Williamson, 2005)。此处采用问卷调查方式，而与本章研究比较相关的感知声誉量表主要有 Doney & Cannon(1997)、Spencer(1999)、Qureshi et al.,(2009)的量表，因前者个别题项偏重于消费者的关注、交互方面(电子商务领域)，与本书环境不甚相符。因此，本章采用 Spencer(1999)和 Qureshi et al.(2009)的量表。具体量表如表 5－1 所示。

表 5－1　感知声誉的测度指标

构念	测度题项	编码	来源
感知声誉 Perceived Reputation	提供信息服务的政府部门有着很好的公众形象	PR1	Spencer，(1999) Qureshi et al.，(2009)
	提供信息服务的政府部门很关注征信系统的需要	PR2	
	提供信息服务的政府部门能提供很好的信息服务	PR3	
	提供信息服务的政府部门具有良好的声誉	PR4	
	提供信息服务的政府部门非常可靠	PR5	

5.5.1.2　感知能力量表设计

感知能力(Perceived Capability)体现外部对于组织的经验和能力认可的汇总(Doney & Cannon, 1997)。有的研究将感知能力与经验能力分开度量，有的综合起来度量。由于本书中系统的用户与信息提供者之间的交互较少，难以对于经验和能力进行准确区分，因此采取综合度量方式。本书中的量表主要参考 Torkzadeh & Dhillon(2002)和 Qureshi et al.(2009)。具体量表如表 5－2 所示。

表 5－2　感知能力的测度指标

构念	测度题项	编码	来源
感知能力 Perceived Capability	政府部门在信息采集工作上具备相应的知识和技能	PC1	Torkzadeh & Dhillon(2002) Qureshi et al.，(2009)
	政府部门具有采集信息的有效手段和信息技术	PC2	
	政府部门能够整合所有相关业务部门和系统来完成信息采集	PC3	

5.5.1.3　共享价值观量表设计

共享价值观(Shared Vision)体现为不同组织组成的新系统中所具有的系统集合目标(Ghoshal & Tsai，1998)。在跨组织信息共享过程中，各个政府部门和银行机构形成了一个大的系统，这个系统上涉及信息的采集、传递、共享和使用，因此这个大系统也就存在着共享价值观的问题。具体量表如表5-3所示。

表5-3　共享价值观的测度指标

构念	测度题项	编码	来源
共享价值观 Shared Vision	政府与银行分享相同的企业信用信息共享愿景	SV1	Lu & Yang (2011)
	在企业信用信息共享上，政府与银行具有同样的目标	SV2	
	在企业信用信息共享上，政府与银行拥有共同的价值观	SV3	

5.5.1.4　共享语言量表设计

共享语言(Shared Language)体现为组织之间联系过程中形成并拥有彼此可以理解、可准确表达意义的方式(Lu & Yang，2011)。不同的信息系统具有不同的业务逻辑、不同的数据结构，信息提供方业务逻辑、数据结构能否被信息接收方所理解，这是实现信息共享和信息评价的关键。具体量表如表5-4所示。

表5-4　共享语言的测度指标

构念	测度题项	编码	来源
共享语言 Shared Language	关于企业信用信息，政府的术语、概念定义方式与银行的很相似(添加)	SL1	参考Lu & Yang(2011)
	在企业信用信息的采集和处理上，政府和银行的工作流程很相似(添加)	SL2	
	银行职员可以准确了解政府类信息中术语、概念的定义	SL3	
	银行职员可以清晰地获知征信系统中政府类信息的含义	SL4	

Lu & Yang(2011)中的共享语言构念题项数只有两个，数目过少，至少应该达到三个以上，而且这样还可以有助于提高构念的信度。因此，本章的问卷中加了两个题项(见前两个)，且按照人们正常的认知顺序排列。

5.5.1.5　信息源信用和感知信息质量量表设计

信息源信用（Source Credibility）和感知信息质量（Perceived Information Quality）的具体量表如表 5-5 所示。

表 5-5　信息源信用和感知信息质量的测度指标

构念	测度题项	编码	参考文献
信息源信用 Source Credibility	政府部门在提供企业信用信息方面很值得信赖	SC1	Bhattacherjee & Sanford (2006)
	政府部门在提供企业信用信息方面非常令人信服	SC2	
	政府部门在提供企业信用信息方面具有丰富知识	SC3	
	政府部门在提供企业信用信息方面是专家	SC4	
感知信息质量 Perceived Information Quality	征信系统能够提供优质的政府类信息	PIQ1	Wixom & Todd (2005)
	我对征信系统中的政府类信息质量给予好评	PIQ2	
	我给征信系统中的政府类信息打高分	PIQ3	

5.5.2　预测试分析

因为本章的研究中涉及新生构念，共享价值观添加了两个题项，因此需要进行相应的预测试（陈晓萍等，2008）。预测试阶段，通过随机抽选银行、银行内随机确定问卷填答人的方式进行发放，共发放问卷 140 份，收回 127 份，去除无效问卷 19 份，有效问卷合计 118 份，能够达到预测试对象数目是题项数 3～5 倍的标准。问卷回收有效率达 84.286%。收回后针对量表进行编码和分析（二维制编码方式，即 A1，A2，……）。

预测试结果的分析处理的具体步骤如下：首先，进行项目分析，确定题项的区分度；其次，进行探索性因子分析，确定问卷的结构效度；最后，进行量表信度分析，确定量表的信度水平。

5.5.2.1　题项区分度检验

为了了解每个题项的区分度，本章针对预测试收回的 118 份有效问卷进行了项目分析。项目分析采用高低分组方式（一般取 27%处为分组临界），而后分别计算出高分组、低分组在每个题项上的得分平均数差异的显著性（T 检验），未达显著的题项说明其区分度不够，应删除（吴明隆，2003）。本章预测试量表进行项目分析的结果如表 5-6 所示。

表 5－6　预测题项区分度检验结果表

构念	题项编号	T	Sig. (2－tailed)	构念	题项编号	T	Sig. (2－tailed)
感知声誉	PR1	−7.343	0.000	共同语言	SL1	−8.458	0.000
	PR2	−9.801	0.000		SL2	−7.227	0.000
	PR3	−8.809	0.000		SL3	−7.293	0.000
	PR4	−7.348	0.000		SL4	−6.915	0.000
	PR5	−7.219	0.000	信息源信用	SC1	−7.957	0.000
感知能力	PC1	−6.677	0.000		SC2	−8.365	0.000
	PC2	−6.956	0.000		SC3	−8.178	0.000
	PC3	−5.747	0.000		SC4	−10.080	0.000
共同价值观	SV1	−7.896	0.000	感知信息质量	PIQ1	−8.962	0.000
	SV2	−7.513	0.000		PIQ2	−10.813	0.000
	SV3	−8.144	0.000		PIQ3	−8.290	0.000

注：因无论 F 值显著与否，均以应报告的相应 t 值为准，版面限制，在此不再列示 F 值；所列 t 值已经根据 F 值进行选择，凡 F 值显著，采用假定变异数不相等对应的 t 值，否则采用假定变异数相等对应的 t 值。

项目分析结果显示，所有题项差异均显著(见表 5－6 的 t 检验结果)。可见，6 个构念的 22 个题项均具有区分度，所有题项均能反映出受试者的不同态度。

5.5.2.2　预测试的因子分析

首先，计算预测试样本的 KMO(Kaiser-Meyer-Olkin Measure of Sampling Adequacy)值，为 0.905，说明题项间相关性较强，很适合进行因子分析(一般 0.5 以上不适合)。另外，巴特利球形检验(Bartlett's Test of Sphericity)为 2 098.16，在 $p<0.001$ 显著性水平下显著，代表有共同因素存在，适合进行因子分析。在 SPSS 中采用主成分分析法进行因子分析，并进行方差极大正交旋转。旋转后的因子载荷矩阵如表 5－7 所示。

表 5－7　预测试因子载荷旋转矩阵*

构念	题项编号	公共因子					
		1	2	3	4	5	6
感知声誉	PR1	0.797	0.195	0.088	0.188	0.306	0.1
	PR2	0.72	0.148	0.31	0.205	0.232	0.265

（续表）

构念	题项编号	公共因子					
		1	2	3	4	5	6
	PR3	0.71	0.202	0.344	0.275	0.106	0.123
	PR4	0.694	0.187	0.42	0.232	0.142	0.073
	PR5	0.734	0.079	0.147	0.131	0.388	0.203
感知能力	PC1	0.339	0.136	0.778	0.158	0.097	0.11
	PC2	0.169	0.152	0.848	0.096	0.217	0.186
	PC3	0.216	0.123	0.794	0.078	0.223	0.165
共同价值观	SV1	0.155	0.478	0.251	0.202	0.081	0.634
	SV2	0.181	0.363	0.219	0.052	0.049	0.794
	SV3	0.204	0.322	0.138	0.144	0.17	0.801
共同语言	SL1	0.207	0.751	0.084	0.222	0.113	0.297
	SL2	0.108	0.753	0.047	0.359	0.096	0.232
	SL3	0.206	0.845	0.101	0.092	0.128	0.185
	SL4	0.072	0.759	0.323	0.094	0.169	0.24
信息源信用	SC1	0.322	0.079	0.114	0.335	0.74	0.09
	SC2	0.276	0.105	0.169	0.422	0.711	−0.001
	SC3	0.218	0.221	0.28	0.156	0.79	0.141
	SC4	0.323	0.242	0.414	0.206	0.562	0.178
感知信息质量	PIQ1	0.279	0.232	0.132	0.786	0.29	0.092
	PIQ2	0.237	0.323	0.128	0.779	0.246	0.067
	PIQ3	0.215	0.155	0.14	0.807	0.275	0.198

注：第 7 次迭代收敛的结果。

由表 5－7 可见，因子载荷最小的是 SC4 为 0.562>0.5，满足必须达到 0.5 以上的标准（吴明隆，2001）。6 个因子的累积贡献达 80.42%，说明抽取这 6 个指标是合适的。

5.5.2.3　预测试问卷的信度分析

本章采用大家所普遍认可的 Cronbanch's α 系数来考察量表的内部一致性程度（Price & Mueller，1986），按照感知声誉量表、感知能力量表、共享价值观量表、共享语言量表、信息源信用量表、感知信息质量量表的顺序逐个介绍，所有构念对应的量表信度都在 0.8 以上，说明均具有较高的内在一致性(Nunnally，1967；DeVellis，1991)。

1) 感知声誉子量表信度分析

感知声誉子量表信度为 0.917，感知声誉子量表对应的题项与层面量表的统计数如表 5-8 所示。

表 5-8 感知声誉子量表的题项与层面量表统计数

构念	题项编号	题项删除后的量表平均值	题项删除后的量表变异数	修正后题项与量表总分的相关	题项删除后 Cronbach's α
感知声誉	PR1	13.672 4	9.144	0.805	0.895
	PR2	13.663 8	9.043	0.816	0.892
	PR3	13.767 2	9.276	0.776	0.901
	PR4	13.655 2	9.915	0.78	0.901
	PR5	13.724 1	9.61	0.765	0.903

可见，题项与量表总分之间的相关系数在 0.765～0.816 之间，说明题项与量表同质性较高[根据 Everitt 和 Skrondal(2002)的标准，一般低于 0.2 时不被认可，需删除题项]。题项删除后，Cronbach's α 均小于子量表信度 0.917，可见，不需删除任何题项，此时信度最高。

2) 感知能力子量表信度分析

感知能力子量表信度为 0.874，感知能力子量表对应的题项与层面量表的统计数如表 5-9 所示。

表 5-9 感知能力子量表的题项与层面量表统计数

构念	题项编号	题项删除后的量表平均值	题项删除后的量表变异数	修正后题项与量表总分的相关	题项删除后 Cronbach's α
感知能力	PC1	7.155 2	2.619	0.738	0.841
	PC2	7.146 6	2.457	0.832	0.762
	PC3	7.336 2	2.138	0.729	0.866

可见，题项与量表总分之间的相关系数在 0.729～0.832 之间，说明题项与量表同质性较高。题项删除后，Cronbach's α 均小于子量表信度 0.874，可见，不需删

除任何题项，此时信度最高。

3）共享价值观子量表信度分析

共享价值观的子量表信度为 0.883，共享价值观子量表对应的题项与层面量表的统计数如表 5-10 所示。

表 5-10　共享价值观子量表的题项与层面量表统计数

构念	题项编号	题项删除后的量表平均值	题项删除后的量表变异数	修正后题项与量表总分的相关	题项删除后 Cronbach's α
共享价值观	SV1	7.060 3	2.996	0.746	0.859
	SV2	7.112 1	2.779	0.790	0.820
	SV3	7.344 8	2.854	0.785	0.824

可见，题项与量表总分之间的相关系数在 0.746～0.790 之间，说明题项与量表同质性较高。题项删除后，Cronbach's α 均小于子量表信度 0.883，可见，不需删除任何题项，此时信度最高。

4）共享语言子量表信度分析

共享语言的子量表信度为 0.895，共享语言子量表对应的题项与层面量表的统计数如表 5-11 所示。

表 5-11　共享语言子量表的题项与层面量表统计数

构念	题项编号	题项删除后的量表平均值	题项删除后的量表变异数	修正后题项与量表总分的相关	题项删除后 Cronbach's α
共享语言	SL1	10.586 2	4.697	0.787	0.856
	SL2	10.741 4	4.837	0.759	0.867
	SL3	10.500 0	4.670	0.787	0.856
	SL4	10.405 2	5.043	0.733	0.876

可见，题项与量表总分之间的相关系数在 0.759～0.787 之间，说明题项与量表同质性较高。题项删除后，Cronbach's α 均小于子量表信度 0.895，可见，不需删除任何题项，此时信度最高。

5）信息源信用量表信度分析

信息源信用的子量表信度为 0.890，信息源信用子量表对应的题项与层面量表的统计数如表 5-12 所示。

表5-12 信息源信用子量表的题项与层面量表统计数

构念	题项编号	题项删除后的量表平均值	题项删除后的量表变异数	修正后题项与量表总分的相关	题项删除后 Cronbach's α
信息源信用	SC1	10.103 4	5.346	0.754	0.860
	SC2	10.362 1	5.224	0.763	0.856
	SC3	10.275 9	5.054	0.820	0.835
	SC4	10.379 3	4.985	0.707	0.881

可见，题项与量表总分之间的相关系数在0.707～0.820之间，说明题项与量表同质性较高。题项删除后，Cronbach's α 均小于子量表信度0.890，可见，不需删除任何题项，此时信度最高。

6）感知信息质量量表信度分析

感知信息质量的子量表信度为0.917，感知信息质量子量表对应的题项与层面量表的统计数如表5-13所示。

表5-13 感知信息质量子量表的题项与层面量表统计数

构念	题项编号	题项删除后的量表平均值	题项删除后的量表变异数	修正后题项与量表总分的相关	题项删除后 Cronbach's α
感知信息质量	PIQ1	6.169 5	2.740	0.844	0.872
	PIQ2	6.161 0	2.700	0.830	0.884
	PIQ3	6.466 1	2.798	0.826	0.887

可见，题项与量表总分之间的相关系数在0.826～0.844之间，说明题项与量表同质性较高。题项删除后，Cronbach's α 均小于子量表信度0.917，可见，不需删除任何题项，此时信度最高。

5.5.3 正式测试样本回收情况及其特征

通过以上测试，预测试题均能通过相应的信效度检验（添加的两个题项检验结果较好），因此整个问卷可用于正式的问卷发放。

正式问卷采用滚雪球的方式发放，主要通过上海交通大学安泰经济与管理学院已毕业或在读的MBA、EMBA学生发放。具体方式随机抽取银行的联系人，而后由其在单位随机选取中小企业贷款相关人员填写。问卷发放期间为2010年5

月—6月，问卷全部在一个半月内收回。

本次共发放问卷260份，收回224份，有效问卷为209份，有效回收率为80.38%。主要样本特征如表5-14所示。

表5-14　质量感知的综合信任模型的样本特征描述

类别	子科目	样本数	所占百分比
组织类型	四大国有银行	106	50.72%
	股份制商业银行	68	32.54%
	其他类银行[①]	35	16.75%
	合计	209	100.00%
性别	男	113	54.07%
	女	96	45.93%
	合计	209	100.00%
学历	高中或大专	40	19.14%
	本科	138	66.03%
	硕士及以上	31	14.83%
	合计	209	100.00%
工作年限	<2年	59	28.23%
	2—5年	65	31.10%
	5—8年	31	14.83%
	>8年	54	25.84%
	合计	209	100.00%
工作岗位	客户经理	96	41.03%
	授信审批人员	28	11.97%
	贷后管理人员	39	16.67%
	支行行长	27	11.54%

（续表）

类别	子科目	样本数	所占百分比
	其他管理层人员	44	18.80%
	合计	234②	100.00%
所在地区	北京	31	14.83%
	上海	51	24.40%
	江苏	22	10.53%
	河南	22	10.53%
	山西	26	12.44%
	山东	28	13.40%
	重庆	29	13.88%
	合计	209	100.00%

注：① 其他类银行主要包括城市商业银行、农商行、城镇银行、农村信用社等。
② 含重复项，客户经理可能也负责贷款审批，或做客户经理的仍负责贷后管理，因银行的不同而不同。

尽管本章的研究问题是针对组织层面而提出，然而组织层面的问题主要落实在对于个体层面的具体信息源信用和信息质量评价的影响上，因此在这里将调查对象设定为个体层面，且信贷员和信贷审批人员等也更有发言权。样本的有效回收率在 80%以上。而且已回应人群在性别、工作年限等方面没有特别显著的差别。中、东、西部地区有几点需要补充说明：按照国内银行发展状况，四大国有银行取样 50%以上是合理的；信贷员的学历多分布在本科这个层面，大于 50%以上的选择符合我国受教育程度的人口特征；因上海是金融中心，更具备代表性，相应取样较多。

5.6　数据分析与结果

5.6.1　描述性统计

以 209 份有效调查问卷为基础，针对感知信息质量、信息源信用、感知声誉、感知能力、共享语言、共享价值观进行描述性统计和相关性计算，具体结果如表 5 - 15

所示。

表 5－15　质量感知的综合信任模型的描述性统计和相关矩阵①

变量	平均值	标准差	1	2	3	4	5
感知信息质量	3.270	0.796					
信息源信用	3.482	0.715	0.67**				
感知声誉	3.528	0.746	0.62**	0.76**			
感知能力	3.660	0.727	0.52**	0.65**	0.69**		
共享语言	3.599	0.687	0.57**	0.52**	0.53**	0.51**	
共享价值观	3.652	0.763	0.49**	0.53**	0.57**	0.55**	0.71**

注：① 表中1～5分别依次对应于六个构念：感知信息质量、信息源信用、感知声誉、感知能力、共享语言、共享价值观。

② ** $p<0.01$，双尾 Pearson 检验。

5.6.2　正式调查结果信效度分析

5.6.2.1　量表信度分析

信度主要用于估计测量误差的大小，以误差的方差（variance）值对于量表的可靠性、精确性、一致性进行评价（Kerlinger，1986；陈晓萍等，2008），包括再测信度、折半信度、内部一致性信度、等效信度和评分者间信度等。目前被广泛采用的信度度量方式是内部一致性信度，其采用 Cronbanch's α 系数来测量（Price & Mueller，1986）。一般 Cronbanch's α 系数大于 0.7，可认为该构念的度量具有可被接受的最小内在一致性，若在 0.8 以上，可认为其具有高的内在一致性，若达0.9，则可认为其内在一致性很高（Nunnally，1967；DeVellis，1991）。量表的信度是效度的基础，信度是度量的必要条件。此次问卷调查的量表信度值如表 5－16 所示。

表 5－16　质量感知的综合信任模型的 Cronbanch's α 值

构念	简写	Chronbach's α	结论 1	题项删除后的 Chronbach's α 值区间	结论 2
感知信息质量	PIQ	0.902	很高	[0.846，0.869]	通过
信息源信用	SC	0.880	高	[0.843，0.878]	通过
感知声誉	PR	0.920	很高	[0.898，0.907]	通过

（续表）

构念	简写	Chronbach's α	结论 1	题项删除后的 Chronbach's α 值区间	结论 2
感知能力	PC	0.879	高	[0.779，0.871]	通过
共享语言	SL	0.886	高	[0.844，0.857]	通过
共享价值观	SV	0.863	高	[0.776，0.828]	通过
总量表		0.955	很高		通过

由表 5-16 可见，此次正式调查问卷总量表 Cronbanch's α 为 0.955，说明整个问卷信度很高；对应构念子量表的 Cronbanch's α 值都在 0.86 以上，说明子量表的信度也均较高。而且，对应于每个构念的题项删后时的 Chronbach's α 值均小于其整个构念子量表 Chronbach's α 值，说明构念的每个题项对于构念均是重要的，不可缺少的。

5.6.2.2　量表结构效度分析

1）结构效度分析及其检验标准

效度表征了测量模型的正确性和真实性。在经过预测试和试点调查保证了表面效度和内容效度之后，结构效度分析受到普遍关注。结构效度关注可操作的实际测量与建立的概念之间的一致程度，表征了测量指标的单一维度性，是评价测量模型好坏的关键指标之一（Anderson & Gerbing，1988）。结构效度包括聚合效度（Convergent Validity）和区分效度（Discriminant Validity）两个方面。聚合效度是指同一构念间的相关性，区分效度是指不同构念间的相关性。

Fornell 和 Larcker（1981）提出了检验聚合效度的三个准则：①所有题项的因子载荷是否大于 0.7 且显著；②各个构念的组合信度（Composite Reliability）是否大于 0.8；③各个构念的平均变异数抽取量（Average Variance Extracted，简称 AVE）是否大于 0.50。区分效度的检验，要看每个 AVE 的平方根是否都大于其与各个构念间的相关系数。

2）结构效度的评价

结构效度的评价主要通过探索性因子分析（exploratory factor analysis）和验证性因子分析（confirmatory factor analysis）来实现（陈晓萍等，2008）。

为了在更为一般的意义上定义关系，探索性因子分析多是数据驱动的；验证性因子分析往往是理论驱动的，主要用于验证一种预设关系（Boudreau et al.，

2001)。探索性因子分析一般只适合于量表测试开发的初期使用。此时,对于量表的内部结构还缺乏清楚的认识,需要通过探索性因子分析来识别其内部结构。而在具备了一定的理论基础后,为了验证理论假设是否成立,需要采用判断观测变量与潜变量契合程度的验证性因子分析(陈晓萍等,2008)。本书中涉及的构念测度方式均是前人曾经使用过的,因此应采用验证性因子分析。

运用 LISREL8.7 针对本书中出现的六个潜变量的 22 个相关测量指标进行验证性因子分析,模型的拟合指数如表 5-17 所示。

表 5-17　质量感知的综合信任模型的验证性因子分析拟合指数

拟合指标	χ^2	χ^2/df	NFI	NNFI	CFI	RMR	SRMR	RMSEA
数值	405.53	2.090	0.97	0.98	0.98	0.029	0.043	0.068

各个拟合指标的说明:

χ^2:卡方,反映了样本协方差矩阵与代入参数后的再生协方差矩阵的接近程度。

χ^2/df:为了避免样本容量 N 的影响(Marsh & Balla, 1994),构造了卡方/自由度。

NFI:赋范拟合指数,衡量了假设模型相对于虚模型(假设完全不相关)减少的比例。

NNFI:非范拟合指数,超过 0.9 就认为模型可接受(Bentler & Bonett, 1980),更为苛刻的标准是 0.95(Hu & Bentler, 1998)。

CFI:比较拟合指数,超过 0.9 就认为模型可接受,缺点是没有惩罚复杂模型。

RMR:残差均方根,对误设模型敏感,受样本容量 N 的影响较大。

SRMR:标准化残差均方根,对误设模型敏感,小于 0.08 就认为模型可被较好地拟合(Hu & Bentler, 1998)。

RMSEA:近似误差均方根,对误设模型敏感且惩罚了复杂模型,小于 0.08 就认为模型和数据拟合较好。

模型中 $\chi^2/df = 2.090$ 在 2.0 与 5.0 之间,NFI>0.9, NNFI>0.95, CFI>0.9,都表明模型是可以接受的模型(侯杰泰等,2004);SRMR<0.08, RMSEA<0.08 均表明模型能够较好地拟合(Hu & Bentler, 1998; Steiger, 1990)。对应的标准化因子载荷和 t 值路径图如图 5-2 所示。

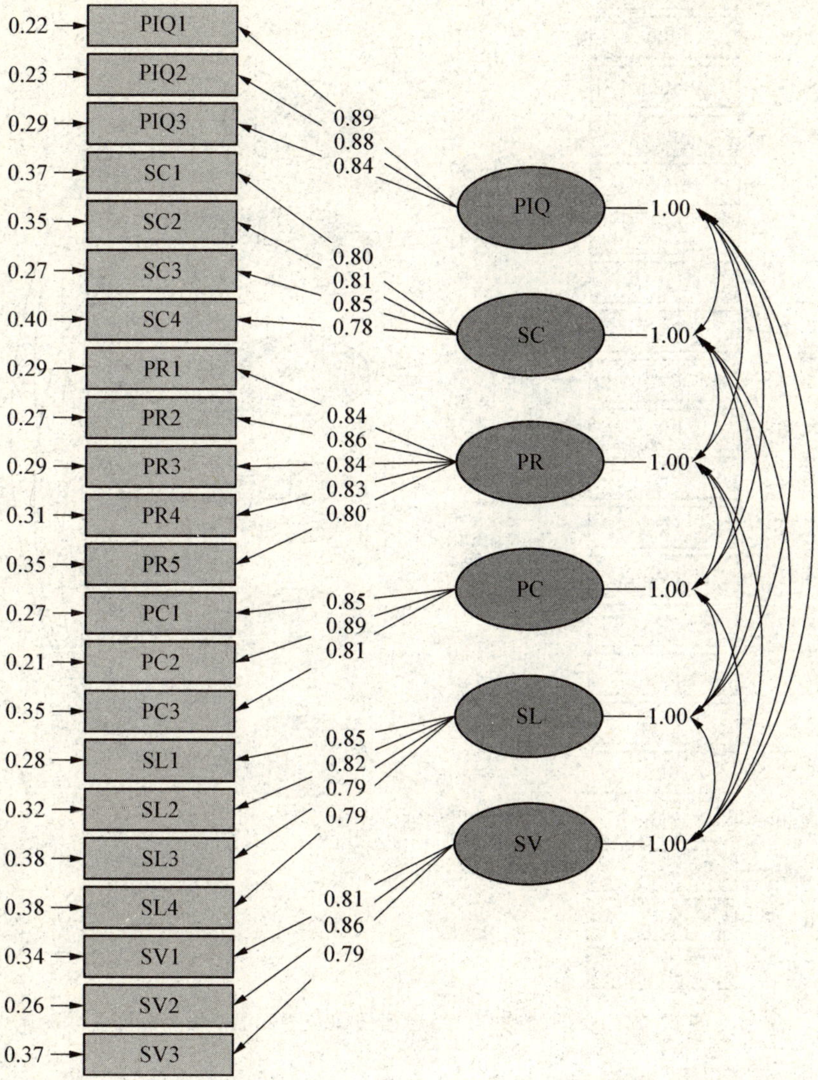

图 5-2(a)　质量感知的综合信任模型潜变量因子载荷路径图

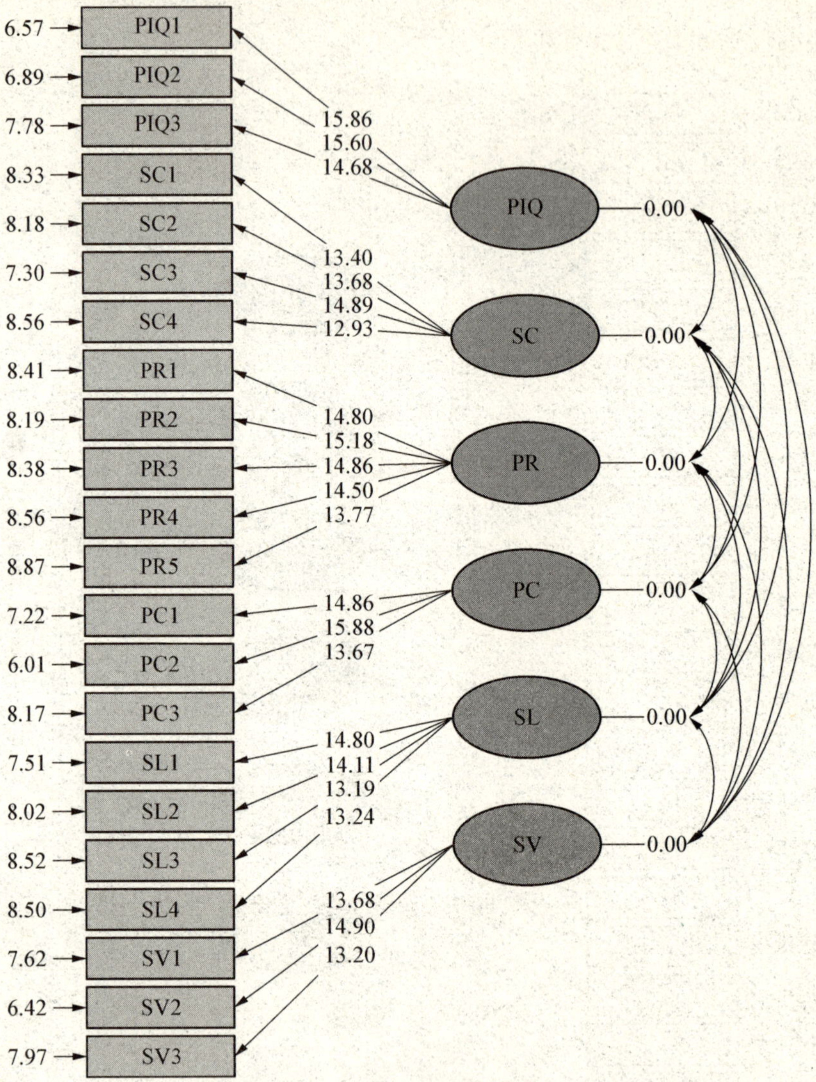

图 5-2(b)　质量感知的综合信任模型潜变量 t 值路径图

如图 5-2 所示，模型潜变量因子载荷的标准化参数估计值都在 0.78 以上（大于 0.7），而且均显著，模型拟合良好，可见预设关系得到支持，根据载荷矩阵计算组合信度和平均变异抽取量，如表 5-18 所示。

表 5-18　质量感知的综合信任模型的组合信度和平均变异抽取量

构念	组合信度	AVE	$\sqrt{AVE}$	PIQ	SC	PR	PC	SL
感知信息质量	0.904	0.757	0.870					
信息源信用	0.884	0.657	0.810	0.67**				
感知声誉	0.920	0.696	0.834	0.62**	0.76**			
感知能力	0.896	0.741	0.861	0.52**	0.65**	0.69**		
共享语言	0.888	0.665	0.816	0.57**	0.52**	0.53**	0.51**	
共享价值观	0.861	0.673	0.821	0.49**	0.53**	0.57**	0.55**	0.71**

注：双尾 Pearson 检验。

根据聚合效度检验准则，模型中的 6 个构念所有题项的因子载荷均大于 0.7，且显著；6 个构念的组合信度均大于 0.8；6 个构念的平均变异数抽取量（AVE）均大于 0.50，能够通过聚合效度检验，即量表同一构念间相关性较强。同时，根据区分效度的检验准则，AVE 的平方根均大于其与各个构念间的相关系数，可以通过区分效度检验（Fornell & Larcker, 1981），即量表的不同构念间的相关性较弱。

5.6.3　模型中假设的检验

本章结构模型检验分为两部分，主效应模型检验与调节和中介效应整合检验两部分（Edward & Lambert, 2007）。其中，主效应检验针对假设 1～3，调节和中介效应整合检验针对假设 4～7。

5.6.3.1　主效应模型的检验

假设 1 为关于信任在信息源信用到感知信息质量间的转移问题。检验结果显示，$F = 171.868$（$p < 0.001$），Akaike 信息准则（AIC 是考虑样本量大小的拟合结果检验方法）为 2.248，说明模型在整体上拟合较好。信息源信用（SC）的 β 系数为 0.674（$t = 13.110$，$p < 0.001$），对于感知信息质量（PIQ）有显著影响，假设 1 成立。

假设 2 和假设 3 是信任形成理论的经典假设之一，假设 2 说明外部对于共享信息组织的印象会影响其对于该主体组织作为信息源的信用感知，假设 3 说明外部对于组织经验和能力的认可会影响其对于该主体组织作为信息源的信用感知。感知声誉和感知能力共同对于信息源信用的认知形成起作用。回归分析结果显示，$R^2 = 0.604$，且 Akaike 信息准则（AIC）为 1.935，可见模型整体拟合尚佳；感知声誉和感知能力共同对于信息源信用的感知有显著影响（$F = 157.254, p < 0.001$）；感知声誉的 β_1 系数为 0.600（$t = 9.910$，$p < 0.001$），影响显著；感知能力的 β_2 系数为 0.231（$t = 3.814$，$p < 0.001$），影响显著。可见，感知声誉(PR)和感知能力(PC)对于信息源信用(SC)的作用显著，假设 2 和假设 3 成立。

5.6.3.2　调节和中介效应整合检验

模型要检验信息源信用在感知声誉、感知能力与感知信息质量之间起到中介作用；同时，还要检验共享价值观对于感知声誉与信息源信用之间关系的调节作用，共享语言对于感知能力与信息源信用之间关系的调节作用。针对这种简单但是嵌套在中介中的调节作用模型检验，Edward & Lambert(2007)提出了一种整合调节效应和中介效应的方法，即调节和中介效应整合检验，Edward & Lambert(2007)称之为有中介的调节效应检验(mediated moderation)。

有中介的调节效应检验是指调节效应通过中介变量传递的情况(Baron & Kenny, 1986)。根据 Edward 和 Lambert 的划分，有中介的调节效应检验(一个自变量、一个因变量、一个中介变量、一个调节变量组成的模型)可分为三种情况七种基本类型。这三种情况分别是：调节变量调节自变量和中介变量之间的关系(一阶段调节)；调节变量调节中介变量和因变量之间的关系(二阶段调节)；调节变量调节自变量和因变量之间的关系(直接效应调节)。这三种情况相互之间形成四种新的组合，从而汇集成七种基本类型的模型。这七种类型分别是仅有一阶段调节模型、仅有二阶段调节模型、仅有直接效应调节模型、一二阶段调节模型、一阶段和直接效应调节模型、二阶段和直接效应调节模型、总效应调节模型。不同的模型适用于不同的情况，采用不同的模型公式分析(Edward & Lambert, 2007)。本章的模型属于仅有一阶段调节的情形，只不过模型中包括两个自变量、两个调节变量，但调节作用乘积交叉项没有重合的变量，因此 Edward 和 Lambert 的调节和中介整合检验方法可以推广到这里。

依据 Edward & Lambert(2007)的方法论，构建适合于本章研究的模型。按照本章模型所构建的关系得到如下方程组[采用 Edward & Lambert(2007)的标号体系]：

$$\begin{cases} Z_Y = \beta_{M1} Z_M + \beta_{X11} Z_{X_1} + \beta_{X12} Z_{X_1} + e_{Y1} \\ Z_M = \alpha_{X21} Z_{X_1} + \alpha_{X22} Z_{X_2} + \alpha_{Z21} Z_{Z_1} + \alpha_{Z22} Z_{Z_2} + \alpha_{XZ21} Z_{X_1 Z_1} + \alpha_{XZ22} Z_{X_2 Z_2} + e_{M2} \end{cases} \tag{5-1}$$

其中，Z_Y—感知信息质量(标准化值)；Z_M—中介变量信息源信用(标准化值)；

Z_{X_1}—感知声誉(标准化值)；Z_{X_2}—感知能力(标准化值)；

Z_{Z_1}—共同价值观(标准化值)；Z_{Z_2}—共同语言(标准化值)。

$Z_{X_1Z_1}$ 和 $Z_{X_2Z_2}$ 分别为 X_1、Z_1 和 X_2、Z_2 的标准化值的乘积(Friedrich, 1982)。

式 5－1 是基于 Edward 和 Lambert(2007)的一阶段调节模型进行标准化后的形式，对照本章模型做了适度修改。首先，增加了一个自变量和一个调节变量；其次，原模型中的自变量与因变量间没有直接效应假设，但由于不确定是否完全中介，考虑加入直接效应路径检验。

将式 5－1 中下面的式子代入到上面的式子中，即将 M 代入，得到最终的方程式 5－2：

$$Z_Y = \beta_{M1}(\alpha_{X21}Z_{X_1} + \alpha_{X22}Z_{X_2} + \alpha_{Z21}Z_{Z_1} + \alpha_{Z22}Z_{Z_2} + \alpha_{XZ2}Z_{X_1Z_1} + \alpha_{XZ22}Z_{X_2Z_2} + e_{M2}) + \beta_{X11}Z_{X_1} + \beta_{X12}Z_{X_1} + e_{Y1} \tag{5-2}$$

式(5－2)可进行展开合并整理，得到式(5－3)：

$$Z_Y = \beta_{M1}(\alpha_{Z21}Z_{Z_1} + \alpha_{Z22}Z_{Z_2}) + [\beta_{M1}(\alpha_{X21} + \alpha_{XZ2}Z_{Z_1}) + \beta_{X11}]Z_{X_1} + [\beta_{M1}(\alpha_{X22} + \alpha_{XZ22}Z_{Z_2}) + \beta_{X12}]Z_{X_2} + \beta_{M1}e_{M2} + e_{Y1} \tag{5-3}$$

因为调节效应的存在，公式 5－2 含有乘积项 $Z_{X_1}Z_{Z_1}$ 和 $Z_{X_2}Z_{Z_2}$，导致 Z_Y 对 Z_{X_1}、Z_{X_2} 的估计结果是包含回归系数的(见式 5－3)。因此比较适用的是 Sobel test，用系数的乘积除以相应标准差来实现的检验(Edward & Lambert, 2007)。

然而，Sobel test 是基于正态假设的，而往往乘积项是不满足正态假设要求的，因此考虑自举法(Bootstrapping)与 Sobel test 相结合的方式来解决这个问题，即可将中介效应检验中的方法扩展到调节和中介效应整合检验(Edward & Lambert, 2007)。

通过再次重复随机抽样构造正态样本群，重复 1 000 次以上，根据每次抽样所得的样本估计出相应的参数乘积项，将乘积项从高到低排列，以得到置信区间(在 0.05 水平第 2.5%和 72.5%百分位数)，具体方法介绍还可参见 MarKinnon et al. (2002)关于中介和交互效应处理方法的比较研究。

依照 Edward & Lambert(2007)的通用算法，设计具体的检验步骤如下：

首先，用 OLS 估计公式 5－1，得到相应系数以构造非线性模型表达式。

其次，应用有约束的非线性回归(CNLR)进行 bootstrapping 估计，得到置信区间以检验非直接效应和总效应。

最后，进行简单效应估计，并计算调节变量影响差异。

在进行正式估计之前，首先对于样本进行标准化，这是处理非直接效应研究中的常规做法（温忠麟等，2008）。而后利用本章正式问卷回收得到的 209 个有效样本针对式 5－1 进行估计，其结果如表 5－19 所示（上：model1，下：model2）。

表 5－19　调节和中介效应整合检验的系数 OLS 估计值

因变量：感知信息质量 PIQ		非标准化系数		标准化系数	t	Sig.
		B	Std. Error	Beta		
模型 1	（常数）	0.000	0.050		0.000	1.000
	感知声誉	0.227	0.084	0.227	2.698	0.008
	感知能力	0.069	0.072	0.069	0.961	0.338
	信息源信用 SC	0.457	0.080	0.457	5.730	0.000

因变量：信息源信用 SC		非标准化系数		标准化系数	t	Sig.
		B	Std. Error	Beta		
模型 2	(Constant)	−0.004	0.050		−.088	0.930
	感知声誉 PR	0.607	0.066	0.607	9.174	0.000
	感知能力 PC	0.140	0.065	0.140	2.157	0.032
	共享价值观 SV	0.043	0.066	0.043	0.648	0.518
	共享语言 SL	0.101	0.064	0.101	1.574	0.117
	PR_SV	0.104	0.045	0.116	2.317	0.022
	PC_SL	−0.108	0.048	−0.111	−2.253	0.025

注：对照式 5－1。

根据表 5－19 的统计结果，可参照 Edward 和 Lambert(2007)确定非线性回归语法。

Model1：$Z_Y = \beta_{M1} Z_M + \beta_{X11} Z_{X_1} + \beta_{X12} Z_{X_1} + e_{Y1}$

* CNLR syntax to produce bootstrap estimates for Model1.

SET RNG＝MT MTINDEX＝54321 / * Merseene Twister random number generator, seed set at 54321 * /.

MODEL PROGRAM bM1＝0. 457 bX11＝0. 227 bX12＝0. 069/ * Starting values for coefficients * /.

COMPUTEPRED=bM1 * SC+bX11 * PR+bX12 * PC/ * Coefficients and independent variables * /.

CNLR PIQ / * CNLR procedure，dependent variable * /

/OUTFILE = MMFILE01. SAV /* File for bootstrap coefficient estimates * /

/BOOTSTRAP=1000 / * Number of bootstrap samples * /.

Model2：$Z_M = \alpha_{X21} Z_{X_1} + \alpha_{X22} Z_{X_2} + \alpha_{Z21} Z_{Z_1} + \alpha_{Z22} Z_{Z_2} + \alpha_{XZ21} Z_{X_1 Z_1} + \alpha_{XZ22} Z_{X_2 Z_2} + e_{M2}$

* CNLR syntax to produce bootstrap estimates for Model2.

SET RNG=MT MTINDEX=54321 / * Merseene Twister random number generator，seed set at 54321 * /.

MODEL PROGRAM aX21=0.607　aX22=0.140　aZ21=0.043　aZ22=0.101　aXZ21=0.104　aXZ22=−0.108/ * Starting values for coefficients * /.

COMPUTEPRED=aX21 * PR+ aX22 * PC+ aZ21 * SV+ aZ22 * SL+ aXZ21 * PR_SV+ aXZ22 * PC_SL / * Coefficients and independent variables * /.

CNLRSC / * CNLR procedure，dependent variable * /

/OUTFILE = MMFILE02. SAV /* File for bootstrap coefficient estimates * /

/BOOTSTRAP=1000 / * Number of bootstrap samples * /.

通过 Model1 和 Model2 的估计，其结果如表 5－20 所示。其中，模型拟合优度 R^2 为 0.628，调整的 R^2 为 0.617。

表 5－20　采用 Bootstrapping 方法计算得出的系数估计值

	参数	估计值	标准误	95%置信区间	
				下限	上限
自举法	aX21	0.607***	0.066	0.476	0.737
	aX22	0.140*	0.065	0.012	0.268
	aZ21	0.043	0.066	−0.088	0.173
	aZ22	0.101	0.064	−0.024	0.227
	aXZ21	0.102*	0.043	0.018	0.187

（续表）

参数	估计值	标准误	95%置信区间	
			下限	上限
aXZ22	−0.109*	0.046	−0.200	−0.018
bM1	0.457***	0.099	0.261	0.652
bX11	0.227**	0.102	0.024	0.430
bX12	0.069	0.079	−0.088	0.226

注：***表示参数在0.001的水平上显著，**表示参数在0.01的水平上显著，*表示参数在0.05的水平上显著。置信区间不包括0，拒绝原假设，在0.05水平显著。

因本章研究中包括两个调节变量，因此其产生的影响呈2×2组合方式。结合其组合，将两个调节变量的高低分组值代入方程式，写出不同情况下的简单效应估计式，如表5-21所示。

表5-21　简单效应估计组合式

<table>
<tr><th colspan="2">调节高低分组*</th><th>估　计　式</th></tr>
<tr><td>SV</td><td>$\mu+\sigma$</td><td rowspan="2">$Z_M=(\alpha_{Z21}+\alpha_{Z22})+(\alpha_{X21}+\alpha_{XZ21})Z_{X_1}+(\alpha_{X22}+\alpha_{XZ22})Z_{X_2}$
$Z_Y=\beta_{M1}(\alpha_{Z21}+\alpha_{Z22})+[\beta_{M1}(\alpha_{X21}+\alpha_{XZ2})+\beta_{X11}]Z_{X_1}+[\beta_{M1}(\alpha_{X22}+\alpha_{XZ22})+\beta_{X12}]Z_{X_2}+\beta_{M1}e_{M2}$</td></tr>
<tr><td>SL</td><td>$\mu+\sigma$</td></tr>
<tr><td>SV</td><td>$\mu+\sigma$</td><td rowspan="2">$Z_M=(\alpha_{Z21}-\alpha_{Z22})+(\alpha_{X21}+\alpha_{XZ21})Z_{X_1}+(\alpha_{X22}-\alpha_{XZ22})Z_{X_2}$
$Z_Y=\beta_{M1}(\alpha_{Z21}-\alpha_{Z22})+[\beta_{M1}(\alpha_{X21}+\alpha_{XZ2})+\beta_{X11}]Z_{X_1}+[\beta_{M1}(\alpha_{X22}-\alpha_{XZ22})+\beta_{X12}]Z_{X_2}+\beta_{M1}e_{M2}$</td></tr>
<tr><td>SL</td><td>$\mu-\sigma$</td></tr>
<tr><td>SV</td><td>$\mu-\sigma$</td><td rowspan="2">$Z_M=(-\alpha_{Z21}+\alpha_{Z22})+(\alpha_{X21}-\alpha_{XZ21})Z_{X_1}+(\alpha_{X22}+\alpha_{XZ22})Z_{X_2}$
$Z_Y=\beta_{M1}(-\alpha_{Z21}+\alpha_{Z22})+[\beta_{M1}(\alpha_{X21}-\alpha_{XZ2})+\beta_{X11}]Z_{X_1}+[\beta_{M1}(\alpha_{X22}+\alpha_{XZ22})+\beta_{X12}]Z_{X_2}+\beta_{M1}e_{M2}$</td></tr>
<tr><td>SL</td><td>$\mu+\sigma$</td></tr>
<tr><td>SV</td><td>$\mu-\sigma$</td><td rowspan="2">$Z_M=-(\alpha_{Z21}+\alpha_{Z22})+(\alpha_{X21}-\alpha_{XZ21})Z_{X_1}+(\alpha_{X22}-\alpha_{XZ22})Z_{X_2}$
$Z_Y=-\beta_{M1}(\alpha_{Z21}+\alpha_{Z22})+[\beta_{M1}(\alpha_{X21}-\alpha_{XZ2})+\beta_{X11}]Z_{X_1}+[\beta_{M1}(\alpha_{X22}-\alpha_{XZ22})+\beta_{X12}]Z_{X_2}+\beta_{M1}e_{M2}$</td></tr>
<tr><td>SL</td><td>$\mu-\sigma$</td></tr>
<tr><td colspan="3">说明：因 $Z_Y=\beta_{M1}Z_M+\beta_{X11}Z_{X_1}+\beta_{X12}Z_{X_1}+e_{Y1}$ 系数中不含变量作为参数，因此不发生变化，每种情况下均相同，在此不再赘述。</td></tr>
</table>

注：*因共享价值观(SV)、共享语言(SL)均为连续变量，因此采用均值加减一个标准差的方式表征其高低值(Aiken & West，1991)。

根据表5-20和表5-21做模型的简单效应分析。将表5-20中的参数代入表5-21公式,并计算各项效应系数,具体结果如表5-22所示。

表5-22 简单效应分析

感知声誉 PR	第一阶段	第二阶段	效应		
SV×SL			直接效应	间接效应	总效应
(1, 1)	0.723**	0.457**	0.227*	0.330**	0.557**
(1, −1)	0.723**	0.457**	0.227*	0.330**	0.557**
(−1, 1)	0.491**	0.457**	0.227*	0.224**	0.451**
(−1, −1)	0.491**	0.457**	0.227*	0.224**	0.451**
SV造成差异	0.232*			0.106*	0.106*
感知能力 PC	第一阶段	第二阶段	效应		
SV×SL			直接效应	间接效应	总效应*
(1, 1)	0.029	0.457**	0.069	0.013	0.082
(1, −1)	0.251**	0.457**	0.069	0.115**	0.184*
(−1, 1)	0.029	0.457**	0.069	0.013	0.082
(−1, −1)	0.251**	0.457**	0.069	0.115**	0.184*
SL造成差异	−0.222*			−0.102*	−0.102*

注:因直接效应不显著,不计入总效应。其中,间接效应值=第一阶段值*第二阶段值;总效应=直接效应+间接效应。

综合表5-20和表5-22的结果可以发现,模型的第一阶段和第二阶段路径系数均显著(见表5-22),模型中的中介作用显著;可见,感知声誉对于感知信息质量产生影响,这种影响既包括直接效应又包括通过间接效应,而感知能力只对感知信息质量有间接效应。因此信息源信用(SC)在感知声誉(PR)与感知信息质量(PIQ)的关系中起到部分中介作用,而在感知能力(PC)与感知信息质量(PIQ)的关系中起到完全中介作用。假设6和假设7成立。

根据表5-22,共同价值观(SV)对中介效应的第一阶段作用显著,即能够有效调节感知声誉和信息源信用之间的关系;共同语言(SL)的第一阶段调节也显著,但符号为负,即能够有效调节感知能力和信息源信用之间的关系。然而,共享价值观造成的差异是正向的,共享语言造成的差异是负向的,可见假设4成立,假设5

成立。另外，SV 和 SL 在间接效应和总效应中的影响也都比较显著。利用表 5－21 中的公式，采用 Aiken & West（1991）的绘图方法，做出共同价值观的第一阶段、总调节效应图（控制 X_2，系数设为 0）如图 5－3 所示，共同语言的第一阶段、总调节效应图（控制 X_1，系数设为 0）如图 5－4 所示。

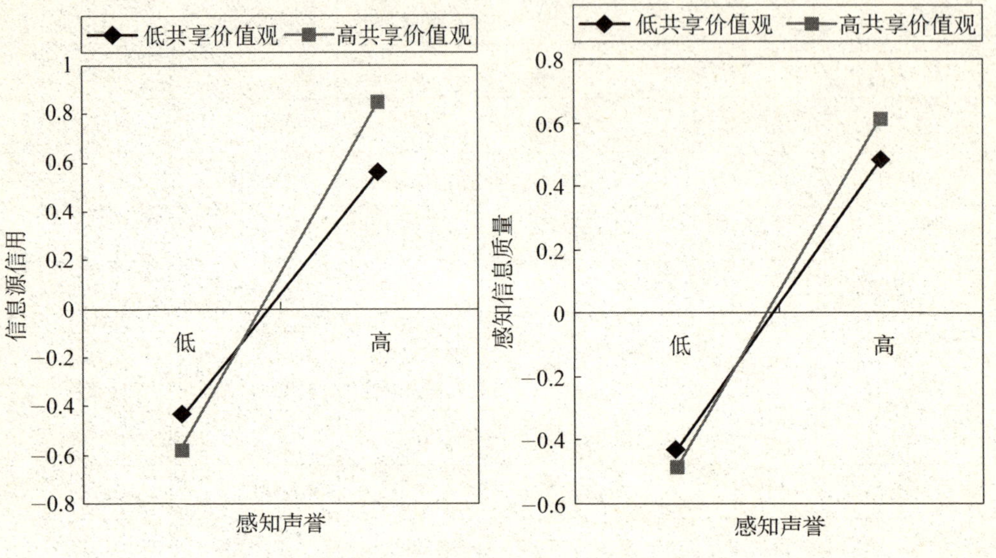

图 5－3　共同价值观的第一阶段调节（左）和总调节（右）效应图

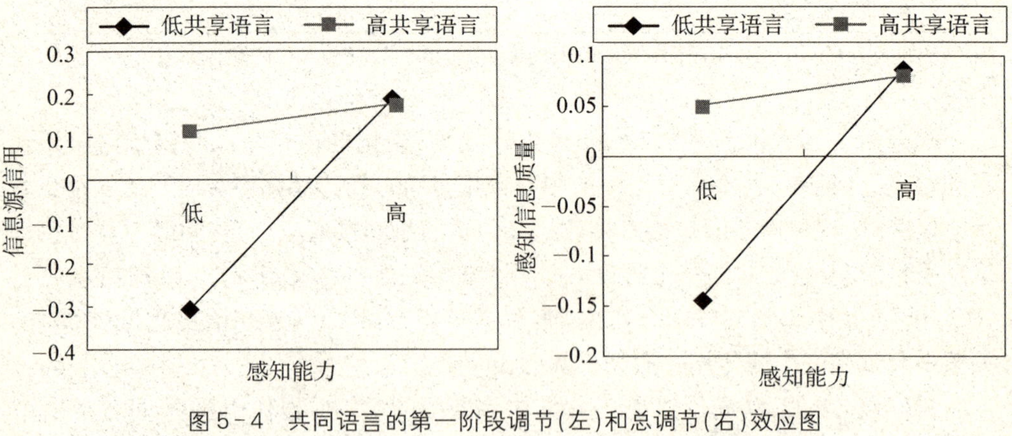

图 5－4　共同语言的第一阶段调节（左）和总调节（右）效应图

由图 5－3 和图 5－4 可以看出共享价值观和共享语言的调节模式。图 5－3 表明，无论在低共享价值观下还是高共享价值观下，感知声誉的提高均会引起信息源信用和感知信息质量的提高，只不过在高共享价值观的情况下，正向作用效果更为明显。由此可见，信息共享价值观的形成，能够提升感知声誉的影响效果，致使其在信息源信用、感知信息质量中发挥的作用越发明显。而且，感知声誉在信息源信用上的作用效果较其在感知信息质量上的作用效果更为明显，可见在信任传递过程中，声誉的功效会逐步减弱。图 5－4 表明，无论共享语言是高还是低，感知能力均对信息源信用的认知起到促进作用，即周边环境的能力推断总会影响其作为信息源的信用评价。同时，在低共享语言水平下，这种作用较高共享语言水平下的更为明显。低共享语言水平下，由于缺乏足够可理解的信息和知识，对于政府信息采集和处理能力的判断更依赖于外部信息形成能力推断结果。

5.6.3.3　总体模型估计结果

通过主效应分析、调节和中介效应整合，检验了模型中的 H1～H7，将检验结果进行汇总，如图 5－5 所示。

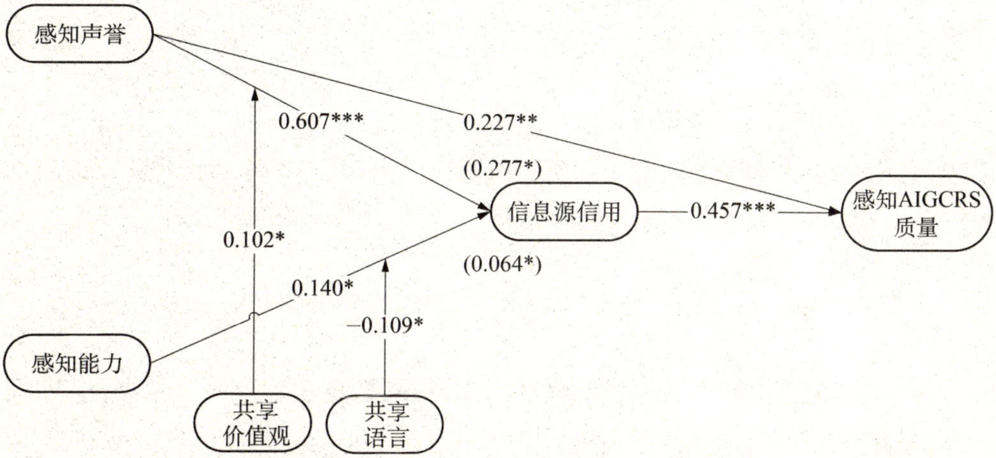

图 5－5　调节和中介效应整合模型路径图

可见，信息源信用在感知声誉和感知信息质量之间的中介效应显著，在感知能力和感知信息质量之间的中介效应显著。共享价值观对于感知声誉和信息源信用之间关系的调节作用显著。共享语言对于感知能力和信息源信用之间关系的调节作用显著。另外，研究还发现感知声誉与感知信息质量间的系数显著，即感知声誉不仅通过信息源信用来影响感知信息质量，其自身对于感知信息质量也有直接的作用。

5.7 讨论

通过本章的研究可以发现：在跨组织信息共享环境下信任形成的过程中，感知声誉和感知能力的作用是显著的。这就将 Ganesan(1994)、Doney & Cannon (1997)和 Qureshi(2009)在供应链领域有交互的跨组织信息共享的信任形成扩展到了公共管理领域无交互的强制性共享环境中，且扩展到了空间维度的"感知声誉"和"感知能力"的作用上。而在感知声誉影响信息源信用的过程中，共享价值观对于二者的关系起到正向调节作用，即增进共享价值观能够增加感知声誉与信息源信用的关系强度。在感知能力影响信息源信用的过程中，共享语言对于二者关系的调节作用显著，而其作用是负向的。这意味着，能力必须是经过前期积累才能最终获得接近真实的认知，因此共享语言对于能力的感知有着重要作用。在共享语言低的情况下，感知能力与信息源信用的关系较强，即信息源信用评价主要依赖于感知能力。随着共享语言的发展，感知能力的作用将逐渐减弱，信息源信用更多地取决于对信息源信用状况的实际判断。

另外，研究还发现，感知声誉对于感知信息质量有直接作用。这可能由于对于政府部门形成的声誉认知转移到其所提供的信息上，即基于体制的转移(Stewart, 2003)。只不过这种信任转移较对信息源信用的信任转移更弱。

5.8 本章小结

本章基于信任形成理论和社会资本关系理论，构建了质量评价的综合信任形成模型，并通过对国内 30 家银行的 209 位信贷员和信贷审批人员的调研，得出如下研究结论：

(1) 在强制采集和强制使用环境下，感知声誉和感知能力对于信息源信用的信任形成有显著影响，进而通过信息源信用影响到信息质量的评价。这也视为一种信任传递的作用，只不过其传递过程中效用递减。即在强制采集和强制使用环境下，间接判断(利用外部信息对于政府部门声誉、能力形成的先期判断)在政府信用信息共享信任形成中能够起到关键作用。

(2) 基于信息中介的跨组织信息共享环境下，跨组织关系由于中介平台的存在，使得原本供给方和需求方的交易行为成为一种规范和标准化的流程，由系统统一电子化处理。同时在缺乏互惠关系有力支撑的情况下，共享语言和共享价值观的影响较为特殊：共同价值观在感知声誉与感知信息质量之间的关系上起到正向调节作用，说明共享价值形成的共同认知可以加速信任的形成。因此在征信系统建设过程中，应该努力构建和发展共享双方之间的共同价值观。共同语言在感知声誉与感知信息质量之间的关系上起到负向调节作用，说明共同语言促进了信息使用者接触了解信息源和信息，从而由对于其提供信息产品的判断来代理原来的直觉认知。因此，在共同语言形成和发展过程中，要积极引导，尽量规避其不利影响，发挥其有利方面。

本章研究的理论贡献在于，对了解强制采集、强制使用环境下，感知声誉和感知能力对于信息源信用的影响过程和方式提供了实证支持，发现了信息共享平台相关要素在其间起到的重要调节作用，前人多认为共享语言和共享价值观直接影响信息共享效果或是对信任有正向作用，具体影响方式并不很清楚，本书的研究提出并验证了调节作用的存在，以更好地解释二者的作用机理。而且共享语言加深了在其间发挥出负向调节作用，说明共享语言会改变大家“人云亦云”、先期产生的直觉认识，这也是一个新的意外发现。

本章研究的实践贡献在于，肯定了征信系统在其间的调节作用，为征信系统继续完善和发展这两个方面提供了理论基础。同时，验证了 G2B 信息共享环境下，信任形成的关键影响要素，即感知声誉和感知能力。要通过利用正式或非正式渠道，提高政府公信力水平，加深其对于政府信息质量的认知和了解，从而提高银行对于政府这一信息源的信任程度，从而促进其更愿意接受和使用政府政务共享信息。

第 6 章

基于征信系统的信任转移研究

6.1 问题的提出

在跨组织信息共享环境下，除了信任形成，在信息中介平台上的信任转移是另一个重要的话题。信息共享在应对信贷信息不对称过程中起到关键作用(Brown & Zehnder，2010)。按照 Clarkson et al.(2007)的分类，信息共享要解决的最大问题就是信息不对称，这种信息不对称既包括横向的信息不对称，又包括纵向的信息不对称。横向的信息不对称存在于有价值的信息中，散布在不同的类似实体之间时，此时信息集可以通过信息互换得到扩充，接近整体信息集，如各个银行之间的信息共享。而纵向的信息不对称存在于一方具有另一方所没有的信息，同时完整信息集的逼近又不能通过简单的互换、汇总的方式来实现，如政府和银行之间的信息共享(Clarkson et al.，2007)。纵向信息不对称环境下，信息共享更类似于一种单向的信息交换，或者是信息服务，但是所不同的是，纵向信息共享具有信息需求方的需求向信息供给方的返流过程。

信息不对称问题的存在是信任形成和信任转移的基础(Wang & Benbasat，2007)。因此，在横向信息共享和纵向信息共享中都存在信任形成和信任转移过程。由于本章的研究对象是政府与银行之间的跨组织信息共享，因此关注的重心也是纵向信息共享环境中信任的形成和信任的转移。

在中小企业贷款决策过程中，纵向的信息共享是通过全国统一的信息中介平台来实现的，即征信系统。Hagel(1999)提出，最好的信息中介是能够帮助用户快速找到需要的信息并使用户充分利用这些信息，而对于信息的信任是使用信息的基础。因此，了解信息在中介平台上的信任转移过程至关重要。特别是在跨组织信息共享环境中，由于信息来自于不同源的组织，此时信任的形成和转移在跨组织信息共享的实现中更为重要(见综述),研究其影响过程也就成为了有效实现信任形成和信任转移的关键。因此,本章就这个问题进行了讨论。即在跨组织信息共享环境下,信息接收者对于其接收的共享信息质量的认识是否受到其信息源评价的影响?如何影响?

6.2　相关研究

IS领域关于信息质量的研究中,早就提出信息源信用有可能会影响到信息质量,如Wang & Strong(1996)、Wang et al. (1998)和Wang(1998)的研究中将声誉性作为数据(信息)质量的重要决定因素之一,这里的声誉性既包括了数据(信息)本身的声誉,又包括了数据(信息)来源的声誉。可见,其已经关注到了信息来源质量的重要性及其对于信息质量感知形成的影响,但是其研究仅是以要素的方式提出,并没有就信息源信用如何影响信息质量的问题进行深入讨论,尤其是对于借助于征信系统这样的电子化平台的跨组织信息共享环境下的讨论更是无人问津。

信息源信用对于信息本身的复杂作用早在1983年在社会心理学研究中就有相关的讨论(Heesacker et al., 1983)。一些学者认为其作用主要体现在会使信息质量的认识产生一定偏差,一些学者研究认为,信息源信用是信息质量的主要影响因素之一。前一类的研究在社会心理学中占据统治地位,代表人物有Briñol、Petty等(Briñol & Petty, 2003; Briñol, & Petty, 2006)是前者的代表。而后者研究较少,主要有Chaiken & Maheswaran(1994)、Tormala & Clarkson(2007)等的研究,其基本理念是当认为信息源是有能力时,一般会产生利好的想法,而这种想法会映射到信息源所产生的信息上。而Tormala et al. (2007)的进一步研究发现,当先接受信息源时,这种映射作用会更明显。心理学的研究多通过实验控制来实现对于信息源高与低的影响,但对于具体实践过程中的信任传递却未充分涉及,尤其是信息中介结点的信任转移。

而IS领域尽管也多有涉及信息源信用和信息质量的讨论,但是多基于ELM的框架下进行,未涉及信息源信用和信息质量二者之间的关系以及其作用方式。Strub & Priest(1976)、Milliman & Fugate(1988)、Lewicki & Bunker(1995)提出了信任是可转移的,而Stewart(2003)对于认知过程中的信任转移作用的讨论,首次讨论了网络环境下的信任转移问题,也为本章的研究奠定了理论基础。本章的研究基于两种信任转移理论,重点讨论了跨组织信息共享环境下,线下信息源的信用是否能够通过信息中介系统影响线上信息的使用,表现为哪些影响路径。

6.3 理论基础

6.3.1 信任转移

对于第三方的信任，是我们与第三方有效合作，愿意依赖他们并承担与之交往过程中带来风险的基础。长期的第三方信用积累可能是信任建立的一个重要条件(Stewart, 2003)。然而，在世界千丝万缕的联系中，并非所有的事物都能够建立直接联系。比较普遍的情况是，A 与 B 发生联系，B 与 C 发生联系，而 A 对于 C 的认知全然陌生，这时，信任转移就会在 A－B－C 上发生。

信任转移是一个认知过程。在这个过程中，人们对于某一实体(人、群体或组织等)的最初信任会转移到与之相关联的实体上去，或者转移到该实体在更为宽泛情景下的认知上(Stewart, 2003)。例如：A 信任 B，B 与 C 关系密切，D 与 A、B、C 均无任何可观察到的直接或间接的联系，这时，较之于 D，C 往往更容易得到 A 的信任。这就是“信任转移”在其间发挥的作用。这大有古语中常讲的“爱屋及乌”的涵义。信任转移有许多不同的分类，其中比较重要的一项分类就是实体之间的信任转移和基于体制的信任转移。下面就这两类信任转移进行详细的论述。

6.3.1.1 实体之间的信任转移

实体之间的信任转移是指出于对第三方的信任而产生的对与之相关联“实体”的信任。一般情况下，第三方会向外界接收者(Receiver)发出“该实体是可靠的”的论断或信号，而接收者接受还是拒绝该论断/信号完全取决于其对于第三方判断的信任程度(Strub & Priest, 1976)。

信任转移可能发生在风险很高、组织严密的群体系统中，如 Strub 和 Priest (1976)通过对于大麻使用群体的调查发现，大麻使用者会相信不认识的人，前提是这个人由其所信任的第三方做出保证。同时，信任转移也可能发生在瞬息万变、组织相对松散的市场经济组织网络中，如 Uzzi(1996)研究了嵌入性和网络结构对于经济行为的影响，发现信任能够“削减交易的不确定性，为那些难以准确定价和执行合同的交易和服务奠定基础”，从而作用于网络中的关系，扩展交易双方的社会资本，带来社会价值(Portes & Sensen brenner, 1993)。在这期间，信任转移主要体现在网络结构的嵌入式关系之间，而且直接表现为嵌入式关系带来的经济价值的增加和企业业绩的成长。

同时，一种实体间的信任转移也发生在出于对于群体(行业协会)的信任而延伸出的对于群体中个体的信任。例如，Milliman 和 Fugate(1988)研究发现客户会因为对于“可信群体”的信任而加深对于群体中销售人员的信任，如营销人员加入某知名度高、声誉好的行业协会，而该协会又为其提供了可置信的支持，将会增加客户对于该营销人员的信任。这就是行业协会的群体信任转移到个体信任的过程(Stewart，2003)。总之，信任转移会发生在个体/群体与个体/群体之间的 2×2 种实体组合间。我们的研究中将会涉及从群体(信息源)到个体(信息)的信任转移。

6.3.1.2　基于体制的信任转移

基于体制的信任是指由于环境要素(制度建构)的信任而产生的对特定环境中实体的信任(Zucker，1986)。一般情况下，制度建构会呈现为一定的担保、安全措施或其他的安全策略等，从而引发接收者对于这种环境的安全感和信任感。制度建构既可表现为一组明确的制度结构集合，也可表现为对于具体情境化要素的明确(Stewart，2003)。

基于体制的信任转移发生在各个情境中，例如对于社会的信任可分割为对于信仰层级和通讯结构的信任(La Porta et al.，1997；Fisman & Khanna，1999)，又如出租车司机表现出来的对于不同地理位置乘客的信任(Henslin，1998)。这种信任并不简单是一种对于环境本身的信赖，而是对于环境相关制度或情境的信任。在基于体制的信任转移过程中，可观测信号的宣示至关重要。因为它可以为信任的产生奠定基础(Stewart，2003)。实体出现在环境中，本身就是与之相关联的可观测信号之一，因而“实体所处环境—实体”成为最常见的基于体制的信任转移推断方式。

所处环境在信任转移的过程中起到了标识性的作用，成为一种有效的可观测信号和线索。但这并不是唯一的一种方式。例如：弱的制度结构环境Ⅰ中的实体 A 和 B，由于环境Ⅰ只能产生低的基于体制的信任转移，因而 A、B 的被信任水平均比较低。然而，A 可以成功与环境Ⅱ发生强关联(遵循环境Ⅱ的规则、制度等)，而且这种关联被外界所观察到。而环境Ⅱ是一种强的制度结构，因而能够产生高的基于体制的信任转移。此时，尽管 A 仍然处于环境Ⅰ中，但是由于与环境Ⅱ的关联而增进了被信任水平，此时 A 会较 B(与环境Ⅱ之间不存在任何可观察的直接或间接关联)更容易取得信任。可见，只要 A 能够发出可置信的与环境Ⅱ关联的有效信号或线索，就会引发接收者对于实体 A 信任水平的调整(Stewart，2003)。

信息不对称是受到信息科学和信息系统领域广泛关注的问题之一。信息不对称是指交易双方掌握信息量的不对称，主要表现为一方掌握的信息比另一方更多。而且这种不对称往往是双方所共知的。信息不对称是信息转移发生的基础，信任在这种不确定的环境下才真正变得重要(Akerlof, 1970; Pavlou et al., 2007)。

基于体制的信任及信任转移研究在电子商务领域得到了充分发展,尤其被应用于不确定情况下的分析(Mayer et al., 1995; Mishra, 1996)。初步接触的双方,基于体制的信任构成其信任的基础(Pavlou & Gefen, 2004)。在我们的研究中,就存在这种基于体制的信任转移,即"环境——可观测信号——实体"的信任传递过程。

6.3.2 信息质量的因素

尽管对于信息的概念和界定至今在 IS 领域都未形成受到普遍认可的理论(McKinney & Yoos, 2010),但是关于信息质量及其评价方面的研究却是 IS 领域的一个经典话题。信息质量作为信息系统的最终产物,在其质量影响因素方面,Wang、Bailey 和 Pearson、DeLone 和 McLean、Parssian 等都是该研究领域中比较权威的学者,其关于信息质量的具体研究如表 6-1 所示。

表 6-1 信息质量的评价研究汇总

作者	研究问题及贡献	研究方法	所包括的主要指标
Bailey & Pearson (1983)	从信息系统应用和产出(信息)的角度评价计算机用户满意度,提出了 39 个指标及关键指标度量	实地研究	相关性、完整性、及时性、准确性、可信性、正式性、简洁性、准确性、实时性
Srinivasan(1985)	针对管理信息系统评价度量的系统性分析,提出了两个方面九个要素(包括信息内容要素)	实地研究	信息的相关性、及时性、准确性、可理解性
Delone & Mclean (1992)	针对信息系统成功的要素进行归纳和总结,提出 IS 成功决定因素(包括信息质量和系统质量)	综述	信息的相关性、完整性、及时性、准确性
Delone & Mclean (2003)	针对信息系统成功的要素进行回顾,提出 IS 成功由信息质量、系统质量和服务质量三方面决定	综述	相关性、完整性、准确性、安全性、可理解性、差异化、多样性
Teo & Wong (1989)	零售行业计算机性能影响因素研究——从 IT 投资角度,阐述了其与四方面关系(包括信息质量)	问卷调查	信息的相关性、及时性、准确性、有价值的

（续表）

作者	研究问题及贡献	研究方法	所包括的主要指标
Miller & Doyle (1987)	金融服务部门信息系统有效性度量研究，基于21个金融类公司提出七个因素（包括信息特征因素）	实地研究	信息的相关性、完整性、及时性、准确性、实时性
Maltz(2000)	媒介对于感知信息质量的影响，研究面对面、书写、电话对感知信息质量影响的区别	问卷调查	信息的相关性、完整性、及时性、可信性
Wixom & Watson (2001)	数据仓库成功的决定性影响因素的研究，数据质量是其中探讨的因素之一	问卷调查	完整性、准确性、全面性、一致性
Palmer(2002)	网站使用、设计、性能的影响，发现其受五个因素影响，提出电子商务领域的信息质量特征	调查研究	相关性、完整性、准确性、可理解性、实时性、多样性
McKinney et al. (2002)	通过网上购物商城的客户满意度分析，讨论了在线客户满意度评价及其影响因素（包括信息质量）	调查研究	信息的相关性、及时性、准确性、有价值的
Wixom & Todd (2005)	信息系统满意和信息接受的模型整合	问卷调查	完整性、准确性、实时性（类同及时性）、格式化
Nicolaou & McKnight(2006)	研究了系统设计因素通过感知信息质量如何影响使用倾向，提出数据交换环境下的信息质量	实地研究	相关性、完整性、准确性、实时性
Wand & Wang (1996)	将信息视为一种产品进行评价，建立了独立的数据质量分析框架	本体概念	完整性、及时性、准确性、实时性、可信性
Wang & Strong (1996)	从使用者角度定义数据产品质量的属性，构建了数据质量的评价模型	实地研究	相关性、完整性、及时性、准确性、可信性
Wang et al. (1998) Wang(1998)	前篇结合数据生产过程阐述了数据质量管理，重新定义了信息质量，后篇提出总的信息质量管理，完善了信息质量的系统性	案例研究	相关性、完整性、及时性、准确性、可信性、安全性、增值性、声誉性、简明性、可理解性、表达一致性
Parssian et al. (2004)	选择、映射、笛卡尔乘积操作对于信息产品质量评价的影响	数学建模	完整性、准确性*

（续表）

作者	研究问题及贡献	研究方法	所包括的主要指标
Parssian(2006)	知识准确性和完整性的关系聚合在管理决策中的作用	数学建模	完整性、准确性
Parssian et al. (2009)	并集运算、差集运算对于信息产品质量的影响	数学建模	完整性、准确性
Dey & Kumar (2010)	基于 Parssian(2004)重新构建了信息产品的质量评价模型	数学模型	相关性、完整性

注：由于及时性涉及数据产品的时序特征，因此在这里暂不考虑。其认可相关性、完整性、及时性、准确性四个信息质量的基本要素。

信息质量的相关研究大致可分为两类：一类以 Bailey & Pearson(1983)为代表，将信息质量视为信息系统的产物，因此信息质量的评价是信息系统评价的一部分；一类以 Wand & Wang(1996)为代表，将信息视为一种产品，作为一个独立的实体来整体评价。这两类研究的出发点不同。前者重点在于 IS 评价，从而延伸到 IS 中的元素；后者关注信息作为区别于有形产品的存在的具体特性。经过多年的发展，目前 IS 评价领域已经将热点转向了在线环境和信息共享环境中的信息质量作用研究，而信息产品领域则转向了信息产品质量的内部结构及数据库操作对其评价的影响上。随着这两类的发展，尽管学者在研究中对于信息质量因素尚无定论，但相关性、完整性、及时性、准确性是普遍得到大家认可的四个要素(Parssian, 2006)，尤其是 Delone & Mclean(1992)的综述文章奠定了这四个方面的重要地位。因此本书将这四个方面作为征信系统信息质量的有效表征。

6.4 研究模型与假设

6.4.1 研究模型的提出

征信系统环境下的信任转移主要面向纵向信息共享中的信任转移，信任从信息源信用转移到信息本身，影响 AIGCRS(征信系统中的政府政务信息)的感知；同时，感知信息质量是对于信息质量的总体性认识，其受到信息质量的相关性、完整性等各个子要素的影响，尤其是征信平台上表现出的各个子要素的影响。基于“信任——信息子要素——感知信息质量”的链条，基于信任转移和信息质量评价的相关评价指标，可构建如图 6-1 所示的模型。

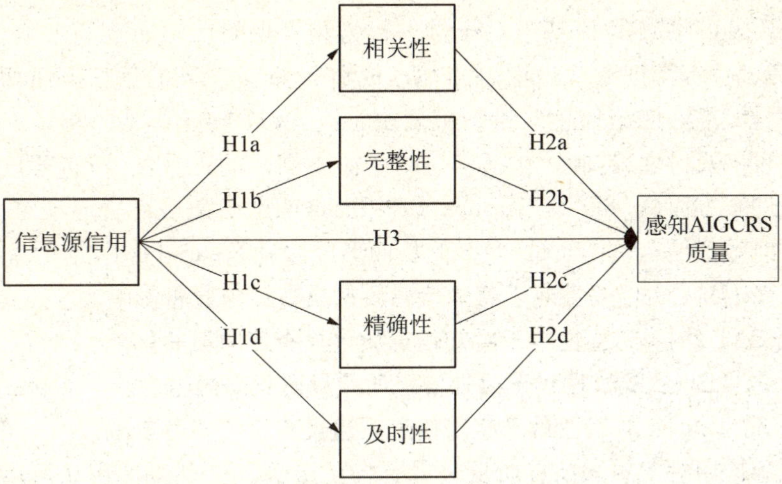

图 6-1　信息质量评价中的信任转移模型

6.4.2　研究假设的形成

信息源信用在这里被定义为“提供共享信息的主体在多大程度上被认为是可信的、有能力的，为信息接收者所信服”（Petty et al. 1981；Sussman & Siegal，2003）。可信的、有能力的是信任的两个重要的层面，信任多被定义为可信的、有能力的、善意的（Jarvenpaa et al.，1998；Zahedi，2011）。因此，在一定程度上，信息源信用也是一种信任（Ba & Pavlou，2002），对于第三方信息来源的信任，在此处表现为对于政府的信任。在征信系统这个跨组织信息共享环境下，政府传递过来的共享信用信息会集合为一个共享信用子信息集。而对于这个子信息集的信任主要表现为信息相关、完整、及时、准确四个方面的认可，这是金融服务系统信息质量的基本表征（Miller & Doyle，1987）。从而根据信任转移理论，当我们认可信息源本身时，会认可与之相关联的信息子集，即基于群体的信任会延伸出对于群体中个体的信任。对于信息源信用（政府）的认可就转化为对于政府所提供的共享信用子信息集的认可，从而表现为共享信用子信息集在征信系统中表征（相关性、完整性、及时性、准确性）的认可，从而形成假设 H1a～H1d。

假设 1a(H1a)：信息源信用对于相关性具有正向显著影响。

假设 1b(H1b)：信息源信用对于完整性具有正向显著影响。

假设 1c(H1c)：信息源信用对于及时性具有正向显著影响。

假设 1d(H1d)：信息源信用对于准确性具有正向显著影响。

Good(1988)提出信任基于对于过去行为和表现的认知而逐渐形成。信息的相关性、完整性等特征的认识汇总累积形成对于 AIGCRS 的信任。而相关性、完整性、及时性、准确性是信息质量的主要决定因素(Delone & Mclean，1992)。相关性、完整性、及时性、准确性包括信息对于需求满足的一致性、覆盖程度、适时性和正确性四个方面(Wang & Strong，1996)。这四个层面最终决定了对于征信系统中的政府政务信息整体质量的感知，从而形成假设 H2a～H2d。

假设 2a(H2a)：相关性对于感知信息质量具有正向显著影响。

假设 2b(H2b)：完整性对于感知信息质量具有正向显著影响。

假设 2c(H2c)：及时性对于感知信息质量具有正向显著影响。

假设 2d(H2d)：准确性对于感知信息质量具有正向显著影响。

信息源信用对于感知信息质量具有直接的影响。信息源信用认可度越高，对于其信息质量的感知越有利，实现了信息源信用向信息质量的信任转移(Stewart，2003)。在征信系统环境下，主要体现为从实体(信息源组织的信用)向其相关产出(信息)的转移，从而提高对于信息质量的认知，即 H3。同时，还要伴随从实体到其载体在征信系统环境下形成的特征“线索”——相关、完整、及时、准确的认知，进而影响最终信贷员的信息质量感知，即 H4a～H4d。

基于体制的信任转移会促进信任的形成，但同时也可能削弱信任，取决于不确定是否达到一定阈值(Kee & Knox，1970)。信息质量的作用也会体现在其不确定性阈值的改变，即对于信息质量四个方面的影响程度。一项基本的假设是这四个方面的作用是同等的，即 H5。

假设 3(H3)：信息源信用对于感知信息质量具有直接正向显著影响。

假设 4a(H4a)：相关性在信息源信用和感知信息质量之间的中介作用显著。

假设 4b(H4b)：完整性在信息源信用和感知信息质量之间的中介作用显著。

假设 4c(H4c)：及时性在信息源信用和感知信息质量之间的中介作用显著。

假设 4d(H4d)：准确性在信息源信用和感知信息质量之间的中介作用显著。

假设 5(H5)：相关性、完整性、及时性、准确性在信息源信用和感知信息质量之间发挥的中介作用相同。

6.5 研究设计

本章采用问卷调查方式检验信息质量评价中的信任转移模型。首先，介绍了调查方法中的特殊处理；其次，分析了问卷的度量设计，介绍了问卷发放和回收情况；最后，利用验证性因子分析和多重中介效应检验进行统计分析。

6.5.1 问卷调查方法

信任转移模型关注的是个体层面的信任转移过程。因此，此次问卷调查主要面向企业征信系统使用者个体层面发放。

同时，为了有效杜绝问卷回收有效率低的问题，对问卷收集方式进行了改进。首先，采取了现场发放、快速收回的方式。另外，对于邮寄的问卷，为了保证其填写的规范性，以及问卷相关信息可以有效传递，课题组开展了如下几方面的工作：

第一，充分传递问卷信息，就问卷发放进行提前沟通确认。在选定银行后，运用关系网与之取得联系，确定银行的问卷发放联系人。在问卷发放之前，就银行的基本情况、问卷发放的可能性与便利性等问题与问卷发放联系人进行沟通，确认银行是否符合发放要求，能否进行有效发放。

第二，给予银行问卷发放联系人统一的《问卷发放说明》（见附录 3），并针对潜在问题和疑问进行充分沟通、解释。将《问卷发放说明》以及问卷的电子版提前发放给银行问卷发放联系人，并在之后一周的周末进行电话确认。对于问卷发放人发现的问题以及之前访谈中遇到的问题进行耐心解释、沟通，尽量消除问卷发放人对于问卷的背景、内容理解上的模糊性和歧义性。

第三，尽量保证发放人员的随机性和过程的匿名性。根据银行符合发放要求的总人数与发放便利性双重衡量，与银行发放联系人确认问卷发放的总份数，按照商定的可发放总份数上浮 5%的数量邮寄，以保证问卷的充足性（5%用于替换掉污损问卷）。提示问卷发放联系人问卷发放过程需遵循随机原则和匿名原则，就其原理进行解释说明，以取得共识。

6.5.2 问卷度量

尽管本章涉及的构念都有成熟的量表，但选取适合的量表是研究开展的基础和关键，尤其是对于那些关键变量。

6.5.2.1 信息源信用量表的选择

信息源信用有两种定义方式。Wu & Shaffer(1987)、Rabjohn et al.(2008)将其定义为“信息接收者对于信息来源信用的感知，而不涉及信息本身”，Bhattacherjee & Sanford(2006)将其定义为“信息来源被认为是可信的、有能力的”。前一个定义不够具体，而且 Wu & Shaffer(1987)的题项太少(只有两个)，在此采用能够准确表征其特质的 Bhattacherjee & Sanford(2006)的定义，并沿用其题目，根据环境作适应性修改，具体测度量表如表 6-2 所示。

表 6-2 信息源信用的测度指标

构念	测度题项	编码	参考文献
信息源信用 Source Credibility	政府部门在提供企业信用信息方面很值得信赖	SC1	Bhattacherjee & Sanford (2006)
	政府部门在提供企业信用信息方面非常令人信服	SC2	
	政府部门在提供企业信用信息方面具有丰富知识	SC3	
	政府部门在提供企业信用信息方面是专家	SC4	

6.5.2.2 感知信息质量量表的选择

感知信息质量主要有三类定义和测度方式：一类是用特征代表整体的方式(整体概念并不进行拆分)，例如：Shih(2004)、Nicolaou & McKnight(2006)等的量表；一类是用特征分量表代表整体方式(整体概念进行拆分)，如 Maltz(2000)、Rabjohn et al.(2008)等的量表；一类是采用反映型形成构念方式(Reflective structure)，如 Wixom & Todd(2005)、Winkler et al.(2009,2010)等。在此采用最后一种，将感知信息质量定义为“使用者对于政府政务共享信用信息在满足其需要方面的整体性评价和感知”，具体测度量表如表 6-3 所示。

表 6-3 感知信息质量的测度指标

构念	测度题项	编码	参考文献
感知信息质量 Perceived Information Quality	征信系统能够提供优质的政府类信息	PIQ1	Wixom & Todd(2005)
	我对征信系统中的政府类信息质量给予好评	PIQ2	
	我给征信系统中的政府类信息打高分	PIQ3	

6.5.2.3 信息特性量表的选择

本章中的信息特性主要包括相关性、完整性、及时性和准确性，分别定义为：

相关性(OuR)是指政府政务共享信用信息(征信系统中的政府类信息)作为一种信息系统产出,与使用者信息需求的一致性程度;完整性(OuC)是指征信系统能够在多大程度上满足使用者的政府类信息需要;及时性(OuT)是指征信系统提供政府类信息的适时程度;准确性(OuA)是指征信系统多大程度上提供了正确的政府类信息。具体测度如表 6－4 所示。

表 6－4　信息特性的测度指标

构念	测度题项	编码	参考文献
相关性 Relevance of Information	征信系统中的政府类信息可用于评估中小企业贷款	OuR1	Rabjohn et al.(2008)
	征信系统中的政府类信息用于中小企业贷款评估是适合的	OuR2	
	征信系统中的政府类信息是与中小企业贷款评估密切相关的	OuR3	
完整性 Completeness of Information	征信系统中的政府类信息内容完备	OuC1	Rabjohn et al.(2008)
	征信系统涵盖了我需要的全部政府类信息	OuC2	
	征信系统中的政府类信息覆盖面广且数据翔实	OuC3	
	征信系统完全能够满足我对政府类信息的需求	OuC4	
及时性 Timeliness of Information	征信系统中的政府类信息是最新的	OuT1	Wixom & Todd(2005)
	征信系统提供了及时的政府类信息	OuT2	
	征信系统中的政府类信息能够得到及时更新	OuT3	
准确性 Accuracy of Information	征信系统提供了准确的政府类信息	OuA1	Wixom & Todd(2005)
	征信系统提供了正确的政府类信息	OuA2	
	征信系统提供了可靠的政府类信息	OuA3	

6.5.3　预测试

因本章应用的构念都比较成熟,因此仅采取了参与型预测试。参与型预测试是指在进行之前就告诉调查对象要进行一个预测试,不仅仅要求其填写问卷,而且还要其参与随后的访谈,调查对象要就问卷的问题形式、措词和顺序等问题上的反应给出进一步的解释。选取相关专家开展的主要工作如下:①对译;②语义校正。预测试阶段中发现的主要问题及其应对如表 6－5 所示。

表 6-5 质量评价的信任转移模型预测试阶段中的问题汇总

编号	问题类型	具体描述	应对
1	对译中的翻译问题	协调构念与语境的适应性。了解构念的原本含义,进而发展在现有语境下的准确表述。例如:构念 completeness(完整性)的表述,由泛泛而谈的“满足需求”到“满足……类信息的需求”,进行了具体化	对照进行中文翻译结果的修改
		修改比较生硬的直译,如:构念 Timeliness(及时性)中“up-to-date”的翻译,由“更新到最新”修正为“及时得到更新”	
		区分英文构念中措词的准确含义,如:构念 Relevance(相关性)中“Appropriate”和“Applicable”的语义差别,前者更强调特定用途的适用性,后者更强调能够被利用。类似的还有 source credibility(信息源可信度)中“appropriate”与“applicable”的区分	
2	针对语义上的专家反馈	进行符合语言表达习惯上的修改,如:构念 Timeliness(及时性)中的“征信系统中的政府类信息是当前的”,从事相关研究的学者认为,这种表达很不符合中国语言习惯,应直接改为“最新的”。类似的还有“是具备专业素质的”改为“具备相应的知识和技能”	对照进行语句的修改

6.5.4 问卷发放和回收

问卷由卷首语和问卷内容两部分构成。卷首语主要介绍调查目的、保密承诺等说明。此次问卷主要面向信贷员、信贷审批人员、分行行长发放(分行行长往往承担着分行级别终极审批的职责)。问卷采用两种方式进行发放,一部分面向上海交通大学银行短期培训班的学员发放,采用现场发放、短期回收的方式(控制在1～2天内),采用这种方式共发放问卷 150 份,收回 138 份,另外通过联系上海交通大学安泰经济与管理学院 MBA、EMBA 班已毕业或在读学生进行邮寄发放,采用这种方式发放问卷 170 份,收回 144 份。因为银行是涉密机构,一般不方便外来人士进入发放问卷,因此主要采用邮寄方式发放。问卷发放期间为 2011 年 8 月,由于现场发放较易控制,问卷全部在两周内收回。

本研究共发放问卷 320 份，收回 282 份，有效问卷为 262 份，问卷回收率为 88.125%，有效回收率为 81.875%，满足 Nunnally(1967)提出的 10 倍于题项数的基本要求。主要样本特征如表 6-6 所示。

表 6-6　质量评价的信任转移模型样本特征描述

类别	子科目	样本数	所占百分比
组织类型	四大国有银行	122	46.56%
	股份制商业银行	107	40.84%
	其他类银行[①]	33	12.60%
	共计	262	100.00%
性别	男	150	57.25%
	女	112	42.75%
	共计	262	100.00%
学历	高中或大专	49	18.70%
	本科	175	66.79%
	硕士及以上	38	14.50%
	共计	262	100.00%
工作年限	<2 年	80	30.53%
	2～5 年	84	32.06%
	5～8 年	29	11.07%
	>8 年	69	26.34%
	共计	262	100.00%
工作岗位	客户经理	140	48.95%
	授信审批人员	30	10.49%
	贷后管理人员	39	13.64%
	支行行长	35	12.24%
	其他管理层人员	42	14.69%
	共计	286[②]	100.00%
所在地区	北京	34	12.98%

（续表）

类别	子科目	样本数	所占百分比
	上海	96	36.64%
	重庆	24	9.16%
	河南	23	8.78%
	山西	20	7.63%
	江苏	21	8.02%
	山东	34	12.98%
	浙江	10	3.82%
共计		262	100.00%

注：① 其他类银行主要包括城市商业银行、农商行、城镇银行、农村信用社等。
② 含重复项，客户经理可能也负责贷款审批，或做客户经理的仍负责贷后管理，因银行的不同而不同。

6.6 数据分析与结果

6.6.1 描述性统计

以此次调查的262份有效问卷为基础，构念信息源信用、感知信息质量、相关性、完整性、及时性、准确性的描述性统计结果如表6-7所示。

表6-7 质量评价的信任转移模型描述性统计和相关矩阵①

变量	平均值	标准差	1	2	3	4	5
信息源信用	3.50	0.708					
感知信息质量	3.35	0.818	0.67**				
相关性	3.72	0.754	0.55**	0.61**			
完整性	3.01	0.877	0.61**	0.77**	0.57**		
及时性	3.42	0.681	0.68**	0.79**	0.86**	0.87**	
准确性	3.38	0.802	0.62**	0.71**	0.53**	0.71**	0.73**

注：① 表中1～5分别依次对应于五个构念：信息源信用、感知信息质量、相关性、完整性、及时性。
② ** $p<0.01$，双尾Pearson检验。

6.6.2　信效度分析

6.6.2.1　量表信度分析

作为测度准确性的有效度量，量表的信度至关重要（Rogers，1995；Boudreau et al.，2001）。针对本章出现的信息源信用、感知信息质量、相关性、完整性、准确性、及时性六个构念的信度进行分析，其结果如表6－8所示。

表6－8　质量评价的信任转移模型量表 Cronbanch's α 值和组合信度检验

构念	对照英文	简写	题数	Chronbach's α 值	结果
信息源信用	Source Credibility	SC	4	0.893	较高
感知信息质量	Perceived Information Quality	PIQ	3	0.913	高
相关性	Relevance of Information	OuR	3	0.848	较高
完整性	Completeness of Information	OuC	4	0.927	高
及时性	Timeliness of Information	OuT	3	0.922	高
准确性	Accuracy of Information	OuA	3	0.940	高
总量表			20	0.962	高

由表6－8可见，此次调查量表各个构念的 Cronbanch's α 值都在0.8以上，说明量表整体信度较高。而且，对应于信息源信用（SC）题项 SC1、SC2、SC3、SC4 的项目删除时的 Chronbach's α 值分别为0.873、0.850、0.844和0.878；对应于感知信息质量（PIQ）题项 PIQ1、PIQ2、PIQ3 的项目删除时的 Chronbach's α 值分别为0.872、0.868和0.886；对应于相关性（OuR）题项 OuR1、OuR2、OuR3 的项目删除时的 Chronbach's α 值分别为0.791、0.730和0.837；对应于完整性（OuC）题项 OuC1、OuC2、OuC3、OuC4 的项目删除时的 Chronbach's α 值分别为0.908、0.891、0.910和0.913；对应于及时性（OuT）题项 OuT1、OuT2、OuT3 的项目删除时的 Chronbach's α 值分别为0.909、0.871和0.881；对应于准确性（OuA）题项 OuA1、OuA2、OuA3 的项目删除时的 Chronbach's α 值分别为0.926、0.901和0.911。可见，以上六个构念的单个题项删除后 Chronbach's α 均减小，可见每个题项都是构念所必须的。

6.6.2.2　量表结构效度分析

结构效度关注构念对应的量表在多大程度上测了其想要测的（Straub，1989；Boudreau et al.，2001）。因为本章中的构念均是采用前人比较成熟的量表，且均有理论基础,因此运用验证性因子分析进行量表的结构效度分析(侯杰泰等,2004)。运用 lisrel8.7 对于测量模型进行估计,模型的拟合指数如表 6－9 所示。

表 6－9　质量评价的信任转移模型量表的验证性因子分析拟合指数

拟合指标	χ^2	χ^2/df	NFI	NNFI	CFI	RMR	SRMR	RMSEA
数值	374.74	2.42	0.98	0.98	0.99	0.030	0.038	0.076
结果	——	——	很好	很好	很好	较好	较好	较好
参考值		2.0～5.0	>0.9	>0.95	>0.9	0.08	0.08	0.08

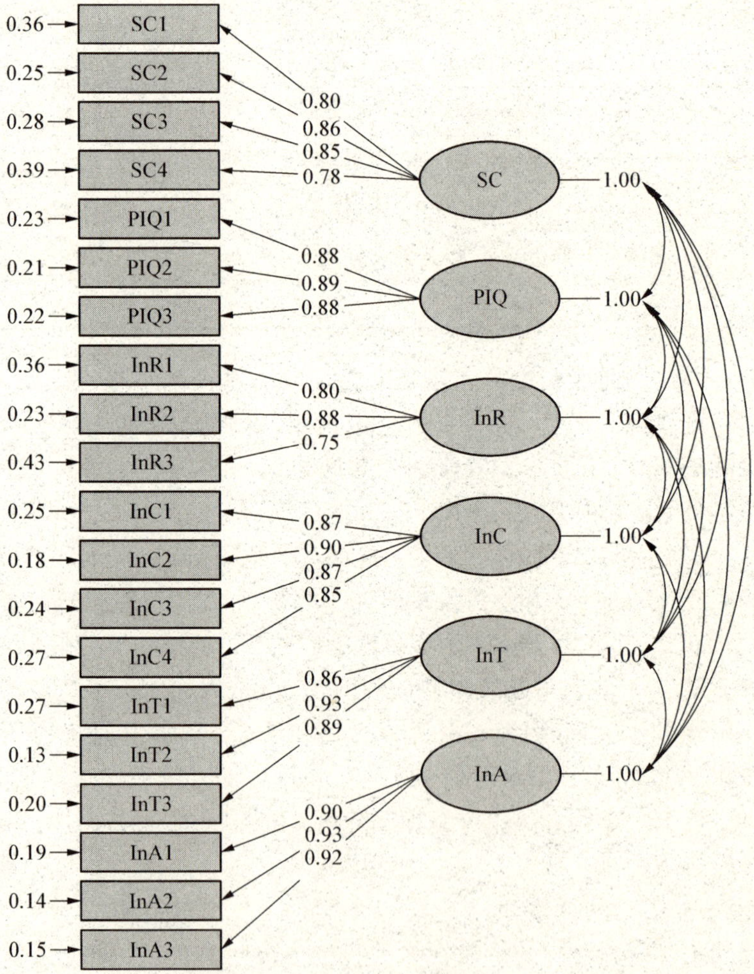

图 6－2(a)　质量评价的信任转移模型潜变量因子载荷路径图

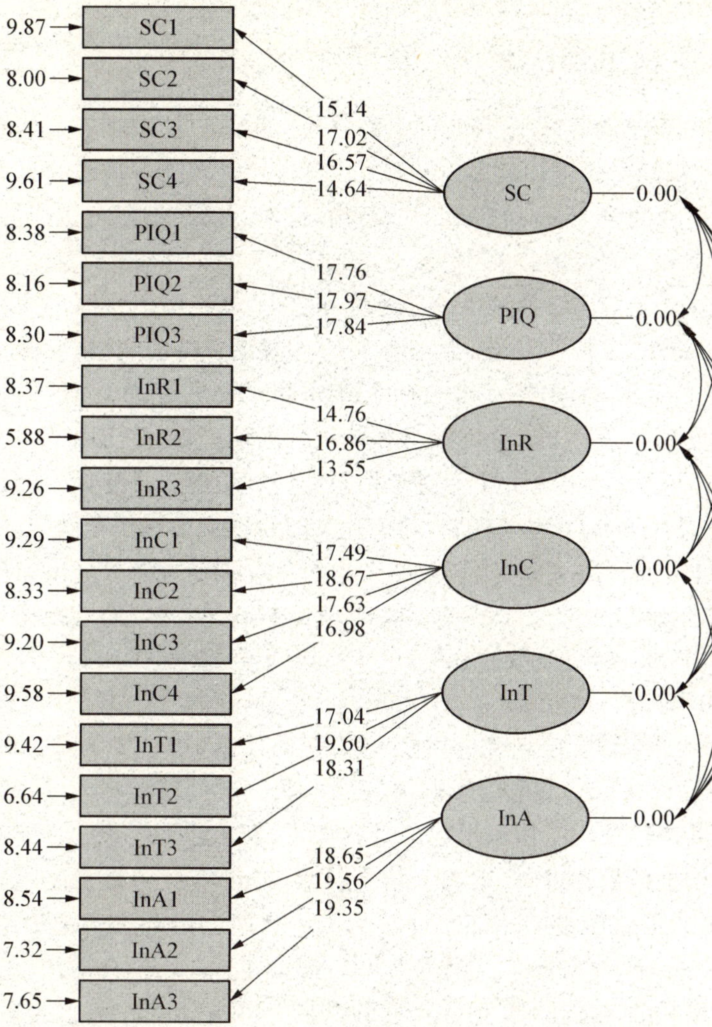

图 6-2(b)　质量评价的信任转移模型潜变量 t 值路径图

从表 6-9 可以看出，模型中拟合指数 $\chi^2/df = 2.42$ 在 2.0 与 5.0 之间，赋范拟合指数 NFI>0.9，非范拟合指数 NNFI>0.95，比较拟合指数 CFI>0.9，模型可接受(侯杰泰等，2004)；残差均方根 RMR＝0.030，标准化残差均方根 SRMR＝0.038，近似误差均方根 RMSEA＝0.076，均小于 0.08，说明模型能够较好地拟合(Hu & Bentler，1998；Steiger，1990)。另外，如图 6-2 所示，因子载荷的标准化参数估计都在 0.75 以上(大于 0.7 即可)，且显著。模型各项参数均符合标准，模型结构效度理想。

6.6.3 模型中假设的检验

对于本书中结构模型的检验和分析主要分为三部分：首先对于主效应模型进行检验，即检验假设 H1a～H1d、H2a～H2d、H3。其次，针对模型的多重中介效应进行检验，即检验假设 H4a～H4d、H5；最后，针对总体模型进行估计。

6.6.3.1 主效应模型的检验

假设 1a～1d 基于信任转移理论的经典分支之一，其说明信息源信用在征信系统中会表征为相关性、完整性、及时性、信息可靠性等诸多特征线索，形成基本的信任环境。按照 H1a ～ H1d 逐一进行回归分析，结果显示：H1a 中，$F = 113.047$($p < 0.001$)，AIC＝2.488，模型整体拟合尚佳，信息源信用(SC)的 β 系数为 0.550 ($t = 10.632$，$p < 0.001$)，对于相关性(OuR)有显著影响，假设 H1a 成立；H1b 中，$F = 156.875$($p < 0.001$)，AIC＝2.377，模型整体拟合尚佳，信息源信用(SC)的 β 系数为 0.613 ($t = 12.525$，$p < 0.001$)，对于完整性(OuC)有显著影响，假设 1b 成立；H1c 中，$F = 224.000$($p < 0.001$)，AIC＝2.228，模型整体拟合尚佳，信息源信用(SC)的 β 系数为 0.680 ($t = 14.967$，$p < 0.001$)，对于及时性(OuT)有显著影响，假设 1c 成立；H1d 中，$F = 159.698$($p < 0.001$)，AIC＝2.370，模型整体拟合尚佳，信息源信用(SC)的 β 系数为 0.617 ($t = 12.637$，$p < 0.001$)，对于准确性(OuA)有显著影响，假设 1d 成立。

假设 2a～2d 是信息质量认识形成的过程假设，其表明信贷员、信贷审批人员等(为了文字称谓上的简约，以下简称为信贷员等)通过信息的相关性、完整性、及时性和准确性形成信息质量的感知。针对 H2a～H2d 进行检验，回归结果显示：$R^2 = 0.682$，Adjust $R^2 = 0.677$，AIC＝1.726，模型在整体上拟合尚佳；相关性、完整性、及时性和准确性对于感知信息质量的共同作用显著 ($F = 137.823$，$p < 0.001$)；单个因素信息的相关性、完整性、及时性和准确性的 β 系数分别为 -0.009 ($t = -0.095$，$p = 0.924$)、0.240($t = 2.550$，$p = 0.011$)、0.413($t = 2.679$，$p = 0.008$)、0.246($t = 4.605$，$p < 0.001$)，可见相关性(OuR)对于感知信息质量(PIQ)的影响不显著，完整性(OuC)、及时性(OuT)和准确性(OuA)对于感知信息质量(PIQ)的影响显著，假设 H2a 不成立，假设 H2b～2d 成立。

假设 3 是社会心理学和信息质量评价理论中的经典假设，其表明信息源信用直接对于信贷员等的信息质量感知产生影响。通过回归分析结果显示，$F = 208.755$($p < 0.001$)，AIC＝2.260，说明模型在整体上拟合较好。信息源信用

(SC)的 β 系数为 0.667 ($t=14.448$, $p<0.001$)，对于感知信息质量(PIQ)有显著影响，假设 3 成立。

6.6.3.2　多重中介效应的检验

依照中介效应的数量和作用方式，中介效应可被划分为简单中介效应和多重中介效应(柳士顺，凌文辁，2009)。简单中介效应(Simple mediation)仅关注单一中介变量的作用效果和作用方式，多重中介效应(multiple mediation)关注多个中介变量在自变量和因变量之间的作用效果和作用方式(Preacher & Hayes, 2008; Taylor & MacKinnon, 2008)。同时，常见的多重中介可被划分为并行多重中介、链式多重中介和复合式多重中介三种(柳士顺，凌文辁，2009)。

并行多重中介反映的是多个中介变量在自变量和因变量间同时起作用的一种中介方式，Niehoff(2005)在分析公民行为对于组织绩效的影响时引入的二重中介研究，Raver & Gelfand(2005)在分析周边性骚扰对于团队财务业绩的影响时引入的三重中介研究，Reynolds 等在分析学校干预对于儿童健康食品摄入的影响时引入的四重中介都是这类中介效应的应用和探讨。仿照柳士顺和凌文辁(2009)中的基本模型，将本书中要研究的一元并行四重中介的回归检验方程构造为式 6-1。

$$\begin{cases} Z_Y = \tau Z_X + \varepsilon_X \\ Z_{M_1} = \alpha_1 Z_X + \varepsilon_1 \\ Z_{M_2} = \alpha_2 Z_X + \varepsilon_2 \\ Z_{M_3} = \alpha_3 Z_X + \varepsilon_3 \\ Z_{M_4} = \alpha_4 Z_X + \varepsilon_4 \\ Z_Y = \tau' Z_X + \sum_{i=1}^{4} \beta_i Z_{M_i} + \varepsilon \end{cases} \tag{6-1}$$

其中，Z_X、Z_Y、Z_{M_1}、Z_{M_2}、Z_{M_3}、Z_{M_4} 分别为信息源信用(X)、感知信息质量(Y)、相关性(M_1)、完整性(M_2)、及时性(M_3)、准确性(M_4)的标准化。

并行多重中介效应的讨论一般分为如下三个方面：总体中介效应的讨论、个别中介效应的讨论和不同中介效应的比较(柳士顺，凌文辁，2009)。以下的论述和分析就按照这三个方面展开。

在 MacKinnon et al. (2002)的研究中，将中介效应的分析方法大约可分为三类：以 Judd & Kenny(1981a, 1981b)、Baron & Kenny(1986)为代表的因果步骤法(Causal Steps Approach)，关注因果链的先后关系是否成立；以 Freedman & Schatzkin(1992)、McGuigan & Langholtz(1988)、Olkin & Finn(1995)为代表的系

数比较法(Difference in Coefficients Approach),关注中介变量加入前后的系数变化;以 Alwin & Hauser(1975)、Bollen(1987)、Fox(1980)、Sobel(1982,1988)的系数乘积法(Product of Coefficients Approach),关注各个中介变量路径系数乘积的显著与否。而普遍受到大家推崇的因果步骤法难以推广到多重中介的环境(MacKinnon, 2000; West & Aiken, 1997),因此本书采用系数比较法中的McGuigan-Langholtz 统计量来分析总体效应,运用系数乘积法中的 sobel test 来分析个别中介效应,运用系数乘积法和自举法来进行中介效应对比分析。

1) 总体中介效应的讨论

根据式 6-1,X 对 Y 的总效应 $\tau=\tau'+\sum_{i=1}^{4}\alpha_i\beta_i$,因此,总体中介效应为 $\tau-\tau'=\sum_{i=1}^{4}\alpha_i\beta_i$ 。

此处,比较适合的总体中介效应检验是 McGuigan-Langholtz 的 t 检验方法和 Olkin 和 Finn 的多元 Δ 方法(MacKinnon et al., 2002;柳士顺,凌文辁,2009),在此采用 McGuigan-Langholtz 统计量,其基本公式见式 6-2。

$$t_{N-2}=\frac{\hat{\tau}-\hat{\tau}'}{\sqrt{\hat{\sigma}_{\tau}^{2}+\hat{\sigma}_{\tau'}^{2}-2\hat{\rho}_{\tau\tau'}\hat{\sigma}_{\tau}\hat{\sigma}_{\tau'}}} \tag{6-2}$$

其中,$\hat{\sigma}_{\tau}$ 为样本估计 $\hat{\tau}$ 的标准误,$\hat{\sigma}_{\tau'}$ 为样本估计 $\hat{\tau}'$ 的标准误,$\hat{\rho}_{\tau\tau'}$ 为 τ 与 τ' 的相关系数;$\hat{\rho}_{\tau\tau'}\hat{\sigma}_{\tau}\hat{\sigma}_{\tau'}$ 为均方误差。

估计式 $Z_Y=\tau Z_X+\varepsilon_X$ 和 $Z_Y=\tau' Z_X+\sum_{i=1}^{4}\beta_i Z_{M_i}+\varepsilon$,得到的参数值如表 6-10 所示。

表 6-10　SPSS 计算出的总体中介效应检验参数表

指标	τ	τ'	σ_{τ}	$\sigma_{\tau'}$
参数	0.667	0.182	0.046	0.048

将表 6-10 中的参数代入式 6-2,并做近似计算。

$$t_{N-2}=\frac{\hat{\tau}-\hat{\tau}'}{\sqrt{\hat{\sigma}_{\tau}^{2}+\hat{\sigma}_{\tau'}^{2}-2\hat{\rho}_{\tau\tau'}\hat{\sigma}_{\tau}\hat{\sigma}_{\tau'}}}>\frac{\hat{\tau}-\hat{\tau}'}{\sqrt{\hat{\sigma}_{\tau}^{2}+\hat{\sigma}_{\tau'}^{2}}}=\frac{0.485}{\sqrt{0.00442}}=7.295>1.98$$

可见,总体效应显著,相关性、完整性、及时性和准确性共同影响信息源信用和感知信息质量之间的关系。

2）个别中介效应的讨论

个别中介效应与简单中介效应的处理方式雷同，可以采用 Sobel test，具体公式见式 6－3（MacKinnon et al.，2002；柳士顺，凌文辁，2009）。Sobel test 基于多元 Δ 法（multivariate delta method）构造，主要包括 Sobal（1982）利用一阶泰勒展开式得到的近似式和 Aroian（1944）利用二阶泰勒展开式得到的更为严格的近似式（MacKinnon et al.，2002；温忠麟等，2004），分别见式 6－3 和式 6－4。

$$Z_{first}^{(i)} = \frac{\hat{\alpha}_i \hat{\beta}_i}{\sqrt{\hat{\alpha}_i^2 \hat{\sigma}_{\beta_i}^2 + \hat{\beta}_i^2 \hat{\sigma}_{\alpha_i}^2}} \tag{6-3}$$

$$Z_{second}^{(i)} = \frac{\hat{\alpha}_i \hat{\beta}_i}{\sqrt{\hat{\alpha}_i^2 \hat{\sigma}_{\beta_i}^2 + \hat{\beta}_i^2 \hat{\sigma}_{\alpha_i}^2 + \hat{\sigma}_{\alpha_i}^2 \hat{\sigma}_{\beta_i}^2}} \tag{6-4}$$

其中，下标 i 表示第 i 个中介变量，$Z_{first}^{(i)}$、$Z_{second}^{(i)}$ 分别表示第 i 个中介变量一阶近似式、二阶近似式，$\hat{\alpha}_i$ 为 α_i 的估计值，$\hat{\beta}_i$ 为 β_i 的估计值，$\hat{\sigma}_{\alpha_i}$ 为 $\hat{\alpha}_i$ 的标准误，$\hat{\sigma}_{\beta i}$ 为 $\hat{\beta}_i$ 的标准误。

其中最为常用的是一阶近似式（*MacKinnon et al.*，2002），在这里根据式 6－3 分别计算相关性、完整性、及时性和准确性在信息源信用和感知信息质量间的个别中介效果。

（1）相关性在信息源信用和感知信息质量间的中介作用。

估计式 $Z_{M_1} = \alpha_1 Z_X + \varepsilon_1$ 和 $Z_Y = \tau' Z_X + \sum_{i=1}^{4} \beta_i Z_{M_i} + \varepsilon$，得到的参数值如表 6－11 所示。

表 6－11　相关性中介效应检验参数表

指标	$\hat{\alpha}_1$	$\hat{\beta}_1$	$\hat{\alpha}_1^2$	$\hat{\beta}_1^2$	$\hat{\sigma}_{\alpha_i}$	$\hat{\sigma}_{\beta_i}$	$\hat{\sigma}_{\alpha_i}^2$	$\hat{\sigma}_{\beta_i}^2$
参数	0.550	−0.002	0.302 5	0.000 4	0.052	0.089	0.002 7	0.007 9

将表 6－11 中的参数代入式 6－2，并做近似计算。

$$Z_{first}^{(1)} = \frac{\hat{\alpha}_1 \hat{\beta}_1}{\sqrt{\hat{\alpha}_1^2 \hat{\sigma}_{\beta_1}^2 + \hat{\beta}_1^2 \hat{\sigma}_{\alpha_1}^2}} = \frac{-0.011}{\sqrt{0.0023\,97}} = -0.224\,67$$

按照 MacKinnon 等人提出的临界值表，显著性水平 0.05 对应的临界值为 0.97（温忠麟等，2004）。可见，$Z_{first}^{(1)} < 0.97$，假设 H4a 不成立，相关性不能在信息源信用和感知信息质量间起到中介作用。

(2) 完整性在信息源信用和感知信息质量间的中介作用。

估计式 $Z_{M_2} = \alpha_2 Z_X + \varepsilon_2$ 和 $Z_Y = \tau' Z_X + \sum_{i=1}^{4} \beta_i Z_{M_i} + \varepsilon$，得到的参数值如表 6-12 所示。

表 6-12　完整性中介效应检验参数表

指标	$\hat{\alpha}_2$	$\hat{\beta}_2$	$\hat{\alpha}_2^2$	$\hat{\beta}_2^2$	$\hat{\sigma}_{\alpha_2}$	$\hat{\sigma}_{\beta_2}$	$\hat{\sigma}_{\alpha_2}^2$	$\hat{\sigma}_{\beta_2}^2$
参数	0.613	0.243	0.375 8	0.059 0	0.049	0.092	0.002 4	0.008 5

将表 6-12 中的参数代入式 6-2，并做近似计算。

$$Z_{first}^{(2)} = \frac{\hat{\alpha}_2 \hat{\beta}_2}{\sqrt{\hat{\alpha}_2^2 \hat{\sigma}_{\beta_2}^2 + \hat{\beta}_2^2 \hat{\sigma}_{\alpha_2}^2}} = \frac{0.149}{\sqrt{0.003\ 322}} = 2.584\ 33$$

按照 MacKinnon 等人提出的临界值表，显著性水平 0.05 对应的临界值为 0.97(温忠麟等，2004)。可见，$Z_{first}^{(2)} > 0.97$，假设 H4b 成立，完整性在信息源信用和感知信息质量间起到中介作用。

(3) 及时性在信息源信用和感知信息质量间的中介作用。

估计式 $Z_{M_3} = \alpha_3 Z_X + \varepsilon_3$ 和 $Z_Y = \tau' Z_X + \sum_{i=1}^{4} \beta_i Z_{M_i} + \varepsilon$，得到的参数值如表 6-13 所示。

表 6-13　及时性中介效应检验参数表

指标	$\hat{\alpha}_3$	$\hat{\beta}_3$	$\hat{\alpha}_3^2$	$\hat{\beta}_3^2$	$\hat{\sigma}_{\alpha_3}$	$\hat{\sigma}_{\beta_3}$	$\hat{\sigma}_{\alpha_3}^2$	$\hat{\sigma}_{\beta_3}^2$
参数	0.680	0.314	0.462 4	0.098 6	0.045	0.153	0.002 0	0.023 4

将表 6-13 中的参数代入式 6-2，并做近似计算。

$$Z_{first}^{(3)} = \frac{\hat{\alpha}_3 \hat{\beta}_3}{\sqrt{\hat{\alpha}_3^2 \hat{\sigma}_{\beta_3}^2 + \hat{\beta}_3^2 \hat{\sigma}_{\alpha_3}^2}} = \frac{0.213\ 52}{\sqrt{0.011\ 024}} = 2.033\ 62$$

按照 MacKinnon 等人提出的临界值表，显著性水平 0.05 对应的临界值为 0.97(温忠麟等，2004)。可见，$Z_{first}^{(3)} > 0.97$，假设 H4c 成立，及时性在信息源信用和感知信息质量间起到中介作用。

(4) 准确性在信息源信用和感知信息质量间的中介作用。

估计式 $Z_{M_4}=\alpha_4 Z_X+\varepsilon_4$ 和 $Z_Y=\tau' Z_X+\sum_{i=1}^{4}\beta_i Z_{M_i}+\varepsilon$，得到的参数值如表 6-14 所示。

表 6-14　准确性中介效应检验参数表

指标	$\hat{\alpha}_4$	$\hat{\beta}_4$	$\hat{\alpha}_4^2$	$\hat{\beta}_4^2$	$\hat{\sigma}_{\alpha_4}$	$\hat{\sigma}_{\beta_4}$	$\hat{\sigma}_{\alpha_4}^2$	$\hat{\sigma}_{\beta_4}^2$
参数	0.617	0.200	0.380 7	0.040 0	0.049	0.053	0.002 4	0.002 8

将表 6-14 中的参数代入式 6-2，并做近似计算。

$$Z_{first}^{(4)}=\frac{\hat{\alpha}_4\hat{\beta}_4}{\sqrt{\hat{\alpha}_4^2\hat{\sigma}_{\beta_4}^2+\hat{\beta}_4^2\hat{\sigma}_{\alpha_4}^2}}=\frac{0.123\,4}{\sqrt{0.001\,165}}=3.614\,75$$

按照 MacKinnon 等人提出的临界值表，显著性水平 0.05 对应的临界值为 0.97（温忠麟等，2004）。可见，$Z_{first}^{(4)}>0.97$，假设 H4d 成立，准确性在信息源信用和感知信息质量间起到中介作用。

3）不同中介效应的比较

在多重中介效应分析中，中介效应变得比较重要和突出。这样的需求很多，例如，在情感影响行为的分析中，通过包含两个及两个以上中介变量模型，从而发现哪个模型是更为合适的，再例如，通过分析 X 与 Y 间某变量的中介效应与其他几个中介变量均值的影响大小，从而进行中介效应间作用程度的比较（Preacher & Hayes，2008）。按照 Preacher & Hayes（2008）提出的系数乘积和自举法（bootstrapping）方法整合，进行相关性（OuR）、完整性（OuC）、及时性（OuT）、准确性（OuA）间在信息源信用（SC）和感知信息质量（PIQ）关系上的作用对比。

自举法，这里的“自举”是不借助外力自我维持的意思，是利用计算机进行精度配置的计算机抽样估计方式（Efron & Tibshirani，1994），在这里主要表现为大规模的重复抽样技术。自举法运用从原样本中抽取的 n 个新样本代替原样本，且要通过大规模（一般为 1 000 次及以上）抽样实现。将自举法应用到系数乘积的估计中，其基本步骤如下：

（1）抽取 n 个新样本，根据新样本重新估计 α_i^* 和 β_i^*，且计算乘积项 $\alpha_i^*\beta_i^*$；

（2）将（1）重复 k 次（$k\geqslant 1\,000$），得到序列（α_1^*，α_2^*，…，α_k^*）和（β_1^*，β_2^*，…，β_k^*），并计算相应的乘积项，得到乘积序列（$\alpha_1^*\beta_1^*$，$\alpha_2^*\beta_2^*$，…，$\alpha_k^*\beta_k^*$）。

（3）将（2）得到的乘积序列中的 k 个 $\alpha_i^*\beta_i^*$ 从高到低地排序，以得到第 i 个中介变量 M_i 具体中介效应的置信区间。

以上是以个别中介效应的检验应用为例的，总体中介效应的检验与上类同，只不过将 $\alpha_i^* \beta_i^*$ 换为 $\sum_i \alpha_i^* \beta_i^*$ 。

通过自举法可以实现不加约束假设进行多重中介检验的方法，Preacher 和 Hayes（2008）将自举法嵌入到系数乘积法中，形成如下中介作用比较基本模型（以两个中介变量 M_1 和 M_2 的比较为例）：

$$Z_{\alpha\beta} = f_c / \sqrt{\mathrm{var}(f_c)} \tag{6-5}$$

其中，$f_c = \alpha_1\beta_1 - \alpha_2\beta_2$；

$$\mathrm{var}(f_c) = \beta_1\sigma_{\alpha_1}^2 + \beta_2\sigma_{\alpha_2}^2 + \alpha_1\sigma_{\beta_1}^2 + \alpha_2\sigma_{\beta_2}^2 - 2\beta_1\beta_2\sigma_{\alpha_1\alpha_2} - 2\alpha_1\alpha_2\sigma_{\beta_1\beta_2}$$

用自举法乘积项数列中的第 25 个和第 975 个作为原假设 $\alpha_1\beta_1 - \alpha_2\beta_2 = 0$ 的检验标准，若是置信区间不包括 0，拒绝原假设，二者的中介效应有显著差别；否则接受原假设。

根据假设 5，需要验证的基本假设如下：

(a) 相关性和完整性的中介效应比较，无显著差异；

(b) 相关性和及时性的中介效应比较，无显著差异；

(c) 相关性和准确性的中介效应比较，无显著差异；

(d) 完整性和及时性的中介效应比较，无显著差异；

(e) 完整性和准确性的中介效应比较，无显著差异；

(f) 及时性和准确性的中介效应比较，无显著差异。

利用 Preacher 和 Hayes 在其对于 2008 年所发表文章的补充分析和相应软件支持的网页链接 http://www.afhayes.com/spss-sas-and-mplus-macros-and-code.html#indirect 上的宏命令，放入 SPSS 调试、运行，得到结果如表 6－15 所示。

表 6－15　利用 Preacher & Hayes(2008)方法得到的中介效应及其比较表

	中介效应（X－M－Y）及其对比				BC bootstrap*	
	点估计	标准误	Z 值	P 值	下限	上限
总体（Total）	0.485 1	0.045 8	10.586 4	P<0.001	0.391 7	0.587 2
相关性（OuR）	－0.000 9	0.048 5	－0.017 6	0.986 0	－0.105 2	0.084 8
完整性（OuC）	0.148 9	0.057 1	2.608 7	0.009 1	0.020 6	0.300 3

（续表）

	中介效应（X－M－Y）及其对比				BC bootstrap*	
	点估计	标准误	Z 值	P 值	下限	上限
及时性(OuT)	0.213 9	0.103 8	2.061 1	0.039 3	0.004 5	0.477 6
准确性(OuA)	0.123 1	0.034 1	3.613 7	0.000 3	0.034 7	0.193 5
OuR vs. OuC	−0.149 7	0.045 6	−3.280 3	0.001 0	−0.296 1	−0.037 1
OuR vs. OuT	−0.214 8	0.148 1	−1.450 0	0.147 1	−0.562	0.062 3
OuR vs. OuA	−0.124 0	0.055 8	−2.222 0	0.026 3	−0.252 2	−0.007 6
OuC vs. OuT	−0.065 1	0.152 7	−0.426 2	0.669 9	−0.423 1	0.272 4
OuC vs. OuA	0.025 7	0.068 3	0.377 0	0.706 2	−0.143 8	0.200 7
OuT vs. OuA	0.090 8	0.115 2	0.788 5	0.430 4	−0.135 8	0.361 6

注：* BC bootstrap 即 Bias-corrected of bootstrap，是对自举法（bootstrap）的修正算法，由 Efron 和 Tibshirani（1993）提出，具有更高的精度，第一类错误也更低；另外，此处 $k = 1\,000$，置信度取 5%。

由表 6－15 可见，从单个中介变量的中介效用来看，完整性、及时性、准确性在信息源信用和感知信息质量之间的中介作用显著，相关性的中介作用不显著，这与本小节个别中介效应中的分析结果相同。从不同中介作用的比较来看，相关性与及时性、相关性和准确性之间的中介作用差异显著，而其他中介作用效果对比的差异不显著，拒绝 H5，即在显著性因素中，完整性、及时性和准确性三者的中介作用相同，但是完整性、准确性与相关性不完全相同。除了及时性的中介作用均与相关性的比较接近外，其他两个中介变量的中介作用与相关性的中介作用有很大的区别。

第 i 个中介变量中介效应占总体中介效应的比例计算公式（柳士顺，凌文辁，2009）：

$$\left|\alpha_i\beta_i\right| \Big/ \left|\sum_{i=1}^{4}\alpha_i\beta_i\right| \tag{6-6}$$

根据式 6－6，计算得出相关性占总体中介效应的 0.17%，完整性占总体中介效应的 30.69%，及时性占总体中介效应的 44.10%，准确性占总体中介效应的 25.38%。从而可见相关性在总体中介效应中的作用微乎其微，而其他三个差距不太大，可控制在 15%的浮动范围内。

6.6.3.3　总体模型的估计

因为 6.6.3.2 中总体检验采用了近似约值的方式来简化运算，因此需要对于总体模型进行进一步的估计结果说明。

利用 Preacher & Hayes(2008)后所附的程序进行多重中介模型的整体估计，得到的结果如表 6-16 所示。

表 6-16　多重中介的总体模型估计结果

自变量→中介变量	系数	SE	T	p
相关性(OuR)	0.550 5***	0.051 8	10.632 3	$P<0.001$
完整性(OuC)	0.613 4***	0.049	12.525 0	$P<0.001$
及时性(OuT)	0.680 3***	0.045 5	14.966 6	$P<0.001$
准确性(OuA)	0.616 9***	0.048 8	12.637 2	$P<0.001$
中介变量→因变量	系数	SE	T	p
相关性(OuR)	−0.001 5	0.088 9	−0.017 4	0.986 1
完整性(OuC)	0.242 7**	0.091 9	2.641 3	0.008 8
及时性(OuT)	0.314 5*	0.152 6	2.060 8	0.040 3
准确性(OuA)	0.199 6***	0.053 5	3.734 2	0.000 2
自变量(IV)→因变量(DV)的总效应 c				
总体(Total)	0.667 3***	0.046 2	14.448 4	$P<0.001$
自变量(IV)→因变量(DV)的直接效应 c′				
总体(Total)	0.182 2***	0.048 2	3.778 2	0.000 2
IV-中介变量-DV	估计值	SE	Z	p
总体(Total)	0.485 1***	0.045 8	10.586 4	$P<0.001$
相关性(OuR)	−0.000 9	0.048 5	−0.017 6	0.986 0
完整性(OuC)	0.148 9**	0.057 1	2.608 7	0.009 1
及时性(OuT)	0.213 9*	0.103 8	2.061 1	0.039 3
准确性(OuA)	0.123 1***	0.034 1	3.613 7	0.000 3
总体参数	R^2	Adjust R^2	F	p
模型	0.698 8	0.693 0	118.808 5***	$P<0.001$

注：*** 表示在 $p<0.001$ 显著，** 表示在 $p<0.01$ 显著，* 表示在 $p<0.05$ 显著。

从表 6-16 中的估计结果来看，模型整体的拟合程度尚佳；自变量的直接效应显著，相关性在信息源信用和感知信息质量关系间的中介效应不显著，其他三个的中介效应均显著(以 $p < 0.05$ 为标准,下同)。其路径分析如图 6-3 所示。

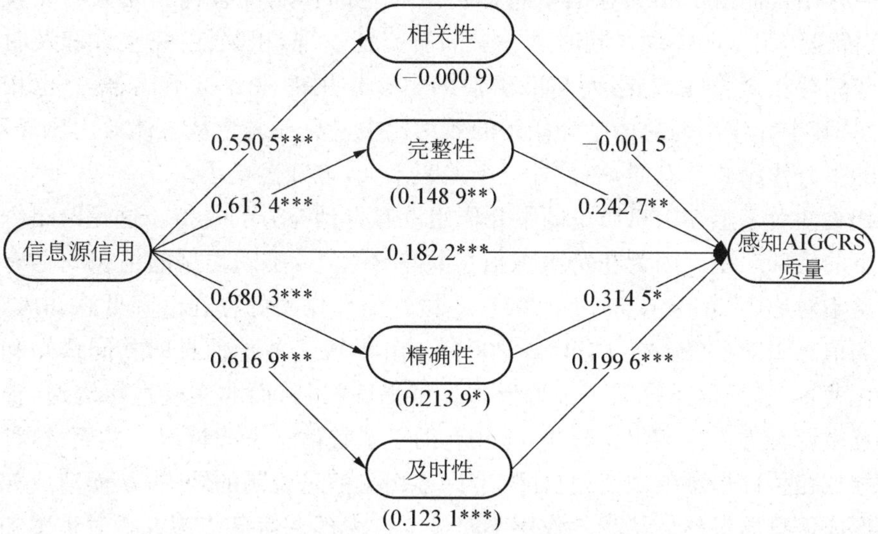

图 6-3　多重中介总体模型的路径分析图

可见,信息源信用不能通过相关性作用于感知信息质量,相关性在多重中介模型中的中介作用不显著。完整性、及时性、准确性在其多重中介模型中均起到部分中介作用。而且在多重中介作用下,信息源信用对于感知信息质量的直接效应仍旧显著。

6.7　讨论

通过本章的讨论,可以发现,信息源信用对于信息质量有直接或者间接的作用。可见,在电子政务环境下,特别是共享信息的双方缺乏充分接触的过程中,信任传递依然存在。同时还可以发现,信息源信用可以显著影响征信系统产出(政府政务信用信息集 AIGCRS)整体的相关性、完整性、准确性和及时性,可见信息中介平台环境下信息源信用到平台信息的相关性、完整性、准确性和及时性判断的映射依然存在。信息源信用可以有效辐射到感知征信系统提供的共享信用信息质量的信号和线索上。而完整性、准确性、及时性对于感知信息质量的贡献也在研究中得到了验证,说明这些线索对于信息质量的判断有促进作用。

研究还发现,完整性、准确性、及时性在信息源信用到信息质量影响过程中的中介作用显著，即信息源信用可以通过信息的完整性、准确性和及时性对信息源信用产生作用。而由于相关性对于感知信息质量的作用没有得到充分的显著性支持，其传递作用未能体现。同时进一步的研究还发现，相关性、完整性和及时性的中介作用存在显著性差异，而与准确性的中介作用的差异虽不显著，但也相差较远，这从其中介作用与总体中介作用的效用比中可见一斑。从总体效用比显示，相关性的中介作用微乎其微，而另外三个差距不大，准确性稍小。

相关性对于感知信息质量的中介作用没有得到充分的支持。这是跨组织信息环境下的特殊表现。因为在跨组织信息共享环境下，不同类型的组织间存有纵向的信息不对称(Clarkson et al.，2007)。尽管信任作用的存在会降低感知风险，从而减弱信息不对称(Ba & Pavlou，2002)。由于缺乏关于信息的共同认知和相同的文化背景，且征信系统采用报告形式提供书面材料，而非实现直接沟通，报告中以信息来源种类为框架组织材料，比较有助于了解信息来源情况。然而，这种组织方式导致相关性提示的缺乏，且伴随着许多相关信息说明的缺失，从而造成相关性对于形成信息质量整体认识的作用不明显。这表现在信息传递方式对于感知信息质量影响的差异性，Maltz(2000)的研究中有关于具体影响方式的论述和说明。

6.8 本章小结

本章基于信任转移理论和信息质量因素的相关研究，构建了信息质量评价中的信任转移模型，并通过对国内32家银行的262位信贷员和信贷审批人员等的调研，得出如下研究结论：

(1) 在跨组织信息共享环境下，无论是以直接还是间接的方式，对于信息来源的评价会影响到共享信息质量的评价。因此，信任形成是信任转移的基础，信息源的信用建设是至关重要的。

(2) 纵向跨组织共享环境下，从线下信息源到线上信息特征实现了实体之间的信任转移，即基于群体的信任会延伸出对于群体中个体的信任，主要表现为信息源(政府)信用向信息源所提供的共享信用信息子集及其特性的信任转移。同时，基于信息中介的跨组织信息共享中的信任转移，由于对信息中介的依赖还会表现出基于体制的信任转移，即对于信用信息中介平台的信任转移。由于认可平台在提供同类信息时的特征“线索”或信号，从而相信平台所提供信息的质量。因此，从信用信息中介平台提供信息时的特征“线索”入手，是提高信息接收者对于共享信息信任程度的有效手段之一，尤其需要关注目前信任构建中的“短板”——相关性特征，通过提高对相关性的感知和认可来提升共享信息的信任。

本章研究的理论贡献在于，通过本章的研究，为了解跨组织信息共享环境下信息源信用对于感知信息质量的影响过程和方式提供了实证支持，验证了信息共享平台在二者之间起到的重要中介作用，尤其是发现了在纵向信息共享中感知信息质量有不同的表现，这是前人研究中所未涉及和发现的。另外关于信息质量的各个要素在其感知形成过程中的中介作用比较研究，扩展了各个影响因素的影响作用程度的认识和探索。

本章研究的实践贡献在于，提出 G2B 信息共享环境下，使用者感知信息质量提升的关键影响要素，即信息源的信用水平，并重点研究了其影响途径。因此，在制定相关政策的过程中，应从信用信息中介平台提供信息时的特征“线索”入手，促进信息接收者形成准确判断，不断加深其对于信息质量的认识和理解，为 G2B 共享信息的使用奠定良好的基础。

第 7 章

面向中小企业贷款决策的共享信息加工研究

7.1 问题的提出

基于征信平台的信用信息共享是解决中小企业贷款信息不对称的有效途径之一,受到金融学学者们的普遍认可。微观层面上,信用信息共享可以帮助银行更好地筛选和鉴别借款人(企业),从而减少信贷配给,提高借款人的信贷可得性(Brown & Zehnder, 2010; Kallberg & Udell, 2003)。宏观层面上,信用信息共享能够有效改善信贷市场状况,降低市场风险(Jappelli & Pagano, 2002; Djankov et al., 2005)。可见,企业信用信息共享对于中小企业贷款决策乃至信贷市场的发展都是至关重要的。

作为企业信用信息共享中介服务平台,征信系统为银行决策信息需求和政府信息供给的互联互通架设了“桥梁”。共享信息的决策支持过程中,不仅仅需要考虑信任形成与信任转移等共享信息的获取与传递过程,更要考虑共享信息的接受和使用过程,即中小企业贷款决策的电子政务信息加工支持过程。对于不同的信息使用者(观察者),同一信息元素可能会带来不同的讯息,不同程度地影响其对于信息的接受与使用,从而形成对于观察者不同程度的加工支持(McKinney & Yoos, 2010)。

关于信息接受与使用中的影响因素与影响过程研究逐渐受到 IS 领域的重视。许多信息接受研究均是基于技术接受理论发展起来的,以个体间的信息交互和共享过程为主,关于组织间信息共享环境下的信息接受行为涉及较少,尤其是涉及强制交互关系存在时的共享环境。组织间信息共享时,部门化构成一种天然、不可避免的组织共享障碍(Argote et al., 2000)。因而,这种跨部门信息传输和信任传递环境下的信息接受过程是否与个体间的信息共享接受过程一致，是否会受到信息共享环境的更深层次的影响都是尚未得到充分讨论的问题。另外，跨组织环境下，信息共享系统(本书的征信系统)是两个或多个组织之间信息传输的唯一正式渠道，组织间的信任形成与转移也都与中介平台密切相关。这样信息共享中介平台自身的特性(尤其是信息产品特性)对于信息的接受过程又有着怎样的影响，这也是应予以关注的问题。因此，本章就以下两大问题进行了展开。

(1) 在跨组织信息共享环境下，信息接受的机理是怎样的?

(2) 信息中介平台的信息加工对于信息接受过程是否产生影响? 产生怎样的影响?

7.2 相关研究

技术接受理论作为IS领域的最为成熟的经典理论，受到长期关注。技术接受理论起源于Davis et al. (1989)将理性行为理论引入个人技术接受行为的解释。而后，其又将理性行为中的态度发展成为两个不同的构念：感知有用性和感知易用性，构建了后期被广泛应用的技术接受模型(Davis, 1989)。后期学者们引入了激励理论、效用理论、创新扩散理论、社会感知理论等进一步深入对于个人接受行为的分析和探索，最后在八个经典模型的基础上形成了技术接受与使用统一模型(Venkatesh et al., 2003)，在电子政务系统的接受和使用上也有大量的应用与发展(见综述2.3.2.1)。可见，社会心理学理论构成了个人接受行为的理论基础，这不仅适用于技术接受行为，在信息接受行为方面同样适用。所不同的是信息接受模型更为强调接受的过程及其影响因素。

信息接受领域应用较多的理论之一是精细加工可能性模型(ELM)。精细加工可能性模型重点研究了核心路径和外围路径对于态度改变("说服"过程)的影响和精细加工可能要素对于两条路径选择的影响(Petty & Cacioppo, 1981,1986)。精细加工可能性的决定性因素主要有以下三个方面：信息加工的动机、能力和机会(Petty & Cacioppo, 1986;郭毅然,2010)。Sussman & Siegal(2003)最早将精细加工可能性模型引入信息接受领域，通过TAM模型和双加工理论的有效整合，建立了信息接受模型。其基本环境是借助于E-mail方式的知识工作者之间的共享，发现知识管理领域应用精细加工理论理解信息接受行为是合适。Bhattacherjee和Stanford(2006)在信息接受模型的基础上进一步扩展，添加了双加工理论中的核心要素——态度(Attitude)，以发现态度改变和感知有用性共同在技术接受方面的影响，从而验证了双加工理论和精细加工可能性模型在信息系统使用上的适用性。其通过对于欧洲管理部门的文本管理系统接受过程的研究，验证了培训信息提供者和其提供的具体信息对于培训效果的显著影响。从严格意义上讲，其研究不属于信息接受，但其关注的问题实质仍旧是精细加工可能性问题。Rabjohn et al.(2008)的关注重点为在线环境的信息接受模型扩展研究，其将信息质量的具体特征要素：相关性、及时性、准确性和完整性纳入到研究中来，推广了双加工理论的应用范围，也为精细加工可能性理论提供了部分佐证。尽管以上的研究对于精细加工可能性理论在信息接受和 IS 方面的应用和扩展都作出了重要的贡献，但是对于精细加工可能性理论中的“机会”要素均未深入涉及。Sussman & Siegal(2003)、Bhattacherjee & Stanford(2006)均围绕加工“动机”和“能力”两个方面，分析工作相关性（动机）和使用者经验（机会）的调节效应，而 Rabjohn et al.(2008)的研究并未涉及调节效应。对于精细加工可能性模型在跨组织共享领域信息接受过程中的研究在国内外涉及较少，尤其是关于“机会”因素的讨论，之前的研究仅停留于心理学领域的信息处理时限、信息长短、信息量多少、信息干扰因素等的讨论(Batra & Ray，1986；Wtight，1980)。对于结合跨组织信息共享系统中介平台的加工“机会”的讨论，以及其对于信息接受过程的可能影响，目前在国内外尚属空白。

跨组织信息系统有其特殊性。首先，跨组织系统为多部门信息的传输和共享提供了可能，形成了其他部门信息对于本部门决策的“说服”氛围；其次，跨组织信息系统的基础是跨组织关系，跨组织关系的好坏直接影响共享效果的高低(Nicolaou & Mcknight，2006)。因此可能会影响信息共享的模式和信息接受过程；最后，跨组织共享环境下的部门分割会形成天然的信息和文化屏蔽(Argote et al.，2000)，对共享信息的质量感知和加工带来一定的阻滞(Lu & Yang，2010)。由上可见，信息接受模型在跨组织信息共享环境下有其适用性和特殊性。

因此，本章基于前人的研究基础，对于精细加工可能性模型在跨组织信息共享领域的应用和扩展进行了讨论，重点研究了信息中介平台环境下的信息精细加工可能——推理可能“机会”要素的影响。

7.3 理论基础

7.3.1 双加工理论

精细加工可能性模型的基本理论是双加工理论(Dual-process Theory)。双加工理论是研究人类认知和信念形成过程和影响因素的社会心理学理论。其最早萌芽于美国心理学家 William James 于 1890 年所著的《心理学原理》一书。在该书中，他发现了本能和经验之间的竞争关系，提出了关联和推理两种不同的思维方式：依赖与经验中事物的"关联"可有助于形成对于相关事物的判断和决策，而"推理"在面对新生事物时起到更为关键的作用。随着后期"双加工理论"进一步的发展和完善，其内涵和外延变得更为丰满。双加工理论认为，人类对于世界的认知是一个连续的过程。人类对于个人和他人、社会认知的形成均依赖于其感受到的外界对于其感官上的刺激。久而久之，形成了我们的价值观和世界观。而形成的价值观和世界观又会进一步地指导认识和实践。这个连续过程呈现出二重性。一种状态是：人们在形成对于新形势、新情况的认识时，可以通过依赖前期知识、经验、预期、脚本、纲要、试探法、套用固定模式等方式减少认知努力和推理，从而呈现出一种"不刻意"(mildless)的决策和选择；这是一种自上而下的过程，主要是将前期认知直接施加于新生事物上。另一种状态下，人们也可以花大量的时间、精力、努力去系统性地分析，形成决策、信念和认知，从而呈现出一种"很用心"(mindful)的决策和选择；这是一种自下而上的过程，需要深入而仔细的剖析其特征和刺激。这两种在判断和决策时并存，既相互补充又相互竞争(Evans，2002；2003)。

双加工理论将人类决策制定和推理加工系统划分为两个加工子系统：启发式系统和基于规则分析系统。启发式系统是基于联想的，依赖于与短时记忆中的相似结构和关系来形成判断(Sloman，1996)。Evans(2003)认为，在启发式推理过程方面，人和动物是没有区别的，是人和动物共享的普遍认知。它是由"天赋"输入模块，通过一般域的学习机制获得的特定领域知识构成的自主子系统。首先，其更为强调"与生俱来"的"输入模块"、"本能"的"编程能力"等(Fodor，1983；2001)，因此有的学者称之为"直觉"(Kahneman，2003)。其次，该子系统的加工过程通过神经网络的联想推理来实现(McLeod et al.，1998)，具有细分特定领域的特征。正如 Sloman 研究所表明的，这种联想推理基于统计规律建立的"信息逻辑集群"，通过刺激来提取。因此，其学习机制均可划分为不同领域模块。启发式系统的加工过程呈现出了快速、平行与自动的特点。基于规则分析系统是人类所特有的，需要利用工作记忆系统中的中央深层记忆单元进行抽象推理和假设性思维。它体现了人类有意识与理性的一面，强调对于环境的"逻辑的、层次的和因果机械"的分析，因此，有时其又被称为"有意识的规则"(Smolensky，1988)。正是由于基于规则分析系统的存在，才实现了人类心智模式和假想推理的不断更新(Baddeley，2000；Baddeley，2003)，但基于规则的分析过程要受到工作记忆容量的限制，而且也要考虑其与认知主体智力水平的关系。基于规则分析系统的加工过程呈现出了缓慢、连续的特点(Evans，2008)。

长期以来，社会心理学领域多认为二者之间都是此消彼长的竞争关系。而近些年的研究中，越来越多的学者倾向于认为二者共同在认知和决策过程中起作用，正如本章研究中征信信息在中小企业贷款采纳/使用的决策过程中启发式系统和基于规则分析系统的作用过程。二者的关系及其作用强度取决于个体推理技巧、知识经验积累和外围环境等要素的影响。

7.3.2 精细加工可能性模型

7.3.2.1 精细加工可能性模型中的两条路径

在双加工理论的基础上，Petty 和 Cacioppo 等(1981，1986)发展了精细加工可能性模型(The elaboration likelihood model，简称 ELM)。精细加工可能性模型在本章的分析中有较强的适用性，其理由是：①该模型适用于人类感知和行为更为具体的影响过程和作用结果的分析，较双加工理论本身对于作用机理有更为深刻的认识。②能够更多地考虑到个体之间在认知方面的相应差异及其影响因素，从而对于个人层面可能存在的不同结果进行详尽解释(Bhattacherjee & Stanford，2006)。精细加工可能性模型认为态度的形成与改变取决于两个可供选择的途径：耗费精力处理信息的核心路径(central route)和较少损耗精力处理信息的外围路径(peripheral route)。此处的核心路径和外围路径，分别对应于双加工理论中的基于规则分析系统和启发式系统，只不过其内涵更为丰富，更为具体化，将其限定为信息处理的详尽程度和深入加工程度。

核心路径是指通过对于问题相关证据进行深思熟虑、细致推敲的过程，关注证据的价值和相关性，从而形成或改变态度。该过程主要包括：对于相关证据信息进行审慎地分析、学习、持久地关注以及关于证据的个人认知和加入问题相关证据的汇总和整合三部分。在此处，证据是指在汇集个人决策所需要的论据时，“相互交流”过程中彼此之间传递的信息量。在跨组织信息共享环境中，核心路径具体化为对于非本组织信息效用的仔细分析斟酌、权衡，从而形成关于是否接受和采用共享的跨组织信息的决策。外围路径表示利用正面或负面的直接“线索”来形成或改变态度。该过程更强调基本线索或是更多二手得到的线索，如有吸引力或强有力的来源信用或直观判断。这种线索可用来在不需要对问题相关证据进行耗费精力、细致思考的情况下就形成观点，只需较少的认知努力(Petty & Cacioppo，1981；1986)。在跨组织信息共享环境中，外围路径是指对于跨组织共享信息源的直接认识和直观判断，而非对于信息本身的分析和判断。二者的基本特征对比详见表 7－1。

表 7－1　核心路径和外围路径的特征对比

	核心路径	外围路径	来源
第Ⅰ组：基本特征	核心条目	外围线索	Petty et al. (1981)
	相关度较高	边缘的	Petty et al. (1981)
	高级思维(分解归纳)	联想思维	Petty et al. (1981)
第Ⅱ组：功能性特征	稳定	不稳定	Petty & Cacioppo(1986)
	持久	短暂	Petty & Cacioppo(1986)
	预测力强	预测力弱	Petty & Cacioppo(1986)
第Ⅲ组：刺激要素特征	有效的	简单的	Vinokur & Burnstein(1978)
	增加新的知识	触发原始情感	Vinokur & Burnstein(1978)

注：此表根据 Vinokur & Burnstein(1978)、Petty & Cacioppo(1981)及 Petty & Cacioppo(1986)等的研究中汇总得出。

态度形成和改变过程中，两条路径共同起作用，而非单纯地依赖于核心路径或是外围路径。同时，在个体差异方面，这两条路径之间又是相互竞争的，具体的路径选择取决于精细加工的可能性(Elaboration Likelihood)。这也是精细加工可能性模型的精髓所在。这里的"精细(Elaboration)"是指在对接收到的信息进行加工的过程中，信息接收者加入了多少"个人的东西"，即个人对于问题的思想和见解以及个人进行信息的分解、归纳、抽象、推理等一系列高级思维，而非信息的重新编码(Wegener & Claypool, 1999)。当精细加工的可能性较高时，核心路径在态度的形成过程中起关键作用；反之，当精细加工的可能性较低时，外围路径对于态度的形成起关键作用。

跨组织信息共享的环境也是一个"说服"和"态度改变"的过程，如何让使用者觉得跨组织共享来的信息是可信的、有效的并进而放心使用，这本身就是一种"说服"过程，也是一种接受外来的信息和知识的"态度改变"过程。

7.3.2.2　精细加工的可能性(MAO 理论)

经过过去 25 年的研究，大量的社会学家就影响个体信息加工可能性的因素进行了探索，提出了著名的 MAO 理论，即研究的动机(Motivation)、能力(Ability)和机会(Opportunity)是决定个体信息加工程度的三个重要方面。ELM 的基本概念构型如图 7－1 所示。信息加工的动机是指促使信息接收者进行信息加工以形成态度的内在驱动力。信息加工的能力是指信息接收者具有的进行信息加工所必备的知识和加工技能。而信息机会是指外来环境给予信息加工的有利条件,是指超出个人控制范畴内的影响能力发挥的因素,前人提出的机会因素有思考时限、信息长度、需处理的信息条目数等(Petty & Cacioppo, 1986; Hallahan; 2000;郭毅然,2010)。本书中将以信息系统为信道的信息服务中所特有的因素作为信息加工的机会要素进行讨论。

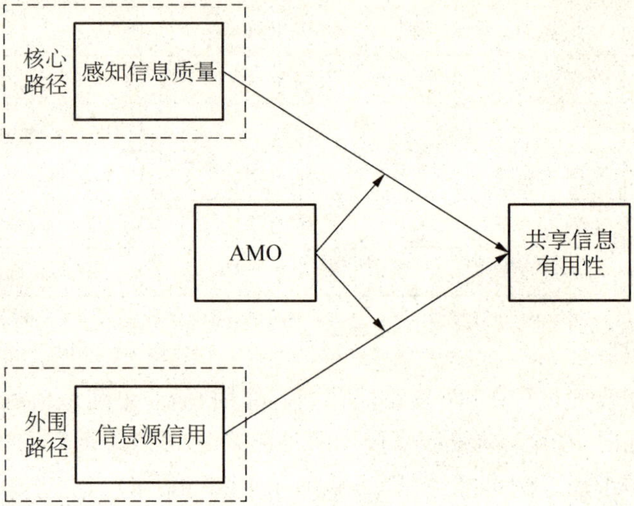

图 7-1 ELM 基本模型

7.4 研究模型与假设

7.4.1 研究模型的提出

针对跨组织共享信息接受问题的研究,首先应该回归到信息接受的基本讨论上。在社会心理学领域,信息接受与技术接受一样,有着类似的心理行为反应链,即"认知——情感(态度)——行为"(Venkatesh & Davis, 2000),因此信息接受也应遵循基本的"基本认知——感知有用性——信息使用"的路径。同时,根据理性行为理论(Theory of Reasoned Action)和 TAM 模型(Technology Acceptance Model),可以将感知有用性(Perceived Usefulness)看作行为态度(Attitude toward Behavior)的具体表现之一(Davis et al., 1989; Venkatesh & Davis, 2000)。同时,利用双加工理论和 ELM 模型理念,可构建模型如图 7-2 所示。

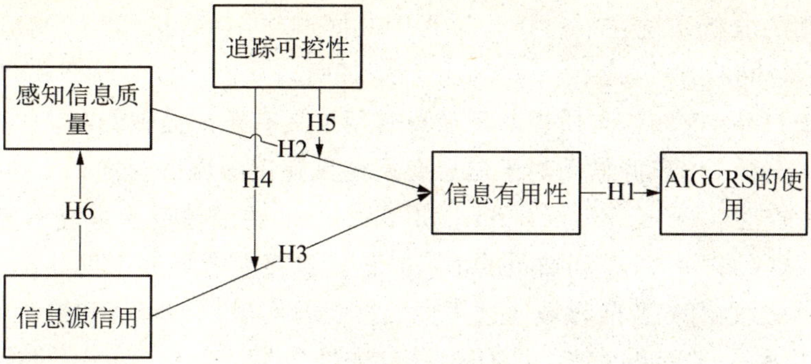

图 7-2　G2B 共享信息接受的 ELM 模型

7.4.2　研究假设的形成

根据技术接受模型的相关概念界定，我们将信息使用（Information Adoption）定义为人们对于跨组织共享信息的认可和接受，并在实际决策中有意识或是无意识地采用这些信息（Sussman & Siegal，2003）。在本书中，信息使用具体体现在银行的信贷员、信贷审批人员（为简洁起见，以下均简称为信贷员等）在中小企业贷款决策中对于征信系统中的政府政务信息（简称为 AIGCRS）的接受和使用程度。同理，我们将信息有用性（Information Usefulness）定义为个人关于共享信息对于更好做出决策是否有价值的认知和见解（Sussman & Siegal，2003）。本书中的信息有用性主要体现在 AIGCRS 是否对于更为有效地做出中小企业贷款决策提供有价值、有帮助的信息参考。参照 Venkatesh & Davis（2000）的研究结果，可以假设：当信息接受者认为新信息能为其决策提供有价值的参考时，较那些其不是很认可价值的信息，其会更倾向于使用前者，即假设 1。

假设 1（H1）：信息有用性对于信息使用具有正向显著影响。

根据双加工理论的相关概念界定，我们将感知信息质量（Perceived Information Quality）定义为信息使用者对于共享信息在满足其信息需求方面的评价和反馈（Wixom & Todd，2005）。本书中的感知信息质量主要是指信贷员等对于 AIGCRS 在满足其中小企业贷款信息需求方面的质量评价，是信息有用性认知态度形成的核心路径。同理，将信息源信用（Source Credibility）定义为信息接收者在多大程度上认为提供跨组织共享信息的信息源是可信的、有能力的（Petty et al. 1981；Sussman & Siegal，2003）。本书中的信息源信用具体是指提供 AIGCRS 的那些政府部门被银行信贷员等认为是可信且有能力的，是信息有用性认知态度形成的外围路径。利用双加工理论和 ELM 模型的相关研究，可以假设启发式系统和基于规则的分析系统在信息接受过程中共同起作用(Rogers, 1995),即核心路径和外围路径同时存在(Petty & Cacioppo, 1981),从而形成假设 2 和假设 3。

假设 2(H2):感知信息质量对于信息有用性具有正向显著影响。

假设 3(H3):信息源信用对于信息有用性具有正向显著影响。

追踪可控性(Control Opportunity of Tracking)主要体现为系统平台提供一定的渠道和数据(如一些种类和数量的信息),让信息接受者能够把握共享信息状况。追踪(tracking)是商务智能领域通过逻辑数据映射实现数据审查和追溯的技术;控制(Control)是一种能够掌控、具有相对自主性的感知(Agarwal & Karahanna, 2000);因而追踪可控性被定义为对于利用平台信息进行向上钻取(roll up)和向下钻取(drill down)可能性的掌控,该构念借鉴 Nicolaou 和 McKnight(2006)中的"控制透明性"和商务智能领域的"追踪"概念改造而来。控制透明性基于信息交换的背景,着重于是否提供足够的信息使用户充分了解,认为其对于交换过程具有一定的掌控能力。同理,在 G2B 信息中介服务背景下,同样关注信贷员等对于共享过来的 AIGCRS 是否具有一定的追踪可控性,只不过关注的对象稍有改变。此时关注的不再是交换过程,而是交换介质本身。在本书中,企业征信系统提供了政府和银行之间实现企业信用信息共享的平台和媒介。大量由政府搜集和处理的企业相关信息通过征信系统平台呈现给银行信贷决策相关人员(信贷员、信贷审批人员)使用。由于是跨组织的共享信息,信息接受者对于信息源以及信息本身的信任成为了信息接受和信息使用的关键(Nicolaou & McKnight, 2006)。而充分的机制和信息渠道又为分析共享信息质量提供了可能和帮助,从而对于共享信息的"态度"也会越来越倾向于依赖信息质量本身,而非外围路径。只有提供了足够的信息以供使用者去分析交换数据,其才能就交换信息是否及时、完整、准确产生精确的判断,从而才更有可能形成个体对于信息交换的独立意识。即外部环境(系统平台)为使用者提供分析和推理的"机会"越大,核心路径发挥的作用越大,外围路径发挥的作用越小。从而形成假设 4 和假设 5。

假设 4(H4):追踪可控性对于感知信息质量和信息有用性之间的关系具有正向调节作用。随着追踪可控性的增强,感知信息质量和信息有用性之间的关系变得更强。

假设 5(H5):追踪可控性对于信息源信用和信息有用性之间的关系具有负向调节作用。随着追踪可控性的增强,信息源信用和信息有用性之间的关系变弱。

从以上两章的分析可以发现,无论直接还是间接的信息源信用对于感知信息质量均有一定促进作用,在 ELM 的环境下表现为感知信息质量作为信息源信用到信息有用性的中介变量，即假设6。

假设6(H6)：感知信息质量在信息源信用和信息有用性之间的中介作用显著。

由图7-1可知，若态度决定了实际行为，而核心路径和外围路径又决定了态度的形成而后改变。最终，可以认为态度在核心路径和外围路径与实际接受行为之间具有中介效用。从而可以认为信息接受者对于信息有用性的认知在感知共享信息质量和共享信息使用之间、共享信息的信息源信用和共享信息使用之间起到中介作用，即假设7和假设8。

假设7(H7)：信息有用性在感知信息质量和信息接受之间的中介作用显著。

假设8(H8)：信息有用性在信息源信用和信息接受之间的中介作用显著。

7.5　研究方法

为了对上述理论模型和假设进行一般性检验，我们采用问卷调查的方式。具体研究方法的讨论通过如下三部分实现：首先，阐释了研究客体确定、问卷调查对象界定、模型适用性、问卷收集方式等问卷设计问题，而后分析了问卷中的构念度量方式，最后介绍了问卷数据的收集方式。

7.5.1　研究设计

为了检验信息接受的精细加工可能性模型，我们采用问卷调查的方式进行研究。首先，讨论了研究客体、问卷调查对象、模型适用性、方法适用性等问题；其次，对于问卷构念度量、预测试与试点调查、样本收集方式和样本特征等进行说明；最后，利用验证性因子分析和中介效应检验、调节效应检验进行统计分析。

7.5.1.1　研究客体的确定

长期以来，精细加工模型(ELM)多用于个人之间沟通和交流过程中的态度改变的“说服”作用研究。本书将其扩展到组织和组织之间的信息共享领域中信息发挥作用及其方式的研究。在跨组织信息共享的环境下，由于组织和组织之间不像组织内拥有更多的信息传输渠道，因此更能体现共享信息特征及其来源特性的作用。征信系统中实现的政府与银行之间的信息共享，因其以征信系统作为两者之间唯一正式信息传输渠道而成为本书的最佳研究客体。因此，本章中的跨组织信用共享信息的接受研究以征信系统中政府政务共享信息(征信系统中的政府类信息，简称AIGCRS)的接受问题为特例进行探索。信息使用者(信贷员、信贷审批人员等)对于 AIGCRS 的接受类同于个人知识共享层面交流信息的"说服"作用。

企业信用信息共享系统主要包括银行与银行之间的信息共享和政府与银行之间的信息共享两类。银行间的信息共享主要包括贷款偿还情况、担保情况等信用信息记录,而政府与银行间的信息共享更类似于一种信息服务,由政府将其所拥有的企业信用信息共享给银行,如企业质检信息、环保评级信息等。由于银行间存在同业拆借、同城汇兑结算等多种业务外来,且业务性质比较类似,作为本书的研究客体不能体现跨组织部门分割关系的影响,不是很适合本研究。因此,本书着重于企业征信系统中的政府政务信息共享方面的研究。

7.5.1.2　问卷调查对象的界定

各地的电子政务发展不平衡,也就造就了各地征信系统中的信息集合不同,北京上海等一线城市的征信系统中会包含更多的企业信用信息,而且也更为详尽,可能会有关于更新时间、具体数值的更多信息;同时,由于采用"一贷一审",且只有与本企业贷款相关的工作人员得到企业授权,才能查看企业信用信息,因此造成每个信贷员面对的是不同的企业征信信息子集,形成了不同的认知集合。尽管本书中关注的是组织间信息共享问题,但信息接受决策是由信贷员、信贷审批人员个人做出的,因而组织间关系和组织间信任影响的落脚点都还在于个体层面。而精细加工可能性模型关注的也是个体层面的特征,如个人工作的相关性、信息接收者的经验以及本书中的追踪可控性等,以发现个体层面的动机和能力差异对于加工路径的影响。因此,此次问卷调查的对象界定为企业征信系统使用者个体层面。

企业征信系统中的信息,既包括中小企业的信用信息,还包括大企业的信用信息。之所以选择企业征信系统共享信息对于中小企业信贷决策作用进行分析,取决于大企业和中小企业信贷决策的基本特征。大企业贷款决策多基于财务报表贷款技术,侧重于评估企业的财务信息,主要通过分析资产负债表、利润表等的状况来形成判断(Allen et al., 2004)。因此,大企业较为成熟的审贷流程和技术就决定了 AIGCRS 在信贷员等的大企业贷款决策中作用甚微,几乎可以忽略。因此大企业贷款决策在本书中不是很适合,最终选择了本身线索较少、政府政务信息效用空间比较大的中小企业贷款决策。从而将研究对象也就限定为参与中小企业贷款决策的相关人员。研究中的样本均来自于中国银监会核准的银行业金融机构,由于征信信息在中小企业贷款中的使用是一个较为专业的问题,因此在问卷发放时尽量选择与银行中小企业贷款相关的工作人员和管理层,主要包括信贷员、信贷审批员。他们长期深入中小企业相关的贷款实践,对于征信信息及征信系统有着一定的了解和认识。

7.5.1.3 精细加工模型的适用问题

我国央行下设的企业征信系统主要为银行的企业贷款决策提供信息支持服务，国外较为完善的信息共享服务还可以为其他商业部门或是政府决策提供信用报告。目前，我国的企业信用报告主要包括来自于税务、质检、人民法院、建设部、环保总局以及劳动和社会保障部、信息产业部等政府部门的信息条目，覆盖了表征企业遵纪守法、产品品质等企业多个方面的特征信息，但尚未形成统一的信用报告或信用评估意见或结果。因此，银行工作人员在使用这些征信报告时，就存在是否对于征信系统中的政府政务信息进行仔细推敲、精细加工的问题，这也就构成了精细加工可能性讨论的本源。

7.5.1.4 问卷调查方法的适用性

长期以来，问卷调查作为饱受信息系统学科领域青睐的研究方法之一(Newsted et al.，1998)，有着其他研究方法所无法比拟的特点：①问卷调查以大量有代表性的样本表征总体，较其他研究方法，其结论有更强的普适性；②问卷调查直接来自于实践工作者，且尽量维持了受试者的“自然”状态，因此较其他研究方法，其现实意义更强；③利用经典的统计抽样方法和统计分析技术进行数据的获取和处理，保证了结果的科学性(Singleton et al.，1980)。

本书中选用问卷调查方法，与其上述特征密不可分。首先，尽管ELM模型自1981年提出有一大批的追随者从事相关研究，但是在金融信息服务领域(尤其是跨组织信息共享服务领域)缺乏大规模有代表性的研究，因此需要采用有一定普适性的方法进行进一步的验证和深入。其次，这一部分的研究与现实联系较为紧密，需要通过大范围向银行中的实践工作者发放问卷获取其真实态度，从而识别G2B信用信息共享过程中信息接受的影响因素及其影响机理。最后，通过问卷调查相关方法中的严格研究过程和框架，保证了前文所提出的模型和假设验证的有效性。而且就信息接受这一问题而言，问卷调查也是适合于分析调查对象的价值、信仰和动机等方面的重要研究方法之一(Sharma & Satyanārāya，1983)。因此，问卷调查方法是适用于本章的研究的。

7.5.2 构念度量

调查研究多以构念(Construct)为基本单位，构念是指对于单个现象或实体的一种表达和指明，具有抽象、普遍、不能够被直接或间接观察到等特征(陈晓萍等，2008)。本书中涉及的五个构念分别为：信息使用、信息有用性、感知信息质量、信息源信用、追踪可控性。所有的构念采用五分Likert量表形式，量表项目均采用文献中已经过严格的预先信效度分析的度量工具，联系征信系统中政府政务信息接受背景进行修改。

信息使用(Information Adoption，简称 IA)采用的是 Sussman & Siegal (2003)、Rabjohn et al. (2008)的量表，题项数为 3。但由于原本中均是“说服”或“改变态度”的术语，因此结合本研究的需要修改为对于“决策”产生的影响和作用。信息有用性(Information Usefulness，简称 IU)采用 Sussman & Siegal(2003)及 Bailey 和 Pearson(1983)的量表，题项数为 3，分别关注“有价值的(valuable)”、“资讯丰富(informative)”和“有帮助的(helpful)”三个方面。感知信息质量(Perceived Information Quality，简称 PIQ)采用的是 Wixom & Todd(2005)及 Bailey 和 Pearson(1983)的量表，题项数为 3，采用反映式(reflactive)的构造方式。信息源信用(Source Credibility，简称 SC)采用的是 Bhattacherjee & Sanford(2006)及 Rabjohn et al. (2008)的量表，题项数 4。追踪可控性(Control Opportunity of Tracking，简称 COT)采用的是 Nicolaou & McKnight(2006)的量表，不过由于其量表题目数量过少，且存在一题多义的问题，因此将原题目中的“可靠性、有效性、准确性”(原题目中的信息特征)拆分成三个子问题，分别涵盖了原题目中的三个方面来度量。此次调查共涉及 16 道题目，具体的量表可见附录 4。

7.5.3 预测试和试点调查

预测试(Pretest)和试点调查(Pilot Study)是保证 IS 实证研究效度所必备的要件之一。正如 Boudreau et al. (2001)在管理信息系统领域顶级杂志 MIS Quarterly 上所提倡的，一个研究者无论多么专业，对于度量工具进行一定的预测试都是必要的。预测试可用于发现调查问卷的问题形式、措词和顺序上的不足，主要有两种方式：参与型预测试和未申明型预测试。参与型预测试是让调查对象预先了解预测试过程，并采取问卷和访谈相结合的方式了解问卷形式、措施和顺序的不足；而未申明型预测试并不告诉调查对象正在进行的是一个预测试，所有的程序和步骤都和正式测试一模一样，其后期分析也更为规范。Converse 和 Presser (1986)也认为，若研究人员拥有足够的时间和资源，可以先进行参与型预测试，而后再进行未申明型预测试。尽管本书采用的多是国外已反复论证的构念度量方式，但因为存在着调查的特定环境、语言的不同以及文化习惯、思维习惯的差异，这会影响到被试者的认识、情感和激励(Markus & Kitayama, 1991)，因此仍进行了预测试和试点调查。

7.5.3.1　预测试和试点调查的目的

预测试主要通过在正式调查之前发现问卷问题设计上的不足并修正，以保证问卷的表面效度和内容效度。

效度主要用于评价量表是否能够测量出所想测量的，包括外部效度和内部效度。外部效度是指研究结果能够在多大程度上被推广的问题（Campbell & Stanley，1969）。内部效度主要关注研究开展的严谨性，如研究设计与测度需要关注的、什么需要测或什么不需要测（Huitt et al，1999）。内部效度包括表面效度、校标关联效度、内容效度、结构效度。

表面效度指从主观上对于量表是否有效、能否反映相应的心理特性进行度量，表面效度不关注理论构建的问题，主要关注从常规来看其是否测了所要测的（Fink，1995）。内容效度主要用于评价构念的项目在多大程度上反映了构念的内容域（以大家普遍认可的角度），从代表性和覆盖程度的角度保证所定义的构念被合理度量（Cronbach，1971；Rogers，1995）。

另外，按照学者王重鸣（1990）、陈晓萍等（2008）的观点，在问卷设计中需要避免四种情况：①避免使用带有双重意义的词句和问题；②避免使用复杂、抽象或带有引导性的问题；③避免使用必须依赖答题者回忆才能回答的问题；④避免使用可能导致答题者为迎合社会期望而导致的偏差问题。这都是需要在预测试和试点调查过程中检测并解决的问题。

7.5.3.2　预测试和试点调查过程

Struab（1989）指出，为了代表构念的整个范畴，用于测量构念的量表应该来自于具有普适性的题库，这样才能有效保证其内容效度。多数情况下，满足以理论为导向、参考前人设计、与专家讨论等要件，就可以认为具有内容效度。另外，内容效度的提高可以采用逻辑分析法，请相关的专家进行审议、筛选、修改。

为了保证本研究中量表的表面效度和内容效度，所做的预调查工作如下：①对译。尽管本书中的量表是参考已经过测试的外文文献中的成熟构念，但仍要尽量降低从外文问题翻译成中文过程中可能存在的误差。研究中采用对译的方式来解决这一问题，首先，将外文文献中的问题翻译成中文，而后找不同的人将中文再译回英文。对比原英文量表中的问题与译回的英文问题的出入，比照进行中文的修改，一般这项工作需要进行两到三轮，直到结果收敛为止。本书中的英译中一直由作者在做，而后分别请正在准备 GRE 和托福考试的同学来进行中译英，共进行了两轮。基本一致后，又请国外访学回来的老师针对中英文对照进行了修改。②语义校正。要求从事相关研究的 4 名博士生和 2 名 MBA 填写问卷，而后针对其间理解上的不清晰或有歧义的地方进行反馈，对照进行相应修改。③内容效度的完善。针对量表中的构念内容涵盖程度问题，与 2 名做过且正在做实证研究、名校毕业的博士进行诸项讨论、修改。④环境适用性纠正。请 4 名银行从事中小企业贷款的信贷员填写问卷，并就填写中的第一观感以及问卷存在的与实际工作有出入的问题进行讨论，并进行相应修改。预测试阶段中发现的主要问题如表 7－2 所示。

表 7－2　G2B 共享信息接受模型预测试阶段中的问题汇总

编号	问题类型	具体描述	应对
1	对译中的翻译问题	协调构念与语境的适应性。了解构念的原本含义，进而发展在新语境下的准确表述。例如：构念“信息使用”(Information Adoption)对应的三个动词的程度，从“agree with the action”到“motivate to take action”，再到“follow”，程度逐步加深。在对译过程中准确辨析了这种程度上的递进关系，从而要求量表能够在层次和程度上与之相对应，并结合本书中的语境发展合适的表达	对照进行中文翻译结果的修改
2	针对语义上的专家反馈	减少程度上难以准确界定的词，例如：构念“感知信息质量”(Perceived information quality)中的“a high rating in terms of quality”原本的问题为“在质量方面给予高度评价”，从事相关研究的学者提出质疑：如何界定“高度”？类似的还有：“highquality information”的高质量信息，在措词上均进行了修改	对照进行语句的斟酌和修改
3	内容效度的完善	解决量表中的二义性问题，如：构念 Control opportunity (仿追踪可控性的问题修改得来)。原问题中用一个问题涵盖了可靠性、有效性、准确性三个方面。在有经验的学者的指导下，将该问题依照其层面分成了三个问题，即将可靠性、有效性、准确性三个分开，以避免一题多义等情况	对照建议拆分问题
4	环境适用性纠正	适应工作场景和心态的修改。针对问卷语句表述有些啰嗦、拖沓冗长的句子，在不改变原意的情况下，进行了字句的精简。如：构念“信息源可信度”(Source credibility)中的问题“信息源(政府部门)对中小企业信用问题上有丰富知识”精简为“政府部门对中小企业信用问题上有丰富知识”等	对照实践工作者的建议进行修改
		适应工作实际情况和语言习惯的修改。如：通过银行人事部分的工作人员讨论，将从事相关工作经验从“不到 1 年”、“1～3 年”、“3～5 年”、“5～8 年”和“8 年以上”的四档划分修改为“不到 2 年”、“2～5 年”、“5～8 年”和“8 年以上”	

试点调查主要用于在小范围内测试研究方法的有效性，用于排除正式测试中可能存在的问题。一般安排在预测试之后、正式调查之前。根据对 120 名涉及中小企业贷款的银行信贷员、信贷审批人员的试点调查，发现如下三方面的问题：①此份问卷平均需要 10～15 分钟填答完，因此在问卷正式发放之前，就将此告知调查对象，让其有心理准备，以减少大部分缺失情况的问卷结果；②根据试点调查，发现有大量相互抄袭的情况，这样问卷结果完全相同，视为无效。因此在后期发放问卷时，尽量采取“不同群体随机抽样，而后抽查同一银行下属的多个分支行群体”的方式，通过地理位置上的距离，尽量减少完全相同的无效问卷；③根据试点调查，发现存有整份完全同一选项的情况，即整份问卷都选“3”或都选“4”，因此在发放问卷时会要求联系人帮助重申一遍研究的意义和需要认真填写的重要性。

另外，针对在试调查中反馈的问卷问题较长、不容易理解等问题，专门请教了市场营销学、人力资源领域实证研究的专家，针对问卷的问题设置和提问方式提出了一定的意见和建议。

7.5.4　问卷收集方式及样本特征

此次问卷主要包括问卷封面和问卷内容两部分。问卷封面是卷首语，主要介绍此次调查研究的意义和目的、问卷中的基本概念界定等背景信息，并将调查单位、联系方式及调查结果的保密承诺和使用方式等进行说明。此次问卷采用滚雪球的方式发放，一部分是通过上海市某区财政局合作项目方式发放，一部分通过上海交通大学安泰经济与管理学院 MBA、EMBA 班已毕业或在读学生帮助发放。具体方式是在财政局联络的信贷员人员名单以及 MBA、EMBA 名单中随机抽取作为联系人，而后由联系人在所在银行随机选择中小企业贷款相关工作人员进行填写。因为银行是涉密机构，一般不方便外来人士进入发放问卷，因此以邮寄方式为主发放。问卷发放期间为 2010 年 9 月—10 月，问卷全部在一个月内收回。

本研究共发放问卷 220 份，收回 185 份，有效问卷为 175 份，问卷回收率为 84.09%，有效回收率为 79.54%。这符合 Nunnally(1967)所要求的，样本数量达题项数量 10 倍以上，可以进行因子分析。主要样本特征如表 7－3 所示。

表 7－3　G2B 共享信息接受模型样本特征描述

类别	子科目	样本数	所占百分比
组织类型	四大国有银行	88	50.29%
	股份制商业银行	50	28.57%

（续表）

类别		子科目	样本数	所占百分比
		其他类银行①	37	21.14%
	合计		175	100.00%
性别		男	91	52.00%
		女	84	48.00%
	合计		175	100.00%
学历		高中或大专	38	21.71%
		本科	115	65.71%
		硕士及以上	22	12.57%
	合计		175	100.00%
工作年限		<2年	63	36.00%
		2～5年	57	32.57%
		5～8年	20	11.43%
		>8年	35	20.00%
	合计		175	100.00%
工作岗位		客户经理	102	53.97%
		授信审批人员	20	10.58%
		贷后管理人员	29	15.34%
		支行行长	7	3.70%
		其他管理层人员	31	16.40%
	合计		189②	100.00%
所在地区		北京	22	12.57%
		上海	48	27.43%
		江苏	18	10.29%
		河南	19	10.86%
		山西	22	12.57%
		山东	28	16.00%
		重庆	18	10.29%
	合计		175	100.00%

注：① 其他类银行主要包括城市商业银行、农商行、城镇银行、农村信用社等。

② 含重复项，客户经理可能也负责贷款审批，或做客户经理的仍负责贷后管理，因银行的不同而不同。

此次调查过程中，未回收样本的偏差基本不存在问题，已包括所需调查的主要人群。同时，从表 7 - 3 还可以看到，已回应人群在性别、学历、工作年限等方面与正常就业人群分层特征没有特别显著的差别，个别指标会考虑信贷相关工作人员的群体特殊性。需要特别说明的是，四大国有银行的取样在 50％以上，这与我国目前四大国有银行无论在资产还是负债业务方面均是占半数以上的特征相符。依照《中国金融统计年鉴 2008》的数据显示，2008 年我国四大国有银行总资产 318 358.02亿元，负债 298 783.63 亿元，比其他类银行（政策性银行除外）的总和还要多（资产和负债分别为 298 783.63 亿元和 234 582.90 亿元）。所在地区除了上海外，其他地区取样数量差别不大，且覆盖了东、中、西部 7 个省市。因上海是金融中心，金融机构数量相对较多，取样也多。

7.6　数据分析与结果

仿照 Sussman 和 Siegal（2003）的研究框架，本书的数据分析可被分为描述性统计、信效度分析和模型中假设的检验三部分进行介绍。其中，描述性统计分析了回收有效问卷中各个构念的基本统计指标，如平均值、标准差、相关矩阵等；信效度分析采用 lisrel8.7 针对于量表的内部一致性信度和结构效度进行了分析和检验；因涉及中介效应和调节效应的检验，因此应用 SPSS 对模型中的假设进行了检验。

7.6.1　描述性统计

以此次调查的 175 份有效问卷为基础，构念信息使用、信息有用性、感知信息质量、信息源信用、追踪可控性的描述性统计结果和相关性如表 7 - 4 所示。

表 7 - 4　G2B 共享信息接受模型描述性统计和相关矩阵

变量	平均值	标准差	1	2	3	4
信息使用	3.91	0.740				
信息有用性	3.80	0.818	0.75**			
感知信息质量	3.36	0.783	0.49**	0.62**		
信息源信用	3.53	0.707	0.47**	0.54**	0.65**	
追踪可控性	3.66	0.763	0.41**	0.55**	0.56**	0.54**

注：① 表中 1～5 分别依次对应于四个构念：构念信息使用、信息有用性、感知信息质量、信息源信用。
② ** $p < 0.01$，双尾 Pearson 检验。

7.6.2 信效度分析

7.6.2.1 量表信度分析

信度主要用于估计测量误差(陈晓萍等,2008)。只有测量误差在一定可控的范围内,所用的测度工具才能够正确可靠地测量所要测的概念,后期基于这种测度的各项关系检验和估计才是有效的。信度是效度的基础,更是整个数据分析的基础。在此处仍旧使用 Cronbanch's α 值来测试量表的信度,此次问卷调查的量表信度值见表 7-5。

表 7-5 G2B 共享信息接受模型的量表信度 Cronbanch's α 值

构念	对照英文	简写	题数	Chronbach's α 值
信息使用	Information Adoption	IA	3	0.850
信息有用性	Information Usefulness	IU	3	0.895
感知信息质量	Perceived Information Quality	PIQ	3	0.906
信息源信用	Source Credibility	SC	4	0.884
追踪可控性	Control opportunity	COT	3	0.957
总量表			16	0.940

由表 7-5 可见,此次调查量表各个构念的 Cronbanch's α 值都在 0.8 以上,说明整个量表可靠性较高。而且,对应于信息使用(IA)题项 IA1、IA2、IA3 的项目删除时的 Chronbach's α 值分别为 0.805、0.734、0.833;对应于信息有用性(IU)题项 IU1、IU2、IU3 的项目删除时的 Chronbach's α 值分别为 0.841、0.810、0.889;对应于感知信息质量(PIQ)题项 PIQ1、PIQ2、PIQ3 的项目删除时的 Chronbach's α 值分别为 0.843、0.872、0.880;对应于信息源信用(SC)题项 SC1、SC2、SC3、SC4 的项目删除时的 Chronbach's α 值分别为 0.851、0.842、0.832、0.878;对应于追踪可控性(COT)题项 COT1、COT2、COT3 的项目删除时的 Chronbach's α 值分别为 0.942、0.942、0.925;可见,以上五个构念的单个题项删除后,Chronbach's α 均减小,可见每个题项在整个构念中均是重要的。

7.6.2.2 量表结构效度分析

结构效度主要用于检验量表是否能够测试其所要测试的潜在概念(陈晓萍等,2008),是评价测量模型好坏的另一关键指标(Anderson & Gerbing, 1988)。探索性分析可以定义一般形式上的关系,而验证性因子分析更适合于已有理论支持、预设关系明确的情况(Boudreau et al., 2001)。因构念是在一定理论支持下提出的,且预设关系较为明确,因此采用 LISREL8.7 针对本章模型中出现的五个潜变量的

16个相关测量指标进行验证性因子分析，模型的拟合指数如表7-6所示。

表7-6　G2B共享信息接受模型中变量的验证性因子分析拟合指数

拟合指标	χ^2	χ^2/df	NFI	NNFI	CFI	RMR	SRMR	RMSEA
数值	202.47	2.154	0.96	0.97	0.98	0.029	0.041	0.074

模型中拟合指数 $\chi^2/df=2.154$，在2.0与5.0之间，赋范拟合指数 NFI>0.9，非范拟合指数 NNFI>0.95，比较拟合指数 CFI>0.9，都表明模型可接受(侯杰泰等，2004)；残差均方根 RMR=0.029，标准化残差均方根 SRMR=0.041，近似误差均方根 RMSEA=0.074，均小于0.08，说明模型能够较好地拟合(Hu & Bentler, 1998; Steiger, 1990)。对应的标准化因子载荷和 t 值路径图如图7-3所示。

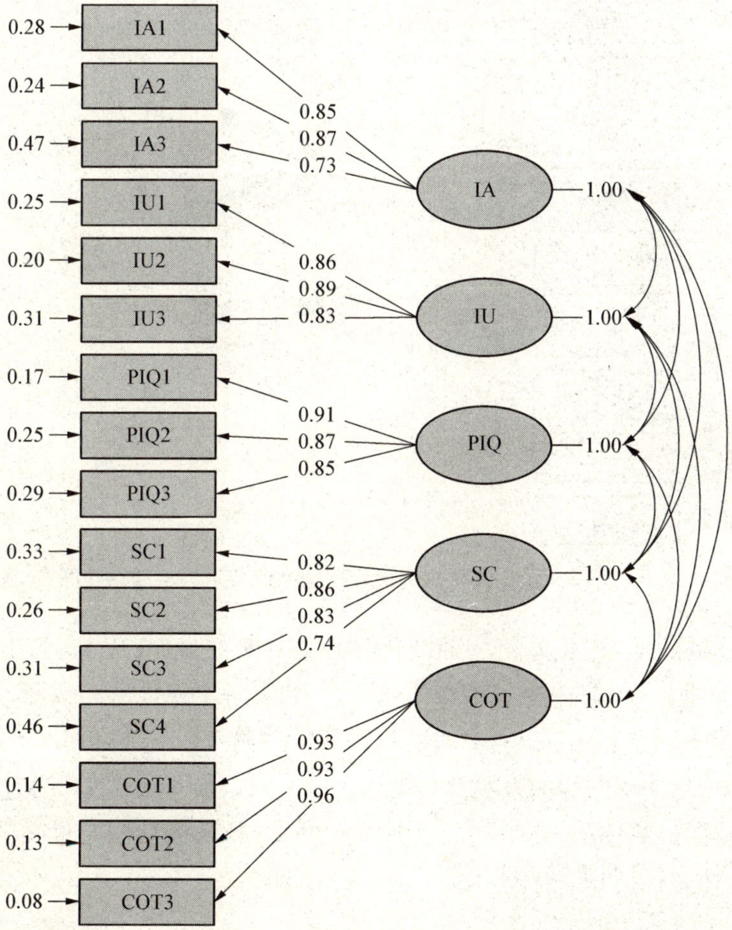

图7-3(a)　G2B共享信息接受模型中潜变量因子载荷路径图

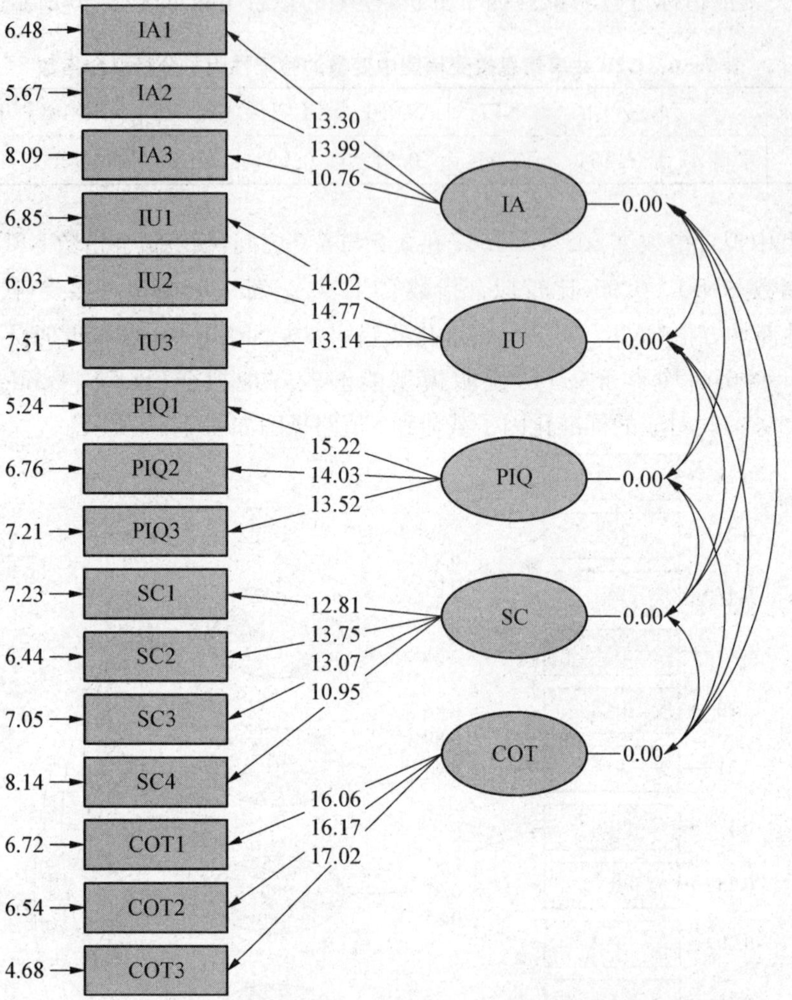

图7－3(b)　G2B共享信息接受模型中潜变量的 t 值路径图

如图7－3所示，因子载荷的标准化参数估计都在0.73以上（大于0.7）且显著；组合信度和AVE的计算结果表明，组合信度最小，为0.859（大于0.8），AVE最小，为0.662（大于0.5），量表聚合效度通过了检验；构念之间的相关度最大的信息有用性与信息使用的相关系数0.75，也小于0.814（最小的 $\sqrt{\mathrm{AVE}}$），量表的区分效度通过了检验，具体结果如表7－7所示。可见，测量的指标变量能够有效反映其要测量的构念（吴明隆，2009）。

表 7-7　G2B 共享信息接受模型中变量组合信度和平均变异抽取量

构念	组合信度	AVE	$\sqrt{AVE}$	IA	IU	PIQ	SC
信息使用	0.859	0.671	0.819				
信息有用性	0.895	0.740	0.860	0.75			
感知信息质量	0.909	0.769	0.877	0.49	0.62		
信息源信用	0.887	0.662	0.814	0.47	0.54	0.65	
追踪可控性	0.958	0.884	0.940	0.41	0.55	0.56	0.54

注：相关系数双尾 Pearson 检验。

7.6.3　模型中假设的检验

对于本书中结构模型的检验和分析主要分为三部分：首先对于主效应模型进行检验，即检验假设 1～3。其次，针对模型的中介效应进行检验；最后，针对模型的调节效应进行检验。根据温忠麟等(2006)的研究，既涉及中介效应，又涉及调节效应的模型，属于前半段有调节的中介效应模型。针对这种有调节的中介模型，可分为两步来进行。首先，进行中介效应的检验。而后，进行调节效应的检验。

7.6.3.1　主效应模型的检验

假设 1 是 TAM 的经典假设之一，其表明：信贷员等对于信息有用性的感知与其使用的行为是一致的，当其感觉到政府政务共享信息对于其在做中小企业贷款时有帮助、有价值，能够增加其原本不了解的信息时，其更倾向于应用这些政府共享给征信平台的政务信息。通过回归分析结果显示，$F = 253.93(p < 0.001)$，$R^2 = 0.771$，尽管拟合系数不是很高，但是计算得出 Akaike 信息准则(AIC)为 1.952(AIC 是考虑样本量大小的拟合结果检验方法)，说明模型在整体上拟合较好。信息有用性(IU)的标准化 β 系数为 0.771 ($t = 15.935$，$p < 0.001$)，对于信息使用(IA)有显著影响，假设 1 成立。

假设 2 和假设 3 是双加工理论的经典假设之一，其说明：信贷员等形成对于政府政务共享信息有用性的感知主要有两条关键途径：一是通过征信系统提供的政府共享信息质量本身的评价来感知，基于规则分析系统在其中起到关键作用(核心路径)；一是通过对于所使用的征信共享信息的信息来源进行评价来感知，启发式系统在其中起到关键作用(外围路径)。通过回归分析结果显示，$R^2 = 0.639$，AIC $= 2.500$，模型在整体上拟合尚佳；感知信息质量(PIQ)和信息源信用(SC)共同对于信息有用性(IU)的感知有显著影响 ($F = 59.37$，$p < 0.001$)；单个因素

PIQ 和 SC 的 β 系数分别为 0.455（$t=5.948$，$p<0.001$）和 0.244（$t=3.19$，$p>0.001$ 但 $p<0.005$），可见其对于信息有用性 IU 的影响显著，假设 2 和假设 3 成立。

7.6.3.2　中介效应的检验

中介效应（Mediation）发生在 X 对于 Y 的影响可被中介变量 M 解释（MED），而且存在因果上的先后顺序。Baron 和 Kenny（1986）提出，中介效应显著需要满足的两个条件：一是解释变量对于被解释变量的影响显著；一是相邻变量之间的影响关系显著。因此，针对单个中介变量，其中介效应检验步骤如下：

（1）检验解释变量 X 对于中介变量 M 的影响，关系系数记为 α，检验结果应显著；

（2）检验解释变量 X 对于被解释变量 Y 的影响，关系系数记为 β，检验结果应显著；

（3）检验解释变量 X、中介变量 M 对于被解释变量 Y 的影响，关系系数分别记为 α' 和 γ'。检验结果应是 M 显著，X 不显著或显著性减弱，即控制中介变量 M 后，解释变量 X 的作用消失或是减小了。以上检验要求数据都是做过中心化处理或标准化的数据，在此进行了标准化。

假设 6 说明感知信息质量在信息源信用和信息有用性之间起到中介作用。即由于信息源的信用会影响到感知信息质量，从而对信息有用性的判断产生一定的影响。利用中介检验的三步骤依次回归，得到感知信息质量（PIQ）在信息源信用（SC）和信息有用性（IU）之间的中介效应检验结果，如表 7-8 所示。

表 7-8　感知信息质量在信息源信用和信息有用性间的中介效应检验结果

	感知信息质量（PIQ）	因变量＝信息有用性（IU）	
		M1	M2
信息源信用（SC）	0.641***	0.535***	0.244***
感知信息质量（PIQ）			0.455***
R^2	0.641	0.535	0.639
调整后 R^2	0.411	0.287	0.408
AIC	2.325	2.517	2.342
F 值	120.883***	69.530***	59.366***
自由度	1 173	1 173	2 172

注：*** 表示在 $p<0.001$ 显著，** 表示在 $p<0.01$ 显著，* 表示在 $p<0.05$ 显著。

由表 7－8 可见，上述检验三步骤(1)(2)(3)中模型拟合较好。F 值均在 $p<0.001$ 水平显著，虽然 R^2 和调整后的 R^2 不是很高(尤其是(2)的检验)，但是 AIC 的值都比较小(越小越好)。而且，从模型检验中可以看到，加入中介变量后模型拟合优度有所提高(0.535→0.639)，AIC 也更小(2.517→2.342)，可见加入中介变量后的模型拟合得更好。同时，在(1)中，信息源信用(SC)的系数 α 为 0.641 ($t=10.995$，$p<0.001$)，对于感知信息质量(PIQ)影响显著；在(2)中，信息源信用(SC)的系数 β 为 0.535 ($t=8.338$，$p<0.001$)，对于信息有用性(IU)影响显著；在(3)中，中介变量感知信息质量(PIQ)的系数 γ 为 0.455 ($t=5.948$，$p<0.001$)，对于信息有用性(IU)的影响显著，而感知信息质量(PIQ)由显著性不变，只不过系数变小。因此，感知信息质量(PIQ)在信息源信用(SC)到信息有用性(IU)间起到部分中介作用(Judd & Kenny，1981)，假设 6 成立。

假设 7 说明信息有用性在感知信息质量和信息使用之间起到中介作用。即从信贷员等感知到政府政务共享信息的质量到形成关于政府政务共享信息的有用性认知，而后其根据这种认知决定是否采用信息。通过中介检验的三步骤进行依次回归，得到信息有用性(IU)在感知信息质量(PIQ)和信息使用(IA)中的中介作用的检验结果，如表 7－9 所示。

表 7－9　信息有用性在感知信息质量和信息使用间的中介效应检验结果

	信息有用性(IU)	因变量＝信息使用(IA)	
		M1	M2
感知信息质量(PIQ)	0.455***	0.318***	－0.004
信息有用性(IU)			0.709***
R^2	0.408	0.307	0.605
调整后 R^2	0.402	0.299	0.598
AIC	2.342	2.500	1.950
F 值	59.366***	38.118***	87.237***
自由度	2 172	2 172	3 171

注：*** 表示在 $p<0.001$ 显著，** 表示在 $p<0.01$ 显著，* 表示在 $p<0.05$ 显著。

由表 7－9 可见，上述检验三步骤(1)(2)(3)中模型拟合较好。F 值均在 $p<0.001$ 水平显著，虽然 R^2 和调整后的 R^2 都不高(尤其是(1)(2)的检验)，但是 AIC 的值都比较小(越小越好)。而且，从模型检验中可以看到加入中介变量后，模型拟

合优度明显提高（0.307→0.605），AIC 也更小（2.500→1.950），可见加入中介变量后的模型拟合得更好。同时，在（1）中，感知信息质量（PIQ）的系数 α 为 0.455（$t=5.948$，$p<0.001$），对于信息有用性（IU）影响显著；在（2）中，感知信息质量（PIQ）的系数 β 为 0.318（$t=3.846$，$p<0.001$），对于信息使用（IA）影响显著；在（3）中，中介变量信息有用性（IU）的系数 γ 为 0.709（$t=11.350$，$p<0.001$），对于信息使用（IA）的影响显著，而感知信息质量（PIQ）由显著变得不显著（$t=-0.064$，$p=0.949$）。因此，信息有用性（IU）在感知信息质量（PIQ）到信息使用（IA）间起到完全中介作用（Judd & Kenny, 1981），假设 7 成立。

假设 8 说明信息有用性在信息源信用和信息使用之间起到中介作用，即信贷员等对于信息源信用的直观认识有助于关于政府政务共享信息有用性认知的形成，这种认知进一步决定其是否采用信息。信息有用性（IU）在信息源信用（SC）和信息使用（IA）中的中介作用的检验结果如表 7-10 所示。

表 7-10　信息有用性在信息源信用和信息使用间的中介效应检验结果

	信息有用性（IU）	因变量＝信息使用（IA）	
		M1	M2
信息源信用（SC）	0.244**	0.293***	0.121
信息有用性（IU）			0.709***
R^2	0.408	0.307	0.605
调整后 R^2	0.402	0.299	0.598
AIC	2.342	2.500	1.950
F 值	59.366***	38.118***	87.237***
自由度	2 172	2 172	3 171

注：*** 表示在 $p<0.001$ 显著，** 表示在 $p<0.01$ 显著，* 表示在 $p<0.05$ 显著。

由表 7-10 可见，上述检验步骤（1）（2）（3）中模型拟合较好。F 值均在 $p<0.001$ 水平显著，虽然（1）（2）中的 R^2 和调整后的 R^2 都不高，但是 AIC 的值都比较小；而且，加入中介变量后模型（3）拟合优度明显提高，AIC 变得更小，说明加入中介后模型拟合得更好。同时，在（1）中，信息源信用（SC）的系数 α 为 0.244（$t=3.190$，$p<0.01$），对于信息有用性（IU）影响显著；在（2）中，信息源信用（SC）的系数 β 为 0.293（$t=3.548$，$p<0.001$），对于信息使用（IA）影响显著；在（3）中，中介变量信息有用性（IU）的系数 γ 为 0.709（$t=11.350$，$p<0.001$），而信息源信用（SC）

由显著变得不显著（$t = 1.869$，$p = 0.063$）。因此，信息有用性（IU）在信息源信用（SC）到信息使用（IA）间起到完全中介作用（Judd & Kenny，1981），假设8成立。

7.6.3.3　调节效应的检验

调节效应（Moderation）发生在 X 对 Y 的影响程度和方向依赖调节变量（MOD）进行分割的情况。为了避免自变量和调节变量与其乘积项之间的多重共线问题，一般都需要把变量进行中心化（Aiken & West，1991），或者进行标准化也可以。在本书中，进行了标准化，而后求其乘积交叉项进行检验。调节效应的检验通过层级回归法实现，若乘积项的系数显著，证明调节效应存在（陈晓萍等，2008）。

假设4说明追踪可控性在感知信息质量和信息有用性之间起到调节作用。在本书中，征信系统中越是有足够的要素（线索信息）让使用者能够更好地开展细致的分析和评价时（追踪可控性越强），信贷员等获得政府政务共享信息有用性认知越是更为依赖于感知信息质量本身（核心路径）。例如：信贷员等比较容易从相应的征信报告中获知信息的准确程度、数据来源、数据搜集方式和流程、信息的进入平台时间、信息更新时间信息，其更容易形成信息质量的判断，依赖信息质量本身的判断来评价信息有用性，从而决定用还是不用。或者，在推理可能性要素比较大时，更便于使用者准确了解平台以及平台上的信息，感知信息质量的作用更能得到有效传递。对于假设4的调节效应的检验结果如表7-11所示。

表7-11　追踪可控性在感知信息质量和信息有用性间的调节效应检验结果

	因变量＝信息有用性（IU）		
	M1	M2	M3
信息源信用（SC）	0.244**	0.164*	0.172*
感知信息质量（PIQ）	0.455***	0.365***	0.350***
追踪可控性（COT）		0.252***	0.239***
PIQ×COT			−0.064
ΔR^2	(0.408)***	(0.040)***	(0.004)
R^2	0.408	0.448	0.452
调整后 R^2	0.402	0.439	0.439
AIC	2.500	2.492	2.490
F 值	59.366***	46.348***	35.072***
Sig.	$p < 0.001$	$p < 0.001$	$p < 0.001$

注：***表示在 $p < 0.001$ 显著，**表示在 $p < 0.01$ 显著，*表示在 $p < 0.05$ 显著。

从表 7－11 可见，AIC 均较小，F 值显著，模型拟合较好；感知信息质量的显著性不受调节变量影响，系数的变化不很大。感知信息质量（PIQ）和追踪可控性（COT）的乘积交叉项的作用不显著（$t = -1.065$，$p = 0.288$）。可见，追踪可控性（COT）在感知信息质量（PIQ）对于信息有用性认知的影响过程中调节效应不明显，假设 4 不成立。

假设 5 说明追踪可控性在信息源信用和信息有用性之间起到调节作用。在本书的环境中，征信系统在设计上越是充分地考虑推理可能性（线索信息）要素，让使用者能够更好地开展细致的分析和评价时（追踪可控性越强），信贷员等形成政府政务共享信息有用性的判断越不依赖于信息源信用（外围路径）。反之，追踪可控性越弱，信息有用性认知形成越是依赖于信息源信用。在推理可能性要素比较大时，使用者能够更为准确地了解平台以及平台上的信息时，就为感知信息质量创造了一定条件和机会，这样就更有助于信贷员等减少对 SC 的依赖。对于假设 5 的调节效应的检验结果如表 7－12 所示。

表 7－12　追踪可控性在感知信息质量和信息有用性间的调节效应检验结果

	因变量＝信息有用性（IU）		
	M1	M2	M3
感知信息质量（PIQ）	0.455***	0.365***	0.360***
信息源信用（SC）	0.244**	0.164*	0.156*
追踪可控性（COT）		0.252***	0.244***
PIQ×COT			−0.114*
ΔR^2	(0.408)***	(0.040)***	(0.013)
R^2	0.408	0.448	0.461
调整后 R^2	0.402	0.439	0.448
AIC	2.500	2.492	2.263
F 值	59.366***	46.348***	36.373***
Sig.	$p < 0.001$	$p < 0.001$	$p < 0.001$

注：*** 表示在 $p < 0.001$ 显著，** 表示在 $p < 0.01$ 显著，* 表示在 $p < 0.05$ 显著。

从表 7－12 可见，AIC 均较小，F 值显著，模型拟合较好；感知信息质量的显著性不受调节变量影响，但系数有一定的变化。信息源信用（SC）和追踪可控性（COT）的乘积交叉项的作用显著（$t = -2.001$，$p = 0.047$）。可见，追踪可控性

(COT)在信息源信用(SC)对于信息有用性认知的影响过程中有调节效应。调节效应的作用模式如图7-4所示。

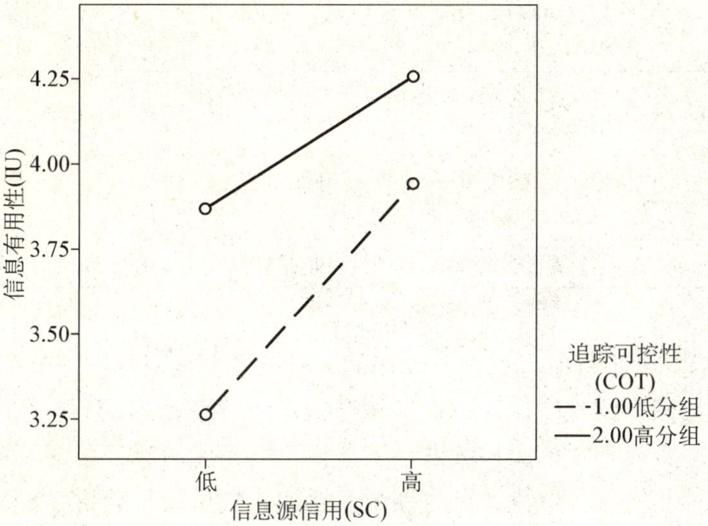

图7-4 追踪可控性在信息源信用和信息有用性之间的调节效果

由图7-4可见,追踪可控性低分组(虚线表示)的斜率更大,说明追踪可控性较低时,信息源信用(SC)对于信息有用性(IU)的作用更为明显;同理,追踪可控性较高时,信息源信用(SC)对于信息有用性(IU)的作用趋势减缓。通过以上论证发现,假设5成立。

7.6.3.4 检验结果汇总

通过主效应分析、中介效应分析、调节效应分析,检验了模型中的H1~H7,将检验结果进行汇总,如表7-13所示。

表7-13 G2B共享信息接受的ELM模型假设检验结果汇总

路径	预设关系描述	假设	T值	结果
IU-IA	信息有用性→信息使用	H1	15.935***	支持
PIQ-IU	感知信息质量→信息有用性	H2	5.948***	支持
SC-IU	信息源信用→信息有用性	H3	3.19**	支持
PIQ-(COT)-IU	感知信息质量—(追踪可控性)→信息有用性	H4	−1.065	不支持

（续表）

路径	预设关系描述	假设	T 值	结果
SC-(COT)-IU	信息源信用—(追踪可控性)→信息有用性	H5	−2.001*	支持
SC-PIQ-IU	信息源信用→感知信息质量→信息有用性	H6	8.338***	支持
PIQ-IU-IA	感知信息质量→信息有用性→信息使用	H7	11.350***	支持
SC-IU-IA	信息源信用→信息有用性→信息使用	H8	11.350***	支持

注：*** 表示在 $p<0.001$ 显著，** 表示在 $p<0.01$ 显著，* 表示在 $p<0.05$ 显著。

由上可见，除了 H4 外，H1～H3 和 H5～H8 均是成立的。即除了追踪可控性在感知信息质量和信息有用性之间的调节效应不显著外，信息接受的 ELM 模型的大部分关系都得到了证实。考虑将工作相关性和使用者经验的可能影响，将工作职位和工作年限等人口特征作为控制变量加入模型进行分析，模型主要结果不发生改变，其结果见附录 5。

7.7 讨论

7.7.1 结果的解释和分析

通过以上的数据分析，可以发现双加工理论在跨组织信息共享环境下是成立的。即启发式系统和基于规则分析系统共同在认知形成过程中起作用，这与前人的研究结果类似（Evans，2002，2003；Sloman，2002；Sussman & Siegal，2003）。而在跨组织信息共享的环境中，启发式系统的作用主要体现在对于 AIGCRS 信息源信用的直观了解和认识来决定是否将 AIGCRS 用于中小企业信贷决策，也即精细加工可能性理论中的外围路径。基于规则分析系统的作用主要体现在对于 AIGCRS 的信息质量具体分析和推理加工来决定是否将其用于中小企业信贷决策，也即精细加工可能性理论中的核心路径。这就部分验证了双加工理论和精细加工可能性理论在跨组织信息共享环境下也是适用的。同时，研究还发现，除了双加工理论的两条路径以外，信息源信用（SC）还可以通过感知信息质量（PIQ）间接作用于信息有用性（IU），也即政府公信力会影响到信息的有用性感知，进而影响信息的使用。

通过检验发现，追踪可控性(COT)在感知信息质量(PIQ)、信息源信用(SC)与信息有用性之间关系的调节效应上，前者不显著，后者显著。这与精细加工可能性模型(ELM)中的基本理念不符。按照 ELM 模型，机会能够正向增强核心路径在态度形成和改变中的作用，减弱外围路径在态度形成和改变中的作用。因为机会(此处的追踪可控性)能够增加信贷员等对于 AIGCRS 处理中的编码可能(MacInnis & Moorman, 1991)，即追踪可控性越高，越能够增强感知信息质量在信息有用性认知形成中的作用，相应也越能减弱信息源信用在信息有用性认知形成中的作用。检验结果显示，追踪可控性(COT)的高低对于感知信息质量和信息有用性间的关系影响不显著。造成这种情况的可能原因主要有以下几种：

(1) 取样误差造成的影响。为了测试这种影响的可能性，我们采用学校短期培训班的形式又重新发放了 108 个样本，并做了检验，结果不变。说明并非取样误差造成的偶然作用。

(2) 跨组织信息共享环境的特殊性。由于是跨组织共享的系统平台中的信息。因此缺乏充分的文化信息沟通和知识背景基础。在我们的环境中，政府政务信息主要包括工商注册信息、税务登记信息、质检代码证信息、质检通关信息、企业参加社保情况信息、企业公积金信息、环保信息、高管信息、诉讼信息等多个方面，是企业在经营过程中长期以来从各个方面“映射”到政府部门的“痕迹”。这些信息是散乱的、弱相关的、缺乏有效稽核和组织的。面对这些信息，信贷员等不熟悉不了解，且很难感受到充分的追踪可控性，因而长期处于学习“紧张”状态，会长期关注信息质量状况并形成有用性感知，无论是否具备更多的信息用于评价平台提供的信用信息。可见，跨组织信息共享环境下，对于信息把握的信心不足，造成了调节变量失效(Simmons & Nelson, 2006)。

(3) 由于问卷调查针对的是中小企业贷款，不确定性较高(Berger & Udell, 1998; Peterson, 1999)，信息成为其稀缺资源，因此，对于外来信息的采用会更为重要。信贷员等会尽量利用尽可能多的信息，从而对于信息的分析也就变得更为重要(Conner & Prahalad, 1996)。

这些推测和解释通过与 3 名信贷员的补充访谈进行确认。其主要观点如下：

“毕竟是政府提供过来的，有一定权威性；而且现在很多是空的，其中的信息量不大，能够处理得来的情况下，有什么都会尽量用的。”

“征信报告中有一些数据，比如，社保缴纳情况、养老金等信息，能够从一定侧面反映企业状况，量化性强，这样的信息可以从一定程度上映射企业上报过来的数据的真实性，我们都会很重视的。但是，这些信息都需要通过一定方式的倒算，才能将其和企业的实际状况判断联系起来，不能直接用的。所以看这个报告，只要有这些数据，都需要自己再测算下的。”

“征信系统是唯一的提供信息的渠道，数据不好，多联系一些数据仔细分析一下，有时也就弄明白了。不过有时好几个地方对不上，是挺让人恼火的，不过有一些关键信息是做不得假的。比如企业公积金信息，公积金是按照工资的一定比例缴纳的。要是交得比较多有两个可能，一是工资比较高，我们大都按一定比例反推回工资水平，还有一种是企业缴纳比例比较高，这二者无论哪种都说明企业业绩不错，才会愿意发高工资，缴更高的公积金比例。”

由上可见，由于征信系统的精细加工可能性较小，造成信息使用与否过多地依赖于直觉过程（外围路径），从而容易产生非理性认知偏差。而跨组织信息环境下的“认知谨慎”和中小企业贷款信息稀缺更为凸显，最终使得核心路径持续发挥作用，信息加工“机会”要素作用不明显。

7.7.2 结果的扩展性分析

究竟什么样的因素可能影响追踪可控性呢？将前期对于中小企业贷款补充访谈的结果进行汇总，发现可从以下几个方面着手。

(1) 信息获取流程。可靠的信息获取流程，会增加征信信息获取环节的透明性，从而增加信贷员等的追踪可控性认知。例如：对于企业长期年审的工商信息等，因为工商年审的程序比较规范，多为信贷员等所了解，而且在银行方面也认为其中的风险较好控制，因此银行对于这种类型信息的质疑会相对较低。使用这些信息，会有比较强的追踪可控性。

(2) 关键信息的控制。信贷员等自身判断会是辅助形成追踪可控性认知的重要因素。例如：税务信息，在信贷员等的认知里，多了解企业有倾向于报低收入利润以逃税的动机，这与企业在申报贷款时的虚报资产、收入和利润的动机相反；同时，税务部门有动机要求企业足额纳税，因此银行认为税收倒算往往能够起到估算收入的作用。这类信息的纳入会使信贷员等对于追踪可控性更有把握。

(3) 内部逻辑的一致性。具有高的信息内在一致性时，信贷员等会感觉到征信报告更具可控性。工商、税务、社保等具有不同的政府政务信息来源，若是这些来源本身就不一致，那么很难给信贷员等提供可信服的理由。从而会大大增加其对于信息的不良印象。因此，若是能够将信息加工、内部稽核，从而得到合理区间的信息集，会大大提高信贷员等对于平台信息追踪可控性的认识。

(4) 信息更新时间。由于政府政务共享信息多是企业直接报送给政府的，那么未能及时报送或是报送未能及时进入平台，可能都存在一定的原因。信息更新时间能够让信贷员等准确了解信息最后的更新时间，从而了解信息的有效性和及时性，因而能够提高信贷员等对信息共享系统的追踪可控性。

（5）信息具体程度。由于政府政务信息的特殊性，多需要进行精细加工。而精细加工的基础往往是尽可能全面和完整的信息，对于了解企业的整体会更有效，因此信息的具体程度会对于追踪可控性产生正面的影响。

（6）准确程度打分。目前，征信平台的使用是各自为政的，对于信息的质量缺乏一定的评估机制。可构建政府信息的一个评级，例如：A、B、C、D四个级别。因为不同信息的相关性、及时性、完整性和准确性不同，最终信息的作用也不一样，可按其分别评价，得到为A、B、C、D评级。甚至可以加入信息源的标准（商标、品牌效应—信息源认知，信息采集渠道、方式，信息采集倾向性—激励作用、先验倾向等），建立各个政府部门的对应不同条目信息的二维评价体系，即信息源维度×信息维度。这样，不仅对于信息使用决策过程起到作用，而且还可以作为各个政府部门信息共享时定价的基础。

7.8　本章小结

本章基于双加工理论和精细加工可能性模型的相关研究，构建了G2B共享信息接受的ELM模型，并通过对国内28家银行的175位信贷员和信贷审批人员等的调研，得出如下研究结论：

（1）在跨组织信息共享环境下，基于信任转移，信息源的评价影响信息本身的评价；而信息源和信息的评价共同影响信息有用性的判断，即信息接受过程既包括直接利用正面或负面的“线索”的直觉推理过程（外围路径），又包括对于相关证据信息审慎分析、学习、持久关注以及关于证据的个人认知和跨组织问题相关证据加入后的汇总和整合过程（核心路径）。

（2）中小企业贷款信息的稀缺性和部门化造成的天然信息和文化障碍，在跨组织信息共享环境下进行信息质量分析的压力长期存在，使得信息使用者对于信息的利用更为谨慎，对于跨部门相关信息的分析、汇总、整合长期持续，从而造成信息中介平台的信息加工可能——追踪可控性在调节核心路径作用上并不显著。

（3）信息中介平台的信息加工，可能正向影响外围路径在信息接受中的作用。追踪可控性越高，越能减弱直觉推理过程在信息有用性认知形成中的影响。通过补充访谈发现，通过信息获取流程、关键信息的控制、内部逻辑的一致性、信息更新时间、信息具体程度和准确程度打分等方面的改进，可以有效提高追踪可控性，从而减少信息源信用在中小企业贷款决策过程中的直觉作用，使得 G2B 共享信息在中小企业贷款决策过程中的使用决策更为科学和有效。

本章研究的理论贡献在于，将信息接受过程模型从组织内的人与人之间共享，扩展到了组织与组织间共享的环境，从一般简单决策扩展到了经验支撑的高风险类别决策，发现双加工理论在跨组织信息共享环境下是适用的，且精细加工可能性模型(ELM)在这个环境下部分成立，直觉和推理在跨组织信息共享接受中共同起作用，即 ELM 的核心路径和外围路径共同对于态度形成起作用；通过对追踪可控性(机会)的分析，发现其能够有效调节外围路径在信息有用性形成过程中的作用，而对于核心路径却没有那么明显。同时，通过对造成这种不显著的原因的分析，发现跨组织信息共享系统造成了信贷员等的高不确定性，从而产生直觉信心不足，基于规则的分析系统在其中表现得更为有效。

本章研究的实践贡献在于，通过对于中小企业贷款决策中的共享信息处理过程的思考，发现政府政务共享信用信息质量成为信贷员决策过程中信息处理的关键。由于跨组织环境的特点和目前征信平台的不完善性，信贷员等会长期而持续地关注政府政务信用信息质量。这与长期以来的“关系信贷”(经验知识在其中主导)理论相悖，可见我国中小企业贷款决策已步入“交易信贷”(信用信息在其中主导)的行列。征信平台的建设为我国的这种转变起到了重要而积极的影响。其次，关于征信系统环境要素对于信息接受的影响，可为后期征信平台的建设和改进建议提供一定的理论支撑。这些信息的探索，不仅坚定了征信平台的建设方向，也为建设需求的明确和科学决策提供了一定参考。

第 8 章

对于我国征信系统建设中的 G2B 信息共享建议

G2B 信息共享建设是个长期而持续的过程,尤其是中小企业的多来源信息共享。本书以 AIGCRS 为基本研究蓝本,针对目前征信系统中的 G2B 信息共享的信息传递和接受过程进行了深入分析。根据分析结果,对于我国征信系统建设的 G2B 信息共享提出如下建议。

8.1 培育共享价值观,提升政府来源信用信息的价值及其影响力

通过第 5 章的研究,基于信息建立理论和社会资本关系理论,建立了跨组织信息共享环境下的质量评价的综合信任形成模型,并通过对我国 7 个省市地区 28 家银行进行的问卷调查,分析共享语言和共享价值观的影响过程和方式。研究发现,基于信息中介的跨组织信息共享环境下,原本供给方和需求方的交易行为成为一种规范标准化的流程,由系统统一电子化处理,信息供求双方中存有强制和非互惠的关系特征。在非互惠关系下,信息共享双方缺乏共同的目标和利益诉求,政府目前的职能和角色是为银行提供信用信息服务,而不能充分体现其在信息共享中的价值和收益。

目前,由于正式组织共享价值的缺位,非正式组织的共享价值占据主导地位,表现为间接判断(对于政府部门声誉、能力的先期外部判断)替补直接判断(政府部门的信息作为信息源的可信性和胜任力的判断)。因此,要建立共同的价值观,首先要规范正式组织制约和激励的行为准则,形成利益共同体。培育共享价值观主要从两个方面着手,构建利益共同体和责任共同体。

8.1.1 构建利益共同体

征信平台的建立和完善是征信体系建设中的关键一步，征信体系建设是社会信用体系建设的基础。近些年来，社会信用体系建设逐渐上升为党中央的工作重点。党的十六大提出"整顿市场秩序，健全现代市场经济的社会信用体系"的口号，十七大提出"规范发展行业协会和市场中介组织，健全社会信用体系"的号召，十七届六中全会更指出"抓紧建立健全覆盖全社会的征信系统，加大对失信行为惩戒力度，在全社会广泛形成守信光荣、失信可耻的氛围"的具体举措。2014 年 6 月出台了《社会信用体系建设规划纲要(2014—2020 年)》(以下简称纲要)，围绕政务诚信、商务诚信、社会诚信和司法公信等四大重点领域，明确了与人民群众切身利益和经济社会健康发展密切相关的 34 个方面的具体任务，提出了 2020 年要实现的总目标：信用基础性法律法规和标准体系基本建立，以信用信息资源共享为基础的覆盖全社会的征信系统基本建成，信用监管体制基本健全，信用服务市场体系比较完善，守信激励和失信惩戒机制全面发挥作用。可见，在政府的倡导和推动下，征信系统的建设并非仅凭金融机构一己之力，也并非仅为金融机构一己之私，征信系统的建设应该是得到全社会普遍认可、广泛关注、共同投入的问题。因此，在其构建过程中，应端正目标、疏导各方关系，使得参与征信系统建设的各方构成利益共同体，共同投入构建社会信用体系的建设中去。

首先，必须建立基本论断——"信息也是有价值的"。信息时代，为人类历史揭开了新的篇章。信息科学与信息技术的飞速发展，推动了时代的进步，也使得"信息"无所不在，无所不包。物理学界将信息等同于"物质"、"能量"的基本宇宙客观属性，经济学界将信息视为一种等同于"资本"和"劳动力"的要素禀赋(McKinney & Yoos, 2010)。可见，信息的重要价值越来越得到人们的认可和重视。

其次，信息采集、处理过程是创造价值的过程，尤其是提供相关、完整、及时、准确的信息。因此，要充分认可和正确评估征信系统中共享信息的价值，贡献有效的信息就应该是贡献价值，同时也应享有相应的收益。收益的方式可分为有形收益和无形收益两种。有形收益应是政府信息带来价值的部分分成，计偿方式应该是"质"与"量"的结合，而非目前单纯记"量"方式，"质"主要体现在用户的使用上。无形收益主要表现为征信报告的推广应用，使之不仅仅用于银行信贷决策，且应用于辅助提高政府部门的决策效率和正确率。

只有政府和银行均可在信用信息共享中获取各自的利益，实现自身的目标，才能激励其积极贡献有效信息。这样才能从根本上改变"政府的企业信用信息又不是为银行采集"的现状（见第 4 章访谈），真正实现政府与银行共享的协同采集目标，实现各方的帕累托最优，增进政府声誉向其作为征信系统信息源信用评价的有效传递。

8.1.2　构建责任共同体

要形成统一的目标，不仅仅需要有一定的利益分成机制和决策支持推广等激励手段，更需要对于错误、虚假信息有一定的惩戒方式，且视情节和动机进行分级管理。政府对所提供的信息不应是免责的，一旦提供就应该对于信息的完整性、及时性、准确性负有一定的责任。通过一定的约束机制，对于信息提供者有奖有罚。从而改变"政府采集信用信息缺乏一定的约束使得这些信息能够真实及时地提供，造成空白信息、虚假信息误导"的状况。若政府信息不真实，这些不真实信息放到征信系统中，不但不能起到相应的作用，而且由于需要辨别其真伪，反而增加了银行的工作量。因此，在信息提供过程中政府不应该是免责的，而应对所提供信息的真实性和有效性负责，减少银行的甄别判断的成本。构建合理的责任共担机制，形成责任共同体，是实现政府和银行价值绑定，增进政府声誉向其作为征信系统信息源信用评价的另一重要途径。

可见，构建共同价值观是一个责权利关系重新规划、重新平衡的过程。征信系统的问题并非系统自身建设的问题，而是机制问题。通过激励和约束，提升政府信用信息价值，扩展政府信用信息影响力，从而逐步促进"共发展、共构建、共规范、共使用"的社会共享价值体系。

8.2　加强共享渠道管理，发展共享语言

由于强制共享、强制使用的"2×2 强制"维度，对于政府部门声誉、能力的先期判断会正向影响征信系统中政府类信息的信息源可信性和胜任力，成为组织间信任形成的基础，从而影响政府信用信息的评价；由于非互惠特征的存在，致使组织间的共享目标和共享交流工具成为影响组织间信任形成的关键。好的共享交流工具能够减弱先期能力判断对于信息源信用评价的影响，使得评价者更依赖于自身对信息特性的判断。因此，加强共享渠道管理，针对共享信息内涵进行层次性管理，区分不同类别信息的信息共享方式，发展共享语言，形成对于 G2B 共享信息的准确评价。

根据第 3 章 G2B 信息对于中小企业贷款决策支持的层次性特征，将共享信息

划分为决策层、特征层、数据层三层进行区分管理。其基本图示如图8-1所示。

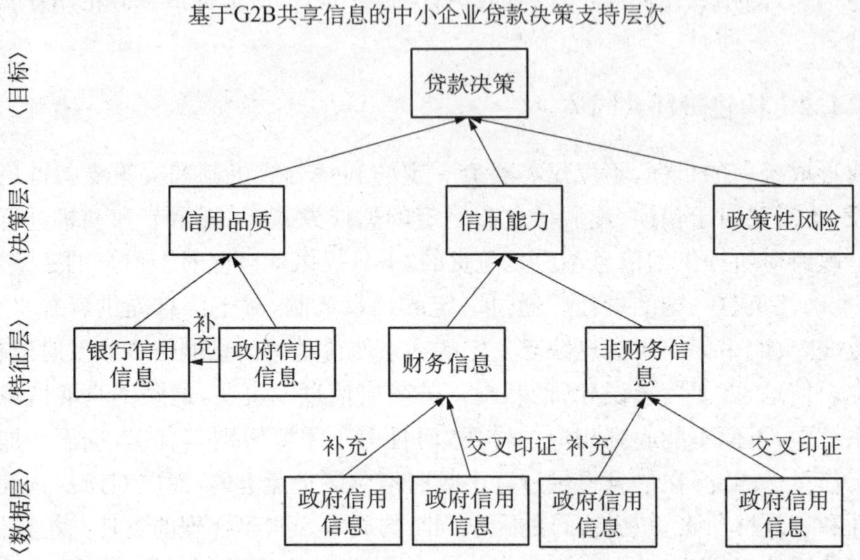

图8-1 面向中小企业贷款决策支持的G2B共享信息层次分析示意图

决策层数据共享，是自上而下的共享过程，其关键在于关键风险信息的获取。由于关键信息的重要风险提示作用，其对于形成贷款决策产生直接影响，因此保持畅通及时的共享渠道是关键。为了避免信息传递延误，建议构造信息传输的“法约尔桥”(打破管理层级对于信息传递的限制，避免从下至上，再由上至下的传递途径，实现同级之间的快速传递)。这样不仅保证了渠道的畅通，而且能够有效增加信息的时效性和共同理解。特征层数据共享，主要体现为政府信用信息对于银行信用信息的补充作用，此时新增加的政府信息可形成部分未识别的风险点提示，或者通过新增加的信息确认、变更其前期认识；由于补充信息可以形成对于客体特征更为全面的信息和充分的理解，因此尽可能多地获取多来源的信息是关键；为了保证信息的数据粒度要求，建议中小企业的信用信息共享数据库可分设，以保证更为详尽完整的信息提供。数据层的数据共享，最大特点是交叉印证信息的存在，即通过交叉印证来验证中小企业提供信息的准确性，提高决策的正确性。这部分信息共享的关键在于相互印证关系的理解和确认，这对于决策者快速形成判断、准确决策有着重要影响，建议综合利用数据挖掘工具和经验知识共同致力于关联关系的挖掘和确认，推动数据层信息的有效使用。从这三个层次，有效提高共享语言水平，提升银行对于政府信息的重视程度和辨识能力。另外，第6章中关于信息准确性、及时性、完整性的中介作用检验结果，也对于如上观点提供了进一步的佐证。

8.3　提供彰显信息特征的“线索”

纵向信息不对称之间，提升完整信息集的有效认识不能通过简单的信息互换、汇总的方式实现。征信平台构建了纵向信息不对称环境下的跨组织信息共享平台。第6章的研究讨论了纵向信息共享环境下，信息源信用与感知信息质量之间的信任传递过程，发现二者之间有直接或间接的联系，且信息中介平台在二者联系中起到有效的传递作用。

利用信息源信息到信息质量的传递作用，可构建政府信息的二维评级体系，基本结构类似于企业内部评级。基本公式见式8-1。

$$Y = \sum_{i=1}^{n} \sum_{j=1}^{K} x_{ij} \tag{8-1}$$

其中，第一级为信息的特征形成的信息评价，例如，让使用者根据信息及时性、完整性、准确性等进行分项评价，需考虑的总特征数量为 K；根据分项评价的结果，针对各个信息的信息源形成最终评价，即政府部门的总评级Y为 n 条该政府部门信息质量的汇总，从而形成对于政府部门提供的信息质量的总体评价，提供彰显信息特征的“线索”，为辅助决策提供一定的定量化依据。

8.4　建立科学规范的信用报告

8.4.1　规范信息获取流程，增强信息追踪可控性

根据第7章的研究结果，可靠的信息获取流程，会增加征信信息获取环节的透明性，从而增加信贷员等的追踪可控性认知。从战略角度，我国电子政务的发展和完善是关键，尤其是关于“阳光政府”和“政务透明性”，使政务流程规范化、公开化，提高服务对象的知情权，从根本上增强信息追踪可控性。从具体操作层面，征信平台要展现其有效的信息渠道作用，充分提示信息获取和加工流程，使得贷款决策过程中不仅仅“知其然”，而且“知其所以然”，在具体辅助决策过程中提升信息追踪可控性。通过减少企业信用信息采集过程中的风险点和流程不确定性，增进信息使用者对于信用信息获取流程的了解和认可，从而使得G2B共享信息能够在信息融合和辅助决策中发挥更大的作用。

8.4.2 控制信息更新时间，增强信息追踪可控性

针对时效性较强的金融业，信息的及时性是决策过程中的一个关键因素。根据第 7 章的研究结果，信息更新时间能够提高信息使用者对于信息共享系统的追踪可控性。战略层面，要制定一定的奖惩机制控制信息更新时间，保证政府提供给征信平台的企业信用信息的时效性。操作层面，征信系统应对于信息最后的更新时间、信息入征信平台时间等进行提示，以便于决策人员了解信息的具体时间截面，增强信息的可追踪性，形成对于企业信息质量的准确判断，发挥其在决策中的应有价值。

8.4.3 提供内部逻辑的一致性稽核

根据第 7 章的研究结果，具有高的信息内在一致性时，信贷员等会感觉到征信报告更具可控性。因此，征信系统不仅仅应该是一个前端的信息展示平台，其后台需要有强大的分析和处理能力，将相应的政府信息进行相应的数据运算，进行内部逻辑的一致性稽核，首先保证提供的政府信息具有一定的一致性，摒弃不一致信息，经过相互稽核、多方印证的信息，才能够为贷款决策提供较为准确的可用信息。

8.4.4 进行关键信息的控制

征信信息的提供并非需要面面俱到，越详细越好。详尽的信息，其提供的时效性可能变弱。因此，应该根据信息的作用方式和重要性程度进行分批分级管理，进行关键信息的控制，尤其是对于实际操作中明确认可和明确追踪方式的信息进行重点掌控。这样的信息控制对于追踪可控性的提升效果更为明显，更能增进 G2B 信息对于贷款决策的支持作用。

8.5 本章小结

根据 3～7 章的研究成果，本章针对征信系统建设中的 G2B 信息共享问题提出一定的管理建议。基于第 5 章的研究结论，发现强制和非互惠环境下，共享价值观和共享语言在信任形成中发挥着重要调节作用，因此提出要培育共享价值观，发展共享语言，以提升政府采集的企业信用信息价值及其影响力；而且，基于第 3 章的 G2B 信息对于中小企业贷款决策支持的层次性特征，提出了将共享信息划分为决策层、特征层和数据层三层的分层管理思路，每个层次各有其不同的监管重点和

建设核心。基于第 6 章，发现彰显信息特征“线索”的重要性，提出建立政府信息的二维评级体系的思路，从而提供更多关于政府部门提供信息的质量评价信息，为辅助决策提供一定的定量化依据。基于第 7 章，结合信息加工和处理规律，提出了规范信息获取流程、控制信息更新时间、提供内部逻辑一致性稽核和关键信息控制等提高用户分析和追踪能力的具体管理措施，以提高企业信用报告的质量水准。

第 9 章

全书回顾与展望

9.1 全书回顾

企业征信平台是由中国人民银行下属的征信中心组织搭建的多部门信息共享平台，其中由金融机构（银行、证券、保险等）、政府部门（工商、税务、海关、环保、质检、税务、外汇局、公安、法院、检察院等）和公共事业单位（电业局、自来水公司、电信企业、燃气集团公司等）组成。由以上所有部门将其所采集的信息定期提交给企业征信平台，而企业征信平台目前的企业信用信息基础数据库主要提供给银行业金融机构，用于企业贷款时做信用评估。其中，政府政务共享信息（简称 AIGCRS）主要指政府部门提供给征信平台的信息，这些信息基于政府部门原有的电子政务数据库中的数据来提供，因此其实是征信系统中的电子政务信息。这些信息就构成了本书中讨论的政府与银行之间 G2B 信息共享的基础，以征信平台为媒介，服务于银行的企业贷款评估工作，为银行贷款决策提供信用信息支持服务。

本书就我国目前 AIGCRS 的基本特征，即 G2B 共享、以信息中介为媒介、强制提供、强制使用，对其在中小企业贷款决策采纳时表现的不同作用进行了讨论。本书主要以定性与定量相结合、归纳与演绎相结合的方法，通过归因分析与比较、深度访谈、问卷调查等一系列工作的开展，系统而全面地研究了 AIGCRS 在中小企业贷款采纳决策过程中的影响因素及其影响方式。本书的主要内容总结如下：

1）G2B 信息对于中小企业贷款决策支持的理论分析——(1)

AIGCRS 对于中小企业贷款决策支持的影响因素分析——(2)

这一部分从定性的角度回答：G2B 信息对于中小企业贷款决策中发挥怎样的支持作用？哪些可能是中小企业贷款决策人员接受 AIGCRS（G2B 的重要组成）的

关键影响因素？影响过程如何？

(1) 征信系统中的G2B共享信息到底对于中小企业贷款是否有一定的作用，发挥怎样的支持作用？针对这一问题，进行了G2B信息对于中小企业贷款决策支持的理论分析，得到如下结论：

根据路径依赖理论、比较优势理论和刑侦因果关系原理，论述了G2B信息对于中小企业贷款发挥决策支持作用的基本理论支撑；而后通过第三方证据在信息转移中的作用原理与方法分析，提供了G2B共享信息作为第三方证据作用的基本原理和方法论基础；从中小企业贷款实务的角度，梳理了中小企业贷款决策关注的要素，并根据政府信息与这些要素之间的印证关系提出了面向中小企业贷款决策要素的G2B决策支持的主要指标。通过信息融合算法在决策层、特征层、数据层的G2B决策支持分析，提出G2B信息对于中小企业贷款决策支持的作用方式。通过与银行现有的信息进行融合，做出综合判断。

(2) 通过整理文献的过程，发现G2B信息共享中可能存在许多潜在的问题，例如：跨组织信息共享带来的信息传输和理解障碍问题，以信息中介为媒介的跨组织合作中的电子政务信任问题，G2B共享情况下面向需求的电子政务信息接受问题等。而在AIGCRS对于中小企业贷款决策支持的影响因素分析中，采用深度访谈，探求如上问题的答案。

本书以国有商业银行和股份制商业银行、城市商业银行、村镇银行、农村信用社等金融机构工作人员为主，按照深度访谈的步骤进行了为期28个月22次的访谈。访谈涉及四个话题：针对中小企业贷款决策影响因素分析、G2B共享信息决策支持的影响因素分析、信息中介环境下信息质量的影响因素分析和信息中介环境下信息源信用的影响因素分析。其中，第一个话题是为了引出后期话题进行的铺垫，而后的三个话题逐层深入。这部分的研究为后期模型建立和假设提出奠定了良好的实践基础。

2) 基于征信系统的信任形成模型研究

这一部分从定量的角度回答：哪些是其他部门(政府)通过征信平台建立信任的影响因素？其作用方式？

(1) 基于信任形成理论和社会资本关系理论，结合文献综述和深度访谈中发现并确认的特征因素：强制采集、强制使用和非互惠性，建立了G2B信息共享环境下质量评价的信任形成模型。

(2) 通过对我国7个省市地区的30家银行的209份有效问卷进行了实证研究，使用调整和中介效应整合检验的方法，探讨了强制采集、强制使用时征信系统中的信任形成的影响因素及其影响方式。通过研究发现，在跨组织信息共享环境下，感知声誉和感知能力在信任形成过程中作用显著。当信贷员等通过周围认知对于政府部门产生的感知声誉和感知能力较高时，会提高政府部门作为征信信息源的认可度。即若平时信贷员等认为政府部门声誉较好，能力较高，会更加认可AIGCRS的质量。研究还发现，在信任形成过程中，共享价值观越高时，感知声誉与信息源信用的关系越强。在共享语言提高时，感知能力与信息源信用的关系变弱。这是因为能力一般是需要真实的行为结果来支撑的，只有在不能理解其报告内容、无法观察到其行为结果，即共享语言较低时，才会完全由原来的感知能力决定；但凡有些能够理解的内容，都会使得感知能力与信息源信用二者之间的作用变得没有那么强。

3）基于征信系统的信任转移模型研究

这一部分从定量的角度回答：征信系统是否有利于减轻贷款决策人员对于其他部门（政府）信息的不信任？

（1）基于信任转移理论和信息质量评价理论，结合文献综述和深度访谈中发现并确认的特征因素：信息中介在不同信息源组织间（纵向信息共享组织间）沟通中起到的唯一性作用，建立了G2B信息共享环境下质量评价的信任转移模型。

（2）通过对我国8个省市地区的32家银行及银行短期培训班的262份有效问卷进行了实证研究，使用并行多重中介检验的方法，探讨了纵向信息共享环境下征信系统的信任转移路径。通过研究发现，信息源信用能够有效传递为对于信息的信任，无论是直接还是间接的。直接的效应表现为：当信息源被大家认可时，其发出的信息也较易被大家所认可。间接的效用表现为：可以通过信息源在征信平台上累积的信用，体现在其相关性、完整性、准确性、及时性的认识上，从而加深对于是否采纳AIGCRS决策的影响。研究还发现，相关性在这种信用积累效果中的作用不显著。原因在于：由于信息使用者获取信息的唯一方式是从征信系统中读取相关的书面报告，而这些报告的提交者为了比较清楚地反映出信息的来源情况，往往采用信息来源分类方式进行材料组织，而报告中所隐含的信息间的相关性并未在报告中显示出来，最终造成信息使用者对于相关性的认识不足，从而导致其作用不明显。

4）面向中小企业贷款的共享信息加工可能性模型研究

这一部分从定量的角度回答：哪些是中小企业贷款决策人员接受AIGCRS的关键影响因素？其影响过程？

（1）基于双加工理论和推理可能性理论，结合文献综述和深度访谈中发现并确认的特征因素：跨组织信息共享环境产生的信息传输和理解障碍，建立了G2B信息共享环境下AIGCRS接受的ELM(推理可能性)模型。

(2)通过对我国7个省市地区的28家银行的175份有效问卷进行了实证研究，使用中介效应检验和调节效应检验的方法，探讨了跨组织信息共享环境下信息接受过程的影响要素及其影响方式。通过中介效应的研究发现，启发式系统和基于规则分析系统在做出AIGCRS采纳决策时共同起作用，即AIGCRS信息源信用和AIGCRS的信息质量共同决定其是否被用于中小企业信贷决策。双加工理论在跨组织信息共享环境下是成立的。AIGCRS信息源信用和AIGCRS的信息质量通过信息有用性这一中介变量，对于信息使用的最终决策起作用。即AIGCRS信息源信用越高，AIGCRS的信息质量越高，其越被认为对于中小企业贷款决策是有用的，使用者越愿意将其应用到中小企业贷款决策过程中。通过调节效应的研究发现，追踪可控性显著调节信息源信用和信息有用性的关系，即征信平台使贷款员等产生的追踪可控性越强，外部环境提供的信息加工条件越充足，越觉得其可以通过征信平台提供的相关信用信息报告挖掘出一些有价值的东西，其越不盲从于对AIGCRS信息源信用的直观认识，而是努力地去探求、寻找AIGCRS的真正价值。追踪可控性对于AIGCRS信息质量和信息有用性的关系影响不显著，通过理论分析和补充调研，确认是由于跨组织信息环境下的“认知谨慎”和中小企业贷款信息稀缺造成的。另外，根据补充调研，被访谈者还提出了如下六个方面增加其追踪可控性：信息获取流程；关键信息的控制；内部逻辑的一致性；信息更新时间；信息具体程度；准确程度打分。

基于以上结论，提出了一系列G2B征信信息共享及其用于贷款决策支持的实践建议；通过AIGCRS对于中小企业贷款决策支持的影响因素分析，为AIGCRS在中小企业贷款决策过程中的使用提供了汇总指导意见；通过定量研究，提出了征信平台完善的具体建议：首先，从六个方面增加信贷员等使用报告时进行深入分析的便利性：明确信息获取流程；针对关键信息质量进行控制，增强内部逻辑的一致性，提供详细的信息更新时间，完善信息具体程度，通过准确程度打分提供相应线索。其次，改变信用报告的组织方式，从相关性的角度入手，使报告的可读性更强，辅助决策时能够协助提高信贷员的决策效率和效果。最后，注重提升政府信用信息采集形象，加强信贷员培训，并且双方就信用信息的采集目的、使用注意事项等方面加强沟通和联系。

9.2 研究不足及展望

随着研究的深入,不断有新的想法和新的研究思路涌现,但由于篇幅限制,且许多问题的研究目前条件尚不成熟,因此许多研究上的不足和研究展望只能留待后期解决和深入。主要表现为:

1) 关于中小企业划分及其小企业继续深入分析的可能性

小企业评分中的信用信息应用,是国内外研究中受到普遍关注的焦点。然而,本书以中小企业为研究对象来展开问题的讨论。以国家工信部、发改委、国家统计局、财政部四部委下发的中小企业划分标准为基本界定标准,即《中小企业标准暂行规定》(2003)。将"中小企业"作为一个整体来提,由于其有清晰的界定,这样被调查对象不至于产生概念混淆。2011 年 7 月,中国国家工信部、发改委、国家统计局、财政部四部委下发了《中小企业划型标准规定》,对于我国企业重新进行了划分,分为了大企业、中型企业、小企业、微小企业四种,对于小企业和微小企业给出了新的定义。但由于相关概念尚在推广过程中,且大部分框架和内容已确定,来不及拆分,仍旧采用中小企业作为了分析和研究的主体。

这种方法的可行性还表现在:首先,"中小企业"的划分自 2003 年沿用至今。从 2011 年 7 月到 8 月最后一次发放问卷前后,1 个月的时间内原有"中小企业"的划分方法仍旧能够发挥效用,并被接受调查者理解和记忆。其次,后期的补充调研显示,一般企业规模越大,其征信信息越完整;对于小企业,尤其是微小企业,目前征信系统中的许多政府政务信息都为空白。这多因为原始数据的缺失,例如,因为其规模小,可能根本就不为员工缴纳社保和公积金,这些信息根本就不存在。同时,政府部门在采集核实信息时也不可能面面俱到,基本上也是秉持"抓大放小"的原则。因而就目前我国征信系统的现状而言,若是将中型企业和小企业划分开来,单纯调查小企业政府征信信息的作用,可能由于小企业的数据大部分缺失,调查无法有效开展。而对于定性信息的偏重程度恰恰相反,大型和接近大型企业(中型中的偏大性)由于条件允许多采用基于财务报表的贷款技术,中型企业中的低端用户仍是采用信用评分技术(史建平,杨如冰,2009),更注重定性信息。因此,以"中小企业"为调查对象是考虑到现实局限性,有一定相对合理性。

随着我国正在建设的小企业信用信息平台的完善和使用,若是将来数据采集条件允许的情况下,可以将小企业政府类信用信息的使用作为独立的研究对象研究。而且还可以将二者进行对比,以求进行更多的有趣探索。

2）数据采集的扩展可能性方向

第6章问卷由于问卷题项没有改变，且均采用反映型量表，因此没有经过样本规模较大的预测试。由于问卷发放对象是银行从业人员（信贷员等），且预测试用过的样本一般都不能再用，对于样本数量的要求致使缺乏足够的样本去做严格的预测试。这种情况在以后的研究设计中应尽量避免，尽量寻求其他的更为高效便利的数据采集方式。例如，通过接触在线信贷业务的中介网站（如E-lending和易贷中国等）开展相关的问卷调查，利用互联网传输的便利性，从而达到规避样本量不够的风险。同时，还可以进行线上用户和线下用户的对比研究。由于线上决策时间上一般都要求更急迫，这是精细加工可能性模型中对机会（Opportunity）的经典度量，可以检测在E-lending的环境下，其是否会对决策产生较大的影响。

另外，由于样本的特殊性，银行业是一个保密性要求比较高的行业。因此，许多客观指标未能纳入到我们的研究中来，因此无法开展获取多来源信息方式来减少同源方差问题，比如：通过加入信贷员的薪酬和中小企业贷款审批正确率等信息作为中小企业贷款中采用政府信息效果的交叉验证指标。在以后的研究中，应关注该问题。

最后，本书中的数据多采用横向截面采集方式。尽管能够清晰反映出变量之间的相关关系，但表征因果关系的最好采集方式是采用不同时间点的纵向数据。因此，未来研究中应考虑采用多时间点数据采集方式。

3）研究问题的继续深入和细化问题

尽管现有研究通过访谈能够发现征信平台中的特征和银行具体文化氛围是不同的，并确定了其不同之处，然而距离通过详细问卷的定量度量研究还有很大的一步，需要后期进一步讨论和研究。将来若条件允许，可以建立一定的指标识别相应的不同，做出准确区分，观察其中的显著影响，在这些问题上很有深入挖掘的空间和必要。

类似的还有，造成每个信息追踪可控性差异的主要原因是现在各地电子政务发展不平衡及各个信贷员面对不同企业征信信息形成的信息子集的差异，将来若研究条件允许，可以将这两方面要素区分开来研究。

附　录

附录1　企业基本信用信息报告范本

报告编号：B-2011＊＊＊＊＊＊＊＊

企业基本信用信息报告范本

报告时间：2011-＊＊-＊＊＊＊＊：＊＊：＊＊

基本状况
概况信息（详细版）
借款人中文名称
借款人外文名称
登记注册号
组织机构代码
国税登记证代码
地税登记证代码
贷款卡编码
贷款卡状态
工商注册登记日期
工商注册到期日期
所属行业
主营业务及主要产品简介
进出口权

（续表）

基本状况
借款人注册地址
借款人邮政编码
借款人联系电话
借款人 E-mail
借款人网址
借款人传真电话
财务部联系方式
高管人员信息(详细版)
法定代表人
财务负责人
工作简历
资本构成信息(详细版)
注册资金
对外投资信息(详细版)
借款人财务信息(详细版)
资产状况
负债状况
权益状况
利润及利润分配
信贷信息
未结清信贷信息(详细版)
已结清信贷信息(详细版)
未结清不良信贷信息(详细版)
已结清不良信贷信息(详细版)
欠息信息(详细版)
当前对外担保信息(详细版)
被担保信息(详细版)

（续表）

信贷信息
保证合同信息
被担保抵押信息
被担保质押信息
垫款信息（详细版）
公开授信信息（详细版）
资产剥离信息（详细版）
冲销信息（详细版）
集团信息（详细版）
股票信息（详细版）
诉讼信息（详细版）
大事记信息（详细版）
社保信息（简单版）
公积金信息（简单版）
法院信息
支付信用信息（详细版）
证监会信息（行政处罚）
证监会信息（或有事项）
税务信息（简单版）
纳税基本信息
纳税明细信息
处罚信息
表彰奖励信息
奖励信息（简单版）
行政处罚信息（简单版）
许可信息（简单版）
资质信息（简单版）
认证信息（简单版）

（续表）

信贷信息
质检通关即企业进出口监管信息(简单版)
出入境检验检疫绿色通道信息
进出口商品免检信息
进出口商品检验分类监管信息
公用事业缴费信息(简单版)
电信缴费信息
电费缴纳信息
水费缴纳信息
燃气费缴纳信息
有线电视收视费缴纳信息
其他公共事业缴费信息
借款人声明
异议标注

附录 2　访谈提纲

(1) 如何评价中小企业贷款？都包括哪些关键的定量指标和定性指标？

(2) 评价过程中，是以定性指标为主还是定量指标为主？

(3) 部分中小企业没有合格的财务报表或者根本就没有财务报表，得不到好的定量指标，在现实中如何解决？能举个简单的例子吗？

(4) 目前的审批评价过程是怎样的？

(5) 中小企业贷款中评价中需要关注哪些指标(从定量和定性角度)？

(6) 征信系统中的政府信用信息对于中小企业贷款决策是不是有用？平时工作中用得多么？为什么会有用却用得少/没有用却还是在用？

(7) 征信系统中的政府信用信息在中小企业贷款中发挥怎样的作用？

(8) 什么因素能够促使你更加相信/不相信信息？

(9) 哪些因素影响到政府搜集和处理企业信用信息的表现？

附录 3　问卷发放说明

现因交大承接的国家自然科学基金重点项目《电子政务的基础理论与方法》的研究需要，我们课题组需要针对征信系统（具体的政府与银行间的信息共享平台之一）的用户接受情况进行调研，调研方式以发放调查问卷为主。

问卷的调查目的：通过问卷的发放与分析，寻求提升与完善征信系统中信息质量的途径，从 G2B 信息共享角度为缓解银行与中小企业间的信息不对称提出破解之道。

问卷发放的对象：各个支行做过中小企业贷款的信贷员、审批人员、审查人员。

问卷的调查内容：征信系统中的政府类信息和银行类信息（具体界定见问卷）在中小企业贷款中的应用。

调查问卷发放过程具体说明：①问卷发放前要做哪些？提前阅读。在问卷发放之前，请您就已发过去的电子版问卷（注：纸质版与电子版问卷内容完全一致，为节约时间，特先发电子版，后期寄出与之对应的纸质版问卷）进行仔细阅读，对问卷理解或发放中存在的问题或疑问进行标记或注释，我们会有专职人员采用电话方式进行反馈确认（一般寄出后一周内的周末）。②问卷发放对象及数量如何确定？随机方式，只要符合上述问卷发放对象要求的均可作为问卷填写人，发放时不需要覆盖全部，根据您的了解定点随机发放。我中心研究人员会在预先阅读问题反馈阶段与您商讨确认问卷发放数量，并按照最终商定数量上浮 5%的方式邮寄问卷（其中，5%仅用于替换污损问卷，不需额外发放）。③问卷发放过程中遇到问题怎么办？若是在问卷发放前曾经沟通过的问题，可由您现场帮助解答；若是之前没有沟通过的问题，可与我中心联系人联系，我中心人员会提供及时反馈。④问卷回收。为保证问卷填写人的隐私权，我们希望问卷采取全匿名保密回收，回收后放入随寄的上海交大专用档案袋中寄回。

调查中的可能会被关注的其他问题：①问卷中不涉及任何银行需要保密的问题；②仅用于统计分析，原始数据绝不外泄；③若您或所在单位对于我们的研究感兴趣，敬请留下您的联系方式，届时我们课题组会及时反馈分析结果。

十分感谢您的帮助和配合，这对于完成我们此次研究非常关键。感谢您对于交大学术研究工作的支持！谢谢！

上海交通大学安泰经济与管理学院
管理信息系统研究中心课题组

附录4　征信信息应用情况的调查问卷

——基于征信系统中的企业信用信息(银行卷)

非常感谢您参与此次调查!

【问卷背景】目前,央行征信系统中的企业信用信息大致可被分为政府类信用信息、银行类信用信息、公共事业部门信用信息和企业提供的信用信息四类。本研究仅关注政府类信用信息和银行类信用信息。

其中,政府类信用信息主要包括:税务部门信息(企业纳税基本信息、纳税处罚信息)、工商部门信息(企业注册信息、资本结构信息)、法院诉讼信息、社保部门信息(参保信息,应参保未参保信息)、环保部门信息等。

银行类信用信息主要包括:已结清贷款信息、未结清贷款信息、已结清不良信贷信息、未结清不良信贷信息、欠息状况、对外担保信息、被担保信息、公开授信信息、贷款合同信息。

【问卷目的】了解上述两类征信信息在中小企业贷款评估中的应用情况。

此次调查问卷由电子政务管理理论与方法的基础研究组执行,是纯学术性的研究。问卷采用匿名方式,您所填写的所有资料仅供分析,所有个人问答也将被严格保密,请您安心填写。如果您对本次调研有任何疑问,请随时与我们联系!

您的参与对于我们的研究非常重要,再次感谢您对我们工作的支持!

填写说明:所有框都是单选框,请根据真实情况在对应的位置打√。

第一部分:征信系统中政府类信用信息(简称政府类信息)的作用 下面的语句描述了政府类信息(由工商、税务、社保等部门采集并集成到征信系统)的作用,请判断它们与您所感受现状的符合程度。		非常不符合	比较不符合	不确定	比较符合	非常符合
1	我会依据政府类信息来评估我的中小企业贷款	1	2	3	4	5
2	政府类信息会成为影响我评估中小企业贷款的因素	1	2	3	4	5
3	政府类信息有可能改变我的中小企业贷款评估结果	1	2	3	4	5

（续表）

4	我会推荐有类似中小企业贷款评估需求的同事使用政府类信息	1	2	3	4	5
下面的语句描述了人们对征信系统中政府类信息的一些看法，本身没有对错之分，请根据自己的意见或感受，回答您对它们的同意程度。		非常不同意	不同意	不确定	同意	非常同意
5	政府类信息能够为评估中小企业贷款提供帮助	1	2	3	4	5
6	政府类信息能够为评估中小企业贷款提供有效的资讯	1	2	3	4	5
7	政府类信息对于中小企业贷款评估有很大的价值	1	2	3	4	5
8	征信系统能够提供优质的政府类信息	1	2	3	4	5
9	我对征信系统中的政府类信息质量给予好评	1	2	3	4	5
10	我给征信系统中的政府类信息打高分	1	2	3	4	5
11	我对征信系统中的政府类信息质量很满意	1	2	3	4	5
第二部分信息源状况 下面的语句描述一些政府类信用信息源（工商、税务、社保等政府部门）的特征，请根据您的真实感受做出推断。		极其不可能	不可能	介于二者之间	可能	极其可能
12	政府部门在提供企业信用信息方面很值得信赖	1	2	3	4	5
13	政府部门在提供企业信用信息方面非常令人信服	1	2	3	4	5
14	政府部门在提供企业信用信息方面具有丰富知识	1	2	3	4	5
15	政府部门在提供企业信用信息方面是专家	1	2	3	4	5

以下有关您的个人资料，仅供学术统计分析之用，绝对保密，敬请放心作答

1. 您的性别：(　　)男(　　)女

2. 您的受教育程度：

(　　)高中或大专　　(　　)本科　　(　　)硕士及以上

3. 您从事中小企业贷款决策相关工作的年限为：
( )不到 2 年　( )2～5 年
( )5～8 年　( )8 年以上

4. 您目前在中小企业信用信息工作中的工作职位是：(可多选)
( )客户经理　( )授信审批人员　( )贷后管理人员
( )支行行长　( )其他管理层人员

5. 您所在的银行属于：
( )国有四大行　( )股份制商业银行
( )其他类银行金融机构(城商行、农商行、村镇银行等)

附录 5　加入控制变量的 G2B 共享信息接受模型检验

排除(partial out)“工作相关性(JR)”和“使用者经验(UE)”的协方差影响，将二者作为控制变量加入模型，得到的最终结果如下表 1 所示。

附表 5-1　加入控制变量的共享信息接受模型假设检验结果

路径	预设关系描述	假设	T 值	结果
IU-IA	信息有用性→信息使用	H1	16.001***	支持
PIQ-IU	感知信息质量→信息有用性	H2	5.861***	支持
SC-IU	信息源信用→信息有用性	H3	3.21**	支持
PIQ-(COT)-IU	感知信息质量—(追踪可控性)→信息有用性	H4	−1.170	不支持
SC-(COT)-IU	信息源信用—(追踪可控性)→信息有用性	H5	−2.043*	支持
SC-PIQ-IU	信息源信用→感知信息质量→信息有用性	H6	5.861***	支持
PIQ-IU-IA	感知信息质量→信息有用性→信息使用	H7	11.420***	支持
SC-IU-IA	信息源信用→信息有用性→信息使用	H8	11.420***	支持

注：*** 表示在 $p<0.001$ 显著，** 表示在 $p<0.01$ 显著，* 表示在 $p<0.05$ 显著。

可见，最终检验结果与未进行“工作相关性”和“使用者经验”控制的情况下一致，由此可见，控制变量并不影响模型最终估计结果。具体的中介效应检验和调节效应检验结果如附表 5-2 所示。

附表 5-2　加入控制变量的感知信息质量在信息源信用和信息有用性间的中介效应检验

	感知信息质量(PIQ)	因变量=信息有用性(IU)	
		M1	M2
工作相关性(JR)	0.061	0.076	0.048
使用者经验(UE)	−0.062	−0.007	0.021
信息源信用(SC)	0.649***	0.542***	0.249***
感知信息质量(PIQ)			0.452***
R^2	0.418	0.292	0.411
调整后 R^2	0.408	0.280	0.397
AIC			
F 值	40.965***	23.549***	29.696***
自由度	4 171	4 171	5 169

附表 5-3　加入控制变量的信息有用性在感知信息质量和信息使用间的中介效应检验

	信息有用性(IU)	因变量=信息使用(IA)	
		M1	M2
工作相关性(JR)	0.048	0.001	−0.033
使用者经验(UE)	0.021	−0.048	−0.062
信息源信用(SC)	0.452***	0.313***	−0.010
信息有用性(IU)			0.715***
R^2	0.411	0.309	0.610
调整后 R^2	0.397	0.293	0.599
F 值	29.696***	19.036***	52.906***
自由度	4 171	4 171	5 169

注：*** 表示在 $p<0.001$ 显著，** 表示在 $p<0.01$ 显著，* 表示在 $p<0.05$ 显著。

附表 5-4　加入控制变量的信息有用性在信息源信用和信息使用间的中介效应检验

	信息有用性(IU)	因变量=信息使用(IA)	
		M1	M2
工作相关性(JR)	0.048	0.001	−0.033
使用者经验(UE)	0.021	−0.048	−0.062

（续表）

	信息有用性(IU)	因变量＝信息使用(IA)	
		M1	M2
感知信息质量(PIQ)	0.249**	0.298***	0.121
信息有用性(IU)			0.715***
R^2	0.411	0.309	0.610
调整后 R^2	0.397	0.293	0.599
F 值	29.696***	19.036***	52.906***
自由度	4 171	4 171	5 169

附表 5－5　加入控制变量的追踪可控性在感知信息质量和信息有用性间的调节效应检验

	因变量＝信息有用性(IU)		
	M1	M2	M3
工作相关性(JR)	0.076	0.045	0.043
使用者经验(UE)	－0.007	0.064	0.071
感知信息质量(PIQ)	0.452***	0.361***	0.345***
追踪可控性(COT)		0.269***	0.256***
PIQ×COT			－0.070
ΔR^2	(0.119)***	(0.044)***	(0.004)
R^2	0.411	0.455	0.459
调整后 R^2	0.397	0.439	0.440
F 值	29.696***	28.218***	23.794***
Sig.	$p < 0.001$	$p < 0.001$	$p < 0.001$

附表 5－6　加入控制变量的追踪可控性在感知信息质量和信息有用性间的调节效应检验

	因变量＝信息有用性(IU)		
	M1	M2	M3
工作相关性(JR)	0.076	0.045	0.032
使用者经验(UE)	－0.007	0.064	0.076
信息源信用(SC)	0.249***	0.159*	0.147

（续表）

	因变量=信息有用性(IU)		
	M1	M2	M3
追踪可控性(COT)		0.269***	0.263***
SC×COT			0.043*
ΔR^2	(0.119)***	(0.044)***	(0.013)*
R^2	0.411	0.455	0.468
调整后 R^2	0.397	0.439	0.449
F 值	29.696***	28.218***	24.652***
Sig.	$p<0.001$	$p<0.001$	$p<0.001$

由上可见，控制变量均为不显著的，不加控制变量亦可。同时，加入控制变量后检验结果均不发生变化。

参考文献

[1] Agarwal R, Karahanna E. Time flies when you're having fun: Cognitive absorption and beliefs about information technology usage [J]. Management Information Systems Quarterly, 2000,24(4):665 - 694.

[2] Akbulut A Y, Kelle P, Pawlowski S D, Schneider H, Looney C A. To share or not to share? Examining the factors influencing local agency electronic information sharing. [J]. International Journal of Business Information Systems, 2009,4(2):143 - 172.

[3] Allen L, DeLong G, Saunders A. Issues in the credit risk modeling of retail markets [J]. Journal of Banking & Finance, 2004,28(4):727 - 752.

[4] Anderson J C, Gerbing D W. Structural equation modeling in practice: A review and recommended two-step approach [J]. Psychological Bulletin, 1988,103(3):411.

[5] Andersson P. Does experience matter in lending? A process-tracing study on experienced loan officers' and novices' decision behavior [J]. Journal of Economic Psychology, 2004,25 (4):471 - 492.

[6] Ardichvill A, Page V, Wentling T. Motivation and barriers to participation in virtual knowledge sharing communities or practice [J]. Journal of Knowledge Management, 2003, 7(1):64 - 77.

[7] Argote L, Ingram P. Knowledge Transfer: A Basis for Competitive Advantage in Firms [J]. Organizational Behavior and Human Decision Processes, 2000,82(1):150 - 169.

[8] Arthur W B. Competing technologies, increasing returns, and lock-in by historical events [J]. The Economic Journal, 1989,99(394):116 - 131.

[9] Ba S, Pavlou P A. Evidence of the effect of trust building technology in electronic markets: Price premiums and buyer behavior [J]. Management Information Systems Quarterly, 2002:243 - 268.

[10] Baddeley A. Working memory: Looking back and looking forward [J]. Nature Reviews Neuroscience, 2003,4(10):829 - 839.

[11] Badri M A, Alshare K. A path analytic model and measurement of the business value of e-government: An international perspective [J]. International Journal of Information Management, 2008,28(6):524 - 535.

[12] Bailey J E, Pearson S W. Development of a tool for measuring and analyzing computer user satisfaction [J]. Management Science, 1983,29(5):530 - 545.

[13] Bakos J Y, Brynjolfsson E. Information technology, incentives, and the optimal number of suppliers [J]. Journal of Management Information Systems, 1993,10(2):37 - 53.

[14] Baron R M, Kenny D A. The moderator—mediator variable distinction in social psychological research: Conceptual, strategic, and statistical considerations [J]. Journal of Personality and Social Psychology, 1986,51(6):1173.

[15] Bekkers V J J M, Zouridis S. Electronic service delivery in public administration: Some trends and issues [J]. International Review of Administrative Sciences, 1999,65(2):183.

[16] Bentler P M, Bonett D G. Significance tests and goodness of fit in the analysis of covariance structures [J]. Psychological Bulletin, 1980,88(3):588.

[17] Berger A N, Miller N H, Petersen M A, Rajan R G, Stein J C. Does function follow organizational form? Evidence from the lending practices of large and small banks [J]. Journal of Financial Economics, 2005,76(2):237 - 269.

[18] Berger A N, Rosen R J, Udell G F. Does market size structure affect competition? The case of small Business lending [J]. Journal of Banking and Finance, 2007,31(1):11 - 33.

[19] Berger A N, Udell G F. Relationship lending and lines of credit in small firm finance [J]. Journal of business, 1995,68(3):351 - 381.

[20] Berger A N, Udell G F. The institutional memory hypothesis and the procyclicality of bank lending behavior [J]. Journal of Financial Intermediation, 2004,13(4):458 - 495.

[21] Bhattacherjee A, Sanford C. Influence processes for information technology acceptance: An elaboration likelihood model [J]. Management Information Systems Quarterly, 2006,30(4):805 - 825.

[22] Bodenhorn H. Short-term loans and long-term relationships [J]. Journal of Money, Credit and Banking, 2003,35(4):485 - 505.

[23] Boudreau M C, Gefen D, Straub D W. Validation in information systems research: A state-of-the-art assessment [J]. Management Information Systems Quarterly, 2001,25(1):1 - 16.

[24] Brick I E, Palia D. Evidence of jointness in the terms of relationship lending [J]. Journal of Financial Intermediation, 2007,16(3):452 - 476.

[25] Brinol P, Petty R E. Overt head movements and persuasion: A self-validation analysis [J]. Journal of Personality and Social Psychology, 2003,84(6):1123.

[26] Brown M, Jappelli T, Pagano M. Information sharing and credit: Firm-level evidence from transition countries [J]. Journal of Financial Intermediation, 2009,18(2):151 - 172.

[27] Brown M, Zehnder C. Credit reporting, relationship banking, and loan repayment [J]. Journal of Money, Credit and Banking, 2007,39(8):1883 - 1918.

[28] Brown M, Zehnder C. The emergence of information sharing in credit markets [J]. Journal of Financial Intermediation, 2010,19(2):255 - 278.

[29] Canestraro D S, Pardo T A, Raup-Kounovsky A N, Taratus D. Regional telecommunication

incident coordination: Sharing information for rapid response [J]. Information Polity, 2009,14(1):113-126.

[30] Carlile P R. Transferring, translating, and transforming: An integrative framework for managing knowledge across boundaries [J]. Organization Science, 2004,15(5):555-568.

[31] Chaiken S, Trope Y. Dual-process theories in social psychology [M]. New York: Shelly Chainken yaacov Trope, 1999.

[32] Chakraborty A, Hu C X. Lending relationships in line-of-credit and nonline-of-credit loans: Evidence from collateral use in small business [J]. Journal of Financial Intermediation, 2006,15(1):86-107.

[33] Chow W S, Chan L S. Social network, social trust and shared goals in organizational knowledge sharing [J]. Information and management, 2008,45(7):458-465.

[34] Clarkson G, Jacobsen T E, Batcheller A L. Information asymmetry and information sharing [J]. Government Information Quarterly, 2007,24(4):827-839.

[35] Cole S T, Brosch R, Parkhill J, Garnier T, Churcher C, Harris D, Gordon S V, Eiglmeier K, Gas S, Barry C E. Deciphering the biology of Mycobacterium tuberculosis from the complete genome sequence [J]. Nature, 1998,393(6685):537-544.

[36] Compeau D R, Higgins C A. Computer self-efficacy: Development of a measure and initial test [J]. Management Information Systems Quarterly, 1995,19(2):189-211.

[37] Conner K R, Prahalad C K. A resource-based theory of the firm: Knowledge versus opportunism [J]. Organization Science, 1996,7(5):477-501.

[38] Constant D, Kiesler S, Sproull L. What is mine is ours, or is it [J]. Information Systems Research, 1994,5(4):400-422.

[39] Davis F D, Bagozzi R P, Warshaw P R. User acceptance of computer technology: a comparison of two theoretical models [J]. Management Science, 1989,35(8):982-1003.

[40] Davis F D. Perceived usefulness, perceived ease of use, and user acceptance of information technology [J]. Management Information Systems Quarterly, 1989,13(3):319-340.

[41] Dawes S S. Interagency information sharing: Expected benefits, manageable risks [J]. Journal of Policy Analysis and Management, 1996,15(3):377-394.

[42] Degryse H, Ongena S. Distance, lending relationships, and competition [J]. The Journal of Finance, 2005,60(1):231-266.

[43] Degryse H, Van Cayseele P. Relationship lending within a bank-based system: Evidence from European small business data [J]. Journal of Financial Intermediation, 2000,9(1):90-109.

[44] DeLone W H, McLean E R. Information systems success: the quest for the dependent variable [J]. Information Systems Research, 1992,3(1):60-95.

[45] Delone W H, McLean E R. The DeLone and McLean model of information systems success: A ten-year update [J]. Journal of Management Information Systems, 2003,19(4):9-30.

[46] Dey D, Kumar S. Reassessing Data Quality for Information Products [J]. Management science, 2010,56(12):2316-2322

[47] DeYoung R, Glennon D, Nigro P. Borrower-lender distance, credit scoring, and loan performance: Evidence from informational-opaque small business borrowers [J]. Journal of Financial Intermediation, 2008,17(1):113 - 143.

[48] Dimoka A. What does the brain tell us about trust and distrust? Evidence from a functional neuroimaging study [J]. Management Information Systems Quarterly, 2010,34(2):373 - 396.

[49] Djankov S, McLiesh, C. , Shleifer, A. Private credit in 129 countries [J]. Journal of Financial Economic, 2007,84(2):299 - 329.

[50] Doney P M, Cannon J P. An examination of the nature of trust in buyer-seller relationships [J]. The Journal of Marketing, 1997,61(2):35 - 51.

[51] Edwards J R, Lambert L S. Methods for integrating moderation and mediation: A general analytical framework using moderated path analysis [J]. Psychological Methods, 2007,12(1):1 - 22.

[52] Elsas R, Krahnen J P. Is relationship lending special? Evidence from credit-file data in Germany [J]. Journal of Banking and Finance, 1998,22(10 - 11):1283 - 1316.

[53] Evans J S B T. Dual-processing accounts of reasoning, judgment, and social cognition [J]. Annual Review of Psychology, 2008,59:255 - 278.

[54] Evans J S B T. Logic and human reasoning: An assessment of the deduction paradigm [J]. Psychological bulletin, 2002,128(6):978 - 996.

[55] Fang Z. E-government in digital era: concept, practice, and development [J]. International Journal of The Computer, The Internet and Management, 2002,10(2):1 - 22.

[56] Fedorowicz J, Gogan J L, Williams C B. A collaborative network for first responders: Lessons from the CapWIN case [J]. Government Information Quarterly, 2007,24(4):785 - 807.

[57] Fisman R, Khanna T. Is trust a historical residue? Information flows and trust levels [J]. Journal of Economic Behavior and Organization, 1999,38(1):79 - 92.

[58] Frame W S, Srinivasan A, Woosley L. The effect of credit scoring on small-business lending [J]. Journal of Money, Credit and Banking, 2001,33(3):813 - 825.

[59] Gefen D, Straub D W. Consumer trust in B2C e-Commerce and the importance of social presence: experiments in e-Products and e-Services [J]. Omega, 2004,32(6):407 - 424.

[60] Ghoshal S, Tsai W. Social capital and value creation: The role of intra-firm networks [J]. Academy of Management Journal, 1998,41(4):464 - 470.

[61] Gil-Garcia J R, Chengalur-Smith I S, Duchessi P. Collaborative e-Government: impediments and benefits of information-sharing projects in the public sector [J]. European Journal of Information Systems, 2007,16(2):121 - 133.

[62] Gil-Garcia J R, Janssen M, Chun S. Building the next generation of digital government infrastructures [J]. Government Information Quarterly, 2009,26(2):233 - 237.

[63] Gil-Garcia J R, Martinez-Moyano I J. Understanding the evolution of e-government: The influence of systems of rules on public sector dynamics [J]. Government Information Quarterly, 2007,24(2):266 - 290.

[64] Gil-García J R, Pardo T A. E-government success factors: Mapping practical tools to

theoretical foundations [J]. Government Information Quarterly, 2005,22(2):187 - 216.
[65] Goddard M, Mannion R, Smith P C. Assessing the performance of NHS Hospital Trusts: the role of "hard" and "soft" information [J]. Health Policy, 1999,48(2):119 - 134.
[66] Granovetter M. Economic Action and Social Structure: The Problem of embeddedness [J]. American Journal of Sociology, 1985,91(3):481 - 510.
[67] Gritzalis S, Gritzalis D. A digital seal solution for deploying trust on commercial transactions [J]. Information Management and Computer Security, 2001,9(2):71 - 79.
[68] Grover V, Teng J T C. E-commerce and the information market [J]. Communications of the ACM, 2001,44(4):79 - 86.
[69] Grunert J, Weber M. Recovery rates of commercial lending: Empirical evidence for German companies [J]. Journal of Banking and Finance, 2009,33(3):505 - 513.
[70] Hall R H, Clark J P, Giordano P C, Johnson P V, Van Roekel M. Patterns of interorganizational relationships [J]. Administrative science quarterly, 1977,22(3):457 - 474.
[71] Hallahan K. Enhancing motivation, ability, and opportunity to process public relations messages [J]. Public Relations Review, 2000,26(4):463 - 480.
[72] Heeks R. Reinventing government in the information age: International practice in IT-enabled public sector reform [J]. Public Money & Management 1999,14(3):9 - 21.
[73] Heesacker M, Petty R E, Cacioppo J T. Field dependence and attitude change: Source credibility can alter persuasion by affecting message-relevant thinking [J]. Journal of Personality, 1983,51(4):653 - 666.
[74] Houston J F, Lin C, Lin P, Ma Y. Creditor rights, information sharing, and bank risk taking [J]. Journal of Financial Economics, 2010,96(3):485 - 512.
[75] Hu L, Bentler P M. Fit indices in covariance structure modeling: Sensitivity to underparameterized model misspecification [J]. Psychological Methods, 1998,3(4):424 - 453.
[76] Hung S Y, Chang C M, Yu T J. Determinants of user acceptance of the e-Government services: The case of online tax filing and payment system [J]. Government Information Quarterly, 2006,23(1):97 - 122.
[77] Hurst D K. Of boxes, bubbles, and effective management [J]. Harvard Business Review, 1984,62(3):78 - 88.
[78] Inderst R, Mueller H M. A lender-based theory of collateral [J]. Journal of Financial Economics, 2007,84(3):826 - 859.
[79] Inkpen A C, Tsang E W K. Social capital, networks, and knowledge transfer [J]. The Academy of Management Review, 2005,30(1):146 - 165.
[80] Jaffee D M, Russell T. Imperfect information, uncertainty, and credit rationing [J]. The Quarterly Journal of Economics, 1976,90(4):651 - 666.
[81] Jappelli T, Pagano M. Information sharing, lending and defaults: Cross-country evidence [J]. Journal of Banking and Finance, 2002,26(10):2017 - 2045.
[82] Jarvenpaa S L, Knoll K, Leidner D E. Is anybody out there?: antecedents of trust in global virtual teams [J]. Journal of Management Information Systems, 1998,14(4):29 - 64.

[83] Jarvenpaa S L, Staples D S. The use of collaborative electronic media for information sharing: an exploratory study of determinants [J]. The Journal of Strategic Information Systems, 2000,9(2-3):129-154.

[84] Kahneman D. A perspective on judgment and choice: Mapping bounded rationality [J]. American Psychologist, 2003,58(9):697-720.

[85] Kallberg J G, Udell G F. The value of private sector business credit information sharing: The US case [J]. Journal of Banking and Finance, 2003,27(3):449-469.

[86] Kim S, Kim J. Lines of Credit, Borrowing Costs, and Relationship Banking: Evidence from Korean Main Credit Banks [J]. Asia-Pacific Journal of Financial Studies, 2007,36(1):32.

[87] King S F. Citizens as customers: Exploring the future of CRM in UK local government [J]. Government Information Quarterly, 2007,24(1):47-63.

[88] Klein B, Leffler K B. The role of market forces in assuring contractual performance [J]. The Journal of Political Economy, 1981,89(4):615-641.

[89] Koufaris M, Hampton-Sosa W. The development of initial trust in an online company by new customers [J]. Information and management, 2004,41(3):377-397.

[90] Landsbergen Jr D, Wolken Jr G. Realizing the promise: Government information systems and the fourth generation of information technology [J]. Public Administration Review, 2001,61(2):206-220.

[91] Leblebici H, Salancik G R. Stability in Interoganizational Exchanges: Rulemaking Processes of the Chicago Board of Trade [J]. Administrative Science Quarterly, 1982,27(2):227-242.

[92] Lee J, Kim H J, Ahn M J. The willingness of e-Government service adoption by business users: The role of offline service quality and trust in technology [J]. Government Information Quarterly, 2011,28(2):222-230.

[93] Lehmann E, Neuberger D. Do lending relationships matter? Evidence from bank survey data in Germany [J]. Journal of Economic Behavior and Organization, 2001,45(4):339-359.

[94] Lin F Y, Fofanah S S, Liang D R. Assessing citizen adoption of e-Government initiatives in Gambia: A validation of the technology acceptance model in information systems success [J]. Government Information Quarterly, 2011,28(2):271-279.

[95] Lin L, Geng X, Whinston A B. A sender-receiver framework for knowledge transfer [J]. Management Information Systems Quarterly, 2005,29(2):197-219.

[96] Lindskold S. Trust development, the GRIT proposal, and the effects of conciliatory acts on conflict and cooperation [J]. Psychological Bulletin, 1978,85(4):772-793.

[97] Lu Y, Yang D. Information exchange in virtual communities under extreme disaster conditions [J]. Decision Support Systems, 2011,50:529-538.

[98] Luna-Reyes L F, Gil-Garcia J R, Cruz C B. Collaborative digital government in Mexico: Some lessons from federal web-based interorganizational information integration initiatives [J]. Government Information Quarterly, 2007,24(4):808-826.

[99] MacInnis D J, Moorman C, Jaworski B J. Enhancing and measuring consumers' motivation, opportunity, and ability to process brand information from ads [J]. The Journal of Marketing, 1991,55(4):32-53.

[100] MacKinnon D P, Lockwood C M, Hoffman J M, West S G, Sheets V. A comparison of methods to test mediation and other intervening variable effects [J]. Psychological Methods, 2002,7(1):83-104.

[101] Maltz E. Is all communication created equal?: An investigation into the effects of communication mode on perceived information quality [J]. Journal of Product Innovation Management, 2000,17(2):110-127.

[102] Markus H R, Kitayama S. Culture and the self: Implications for cognition, emotion, and motivation [J]. Psychological Review, 1991,98(2):224-253.

[103] Mayer R C M, Davis J H, Schoorman F D. An integrative model of organizational trust [J]. Academy of Management Review, 1995,20(3):709-734.

[104] McClure C R, Bertot J C. The chief information officer (CIO): assessing its impact [J]. Government Information Quarterly, 2000,17(1):7-12.

[105] McKinney E, Yoos C. Information about information: a taxonomy of views [J]. Management Information Systems Quarterly, 2010,34(2):329-344.

[106] McKinney V, Yoon K. The measurement of web-customer satisfaction: An expectation and disconfirmation approach [J]. Information Systems Research, 2002,13(3):296-315.

[107] McKnight D H, Cummings L L, Chervany N L. Initial trust formation in new organizational relationships [J]. The Academy of Management Review, 1998,23(3):473-490.

[108] Miller J, Doyle B A. Measuring the effectiveness of computer-based information systems in the financial services sector [J]. Management Information Systems Quarterly, 1987,11(1):107-124.

[109] Moon T H, Sohn S Y. Technology scoring model for reflecting evaluator's perception within confidence limits [J]. European journal of Operational Research, 2008,184(3):981-989.

[110] Moore G C, Benbasat I. Development of an instrument to measure the perceptions of adopting an information technology innovation [J]. Information Systems Research, 1991, 2(3):192-222.

[111] Morrison E W. Information seeking within organizations [J]. Human Communication Research, 2002,28(2):229-242.

[112] Munoz-Canavate A, Hipola P. Electronic administration in Spain: From its beginnings to the present [J]. Government Information Quarterly, 2010,28(4):74-90.

[113] Nahapiet J, Ghoshal S. Social capital, intellectual capital, and the organizational advantage [J]. Academy of Management Review, 1998,23(2):242-266.

[114] Newsted P, Huff S, Munro M. Survey instruments in information systems [J]. Management Information Systems Quarterly, 1998,22(4):553-554.

[115] Nicolaou A I, McKnight D H. Perceived information quality in data exchanges: Effects on risk, trust, and intention to use [J]. Information Systems Research, 2006,17(4):332.

[116] North D C. Economic performance through time [J]. The American Economic Review, 1994,84(3):359 - 368.

[117] Oliver C. Determinants of interorganizational relationships: Integration and future directions [J]. Academy of Management Review, 1990,15(2):241 - 265.

[118] Padilla A J, Pagano M. Endogenous communication among lenders and entrepreneurial incentives [J]. Review of Financial Studies, 1997,10(1):205 - 236.

[119] Padilla A J, Pagano M. Sharing default information as a borrower discipline device [J]. European Economic Review, 2000, 44(10): 1951 - 1980.

[120] Palmer J W. Web site usability, design, and performance metrics [J]. Information Systems Research, 2003,13(2):151 - 167.

[121] Pardo T A, Cresswell A M, Dawes S S, Burke G B. Modeling the social and technical processes of interorganizational information integration [C]. Proceedings of the 37th Hawaii International Conference on System Sciences, 2004.

[122] Parssian A, Sarkar S, Jacob V S. Assessing data quality for information products: impact of selection, projection, and Cartesian product [J]. Management Science, 2004,50(7): 967 - 982.

[123] Parssian A, Sarkar S, Jacob V S. Impact of the Union and Difference Operations on the Quality of Information Products [J]. Information Systems Research, 2009,20(1):99 - 120.

[124] Parssian A. Managerial decision support with knowledge of accuracy and completeness of the relational aggregate functions [J]. Decision Support Systems, 2006,42(3):1494 - 1502.

[125] Pavlou P A, Liang H, Xue Y. Understanding and mitigating uncertainty in online exchange relationships: A principal-agent perspective [J]. Management Information Systems Quarterly, 2007,31(1):8.

[126] Pawlak Z. Rough set approach to knowledge-based decision support [J]. European Journal of Operational Research, 1997,99(1):48 - 57.

[127] Petersen M A, Rajan R G. Does distance still matter? The information revolution in small business lending [J]. The Journal of Finance, 2002,57(6):2533 - 2570.

[128] Petersen M A, Rajan R G. The benefits of lending relationships: Evidence from small business data [J]. Journal of Finance, 1994:3 - 37.

[129] Petersen M A, Rajan R G. The effect of credit market competition on lending relationships [J]. Quarterly Journal of Economics, 1995,110(2):407 - 443.

[130] Peterson R A, Balasubramanian S, Bronnenberg B J. Exploring the implications of the Internet for consumer marketing [J]. Journal of the Academy of Marketing Science, 1997,25(4):329 - 346.

[131] Petty R E, Bri ol P. A metacognitive approach to "implicit" and "explicit" evaluations: Comment on Gawronski and Bodenhausen (2006) [J]. Psychological Bulletin, 2006,132 (5):740 - 744.

[132] Petty R E, Cacioppo J T, Goldman R. Personal involvement as a determinant of argument-based persuasion [J]. Journal of Personality and Social Psychology, 1981,41

(5):847.

[133] Pieterson W, Ebbers W, van Dijk J. Personalization in the public sector: An inventory of organizational and user obstacles towards personalization of electronic services in the public sector [J]. Government Information Quarterly, 2007,24(1):148 - 164.

[134] Portes A, Sensenbrenner J. Embeddedness and immigration: Notes on the social determinants of economic action [J]. The American Journal of Sociology, 1993,98(6): 1320 - 1350.

[135] Preacher K J, Hayes A F. Asymptotic and resampling strategies for assessing and comparing indirect effects in multiple mediator models [J]. Behavior research methods, 2008,40(3):879 - 891.

[136] Qureshi I, Fang Y, Ramsey E, McCole P, Ibbotson P, Compeau D. Understanding online customer repurchasing intention and the mediating role of trust—an empirical investigation in two developed countries [J]. European Journal of Information Systems, 2009,18(3):205 - 222.

[137] Rabjohn N, Cheung C M K, Lee M K O. Examining the Perceived Credibility of Online Opinions: Information Adoption in the Online Environment [C], IEEE Computer Society, 2008.

[138] Raver J L, Gelfand M J. Beyond the individual victim: Linking sexual harassment, team processes, and team performance [J]. The Academy of Management Journal, 2005, 48 (3):387 - 400.

[139] Reddick C G. A two-stage model of e-government growth: Theories and empirical evidence for US cities [J]. Government Information Quarterly, 2004,21(1):51 - 64.

[140] Reddick C G. The adoption of centralized customer service systems: A survey of local governments [J]. Government Information Quarterly, 2009,26(1):219 - 226.

[141] Riedl R, Hubert M, Kenning P. Are there neural gender differences in online trust? An fMRI study on the perceived trustworthiness of eBay offers [J]. Management Information Systems Quarterly, 2010,34(2):397 - 428.

[142] Rindova V P, Williamson I O, Petkova A P, Sever J M. Being good or being known: An empirical examination of the dimensions, antecedents, and consequences of organizational reputation [J]. The Academy of Management Journal, 2005,48(6):1033 - 1049.

[143] Rousseau D M, Sitkin S B, Burt R S, Camerer C. Not so different after all: A cross-discipline view of trust [J]. Academy of Management Review, 1998,23(3):393 - 404.

[144] Schedler K, Summermatter L. Customer orientation in electronic government: Motives and effects [J]. Government Information Quarterly, 2007,24(2):291 - 311.

[145] Scott J A. Loan officer turnover and credit availability for small firms [J]. Journal of Small Business Management, 2006,44(4):544 - 562.

[146] Shalini R T. Are Mauritians ready for e-Government services? [J]. Government Information Quarterly, 2009,26(3):536 - 539.

[147] Shareef M A, Kumar V, Kumar U, Dwivedi Y K. E-Government Adoption Model

(GAM): Differing service maturity levels [J]. Government Information Quarterly, 2011, 28(1):17 - 35.

[148] Shih H P. An empirical study on predicting user acceptance of e-shopping on the Web [J]. Information and Management, 2004,41(3):351 - 368.

[149] Shyu S H P, Huang J H. Elucidating usage of e-government learning: A perspective of the extended technology acceptance model [J]. Government Information Quarterly, 2011, 28(4):491 - 502.

[150] Simmons J P, Nelson L D. Intuitive confidence: Choosing between intuitive and nonintuitive alternatives [J]. Journal of Experimental Psychology: General, 2006,135 (3):409.

[151] Singh A K, Sahu R. Integrating Internet, telephones, and call centers for delivering better quality e-governance to all citizens [J]. Government Information Quarterly, 2008, 25(3):477 - 490.

[152] Song J, Zahedi F M. Trust in health infomediaries [J]. Decision Support Systems, 2007, 43(2):390 - 407.

[153] Srinivasan A. Alternative measures of system effectiveness: Associations and implications [J]. Mis Quarterly, 1985,9(3):243 - 253.

[154] Stein J C. Information production and capital allocation: Decentralized versus hierarchical firms [J]. The Journal of Finance, 2002,57(5):1891 - 1921.

[155] Steininger K, Riedl R, Roithmayr F, Mertens P. Fads and Trends in Business and Information Systems Engineering and Information Systems Research—A Comparative Literature Analysis [J]. Business and Information Systems Engineering, 2009,1(6):411 - 428.

[156] Stewart K J. Trust transfer on the world wide web [J]. Organization Science, 2003,14 (1):5 - 17.

[157] Stiglitz J E, Weiss A. Credit rationing in markets with imperfect information [J]. The American economic review, 1981,71(3):393 - 410.

[158] Straub D W. Validating instruments in MIS research [J]. Management Information Systems Quarterly, 1989:147 - 169.

[159] Sussman S W, Siegal W S. Informational influence in organizations: An integrated approach to knowledge adoption [J]. Information Systems Research, 2003,14(1):47 - 65.

[160] Taylor A B, MacKinnon D P, Tein J Y. Tests of the three-path mediated effect [J]. Organizational Research Methods, 2008,11(2):241.

[161] Taylor S, Todd P. Understanding information technology usage: A test of competing models [J]. Information Systems Research, 1995,6(2):144 - 176.

[162] Taylor S, Todd P. Assessing IT usage: The role of prior experience [J]. Management Information Systems Quarterly, 1995:561 - 570.

[163] Teo T S H, Wong P K. An empirical study of the performance impact of computerization in the retail industry [J]. Omega, 1998,26(5):611 - 621.

[164] Tichy N M, Tushman M L, Fombrun C. Social network analysis for organizations [J]. Academy of Management Review, 1979,4(4):507 - 519.

[165] Torkzadeh R, Dhillon G. Measuring factors that influence internet commerce success [J]. Information Systems Research, 2002,13(2):187 - 204.

[166] Tormala Z L, Clarkson J J. Assimilation and Contrast in Persuasion [J]. Personality and Social Psychology Bulletin, 2007,33(4):559.

[167] Tsai W, Ghoshal S. Social capital and value creation: The role of intrafirm networks [J]. Academy of Management Journal, 1998,41(4):464 - 476.

[168] Tung L L, Rieck O. Adoption of electronic government services among business organizations in Singapore [J]. The Journal of Strategic Information Systems, 2005,14(4):417 - 440.

[169] Uchida H, Udell G F, Yamori N. Loan officers and relationship lending to SMEs [J]. Journal of Financial Intermediation, 2009,21(1):97 - 122.

[170] Urban G L, Sultan F, Qualls W J. Placing trust at the center of your Internet strategy [J]. Sloan Management Review, 2000,42(1):39 - 48.

[171] Uzzi B. Embeddedness in the making of financial capital: How social relations and networks benefit firms seeking financing [J]. American Sociological Review, 1999,64(4):481 - 505.

[172] Van Dijk J A G M, Peters O, Ebbers W. Explaining the acceptance and use of government Internet services: A multivariate analysis of 2006 survey data in the Netherlands [J]. Government Information Quarterly, 2008,25(3):379 - 399.

[173] Van Maanen J, Schein E H. Toward a theory of organizational socialization [J]. Research in Organizational Behavior, 1979,1(1):209 - 264.

[174] Venkatesh V, Davis F D. A theoretical extension of the technology acceptance model: Four longitudinal field studies [J]. Management science, 2000,46(2):186 - 204.

[175] Venkatesh V, Morris M G, Davis G B, Davis F D. User acceptance of information technology: Toward a unified view [J]. Management Information Systems quarterly, 2003,27(3):425 - 478.

[176] Verdegem P, Verleye G. User-centered E-Government in practice: A comprehensive model for measuring user satisfaction [J]. Government Information Quarterly, 2009,26(3):487 - 497.

[177] Vinokur A, Burnstein E. Novel argumentation and attitude change: The case of polarization following group discussion [J]. European Journal of Social Psychology, 1978,8(3):335 - 348.

[178] Wand Y, Wang R Y. Anchoring data quality dimensions in ontological foundations [J]. Communications of the ACM, 1996,39(11):86 - 95.

[179] Wang J C, Chiang M J. Social interaction and continuance intention in online auctions: A social capital perspective [J]. Decision Support Systems, 2009,47(4):466 - 476.

[180] Wang R Y. A product perspective on total data quality management [J]. Communications

of the ACM, 1998,41(2):58 - 65.

[181] Wang R Y, Strong D M. Beyond accuracy: what data quality means to data consumers [J]. Journal of Management of Information Systems, 1996,12(4):5 - 33.

[182] Wang W, Benbasat I. Recommendation agents for electronic commerce: Effects of explanation facilities on trusting beliefs [J]. Journal of Management Information Systems, 2007,23(4):217 - 246.

[183] Wang Y S, Shih Y W. Why do people use information kiosks? A validation of the Unified Theory of Acceptance and Use of Technology [J]. Government Information Quarterly, 2009,26(1):158 - 165.

[184] Wasko M M L, Faraj S. Why should I share? Examining social capital and knowledge contribution in electronic networks of practice [J]. Mis Quarterly, 2005,29(1):35 - 57.

[185] Willem A, Buelens M. Knowledge sharing in public sector organizations: The effect of organizational characteristics on interdepartmental knowledge sharing [J]. Journal of public Administration Research and Theory, 2007,17(4):581.

[186] Winkler S, K Nig C J, Kleinmann M. Single-Attribute utility analysis may be futile, but this can't be the end of the story: Casual chain analysis as an alternative [J]. Personnel Psychology, 2010,63(4):1041 - 1065.

[187] Wixom B H, Todd P A. A theoretical integration of user satisfaction and technology acceptance [J]. Information Systems Research, 2005,16(1):85 - 102.

[188] Wixom B H, Watson H J. An empirical investigation of the factors affecting data warehousing success [J]. Mis Quarterly, 2001,25(1):17 - 41.

[189] Wu C, and Shafer, DR Susceptibility to persuasive appeals as a function of source credibility and prior experience with the attitude object [J]. Journal of Personality and Social Psychology, 1987,52(4):677 - 688.

[190] Yang T M, Maxwell T A. Information-sharing in public organizations: A literature review of interpersonal, intra-organizational and inter-organizational success factors [J]. Government Information Quarterly, 2011,28(2):164 - 175.

[191] Yli-Renko H, Autio, E. , & Sapienza H. Social capital, knowledge acquisition and knowledge exploitation in young technology-based firms [J]. Strategic Management Journal, 2001,22(6 - 7):587 - 614.

[192] Zahedi F M, Bansal G, Ische J. Success Factors in Cooperative Online Marketplaces: Trust as the Social Capital and Value Generator in Vendors-Exchange Relationships [J]. Journal of Organizational Computing and Electronic Commerce, 2010,20(4):295 - 327.

[193] Zahedi F M, Bansal G. Cultural Signifiers of Web Site Images [J]. Journal of Management Information Systems, 2011,28(1):147 - 200.

[194] Zahedi F M, Song J. Dynamics of trust revision: Using health infomediaries [J]. Journal of Management Information Systems, 2008,24(4):225 - 248.

[195] Zaheer A, McEvily B, Perrone V. Does trust matter? Exploring the effects of interorganizational and interpersonal trust on performance [J]. Organization Science,

1998,9(2):141 - 159.

[196] Zaheer A, Venkatraman N. Determinants of electronic integration in the insurance industry: an empirical test [J]. Management Science, 1994,40(5):549 - 566.

[197] Zhang J, Dawes S S. Expectations and perceptions of benefits, barriers, and success in public sector knowledge networks [J]. Public Performance and Management Review, 2006,29(4):433 - 466.

[198] Zucker L G. Production of trust: Institutional sources of economic structure, 1840 - 1920 [J]. Research in Organizational Behavior, 1986,8:53 - 111.

[199] 陈向明.社会科学中的定性研究方法[J].中国社会科学,1996(6):93 - 102.

[200] 陈晓萍,徐淑英,樊景立.组织与管理研究的实证方法[M].北京:北京大学出版社,2008.

[201] 邓勇,蒋雯,韩德强.广义证据理论的基本框架[J].西安交通大学学报,2010,44(2):119 - 124.

[202] 邓勇,施文康,朱振福.一种有效处理冲突证据的组合方法[J].红外与毫米波学报,2004(1):27 - 32.

[203] 范柏乃,朱文斌.中小企业信用评价指标的理论遴选与实证分析[J].科研管理,2003(6):83 - 88.

[204] 范静.G2G电子政务信息共享及信息安全实证研究[D].上海:上海交通大学,2008.

[205] 冯惠玲.政府信息资源管理[M].北京:中国人民大学出版社,2006:157 - 184.

[206] 管晓永,孙伯灿.中小企业信用理论与评价研究[M].杭州:浙江大学出版社,2010.

[207] 郭毅然.ELM模型与道德教育对象态度改变的说服路径[J].探索,2010(4):128 - 132.

[208] 贺学会,王海峰,王小曼.企业信用行为与失信惩戒机制:一个基于信用资本的分析框架[J].金融研究,2008(10):150 - 160.

[209] 黄纯纯.公司上市、关系贷款与中国银企关系的重建[J].管理世界,2003(12):8 - 15.

[210] 李怀祖.管理研究方法论[M].西安:西安交通大学出版社,2004.

[211] 李仁安,宋艳华,赵飞.信息共享对商业银行与中小企业授信的影响[J].武汉理工大学学报 2006,28(1):127 - 129.

[212] 李雪梅.论电子信息市场中的信息质量与信息中介[J].图书情报工作,2003(4):80 - 83.

[213] 李阳晖,罗贤春.国外电子政务服务研究综述[J].公共管理学报,2008,5(4):116 - 128.

[214] 李子彬.中国中小企业发展报告(2008—2009)[M].北京:中国经济出版社,2009.

[215] 林毅夫,李永军.比较优势、竞争优势与发展中国家的经济发展[J].2003(7):21 - 28.

[216] 刘广三,汪建成.刑事证据学(中国刑事学研究丛书)[M].北京:群众出版社,2000.

[217] 刘汉民.路径依赖理论研究综述[J].经济学动态,2003(6):65 - 69.

[218] 刘同明.数据融合技术及其应用[M].北京:国防工业出版社,2000.

[219] 柳士顺,凌文辁.多重中介模型及其应用[J].心理科学,2009,32(2):433 - 435.

[220] 罗正英,周中胜,王志斌.金融生态环境、银行结构与银企关系的贷款效应——基于中小企业的实证研究[J].金融评论,2011(2):64 - 81.

[221] 史建平,杨如冰.信贷技术在中小企业金融服务中的应用[J].中央财经大学学报,2009(6):22 - 25.

[222] 宋媚,张鹏翥,薛耀文,刘璇.中小企业贷款决策与监控技术研究综述与应用建议[C].系统工程与和谐管理——第十届全国青年系统科学与管理科学学术会议论文集.西安,西

安交通大学出版社,2009.
[223] 孙工声. 打造中小企业信用体系建设新模式[J]. 中国金融,2010(1):68-70.
[224] 孙宇. 构建面向公共服务的电子政务体系:理论逻辑和实践指向[J]. 中国行政管理,2010(11):7-11.
[225] 王浣尘. 信息技术与电子政务:走进信息时代的电子政务[M]. 北京:清华大学出版社,2003.
[226] 王锁柱,李怀祖. 硬信息与软信息的内涵及其关系研究[J]. 情报杂志,2004,23(4):60-64.
[227] 温忠麟,张雷,侯杰泰. 有中介的调节变量和有调节的中介变量[J]. 心理学报,2006,38(3):448-452.
[228] 吴明隆. 结构方程模型[M]. 重庆:重庆大学出版社,2009.
[229] 许友传,何晓光,杨继光. 关系融资、信息分享与银行激励[J]. 系统管理学报 2008,17(1):21-24.
[230] 杨路菁,余华. 多源信息融合理论与应用[M]. 北京:北京邮电大学出版社,2006.
[231] 张捷. 中小企业的关系型借贷与银行组织结构[J]. 经济研究,2002(6):32-37.
[232] 张鹏翥,樊博. 电子政务[M]. 北京:电子工业出版社,2011.

索　引

T

X

Y

Z